海上家國

十七世紀中荷戰爭全紀錄

醉罷君山◆著

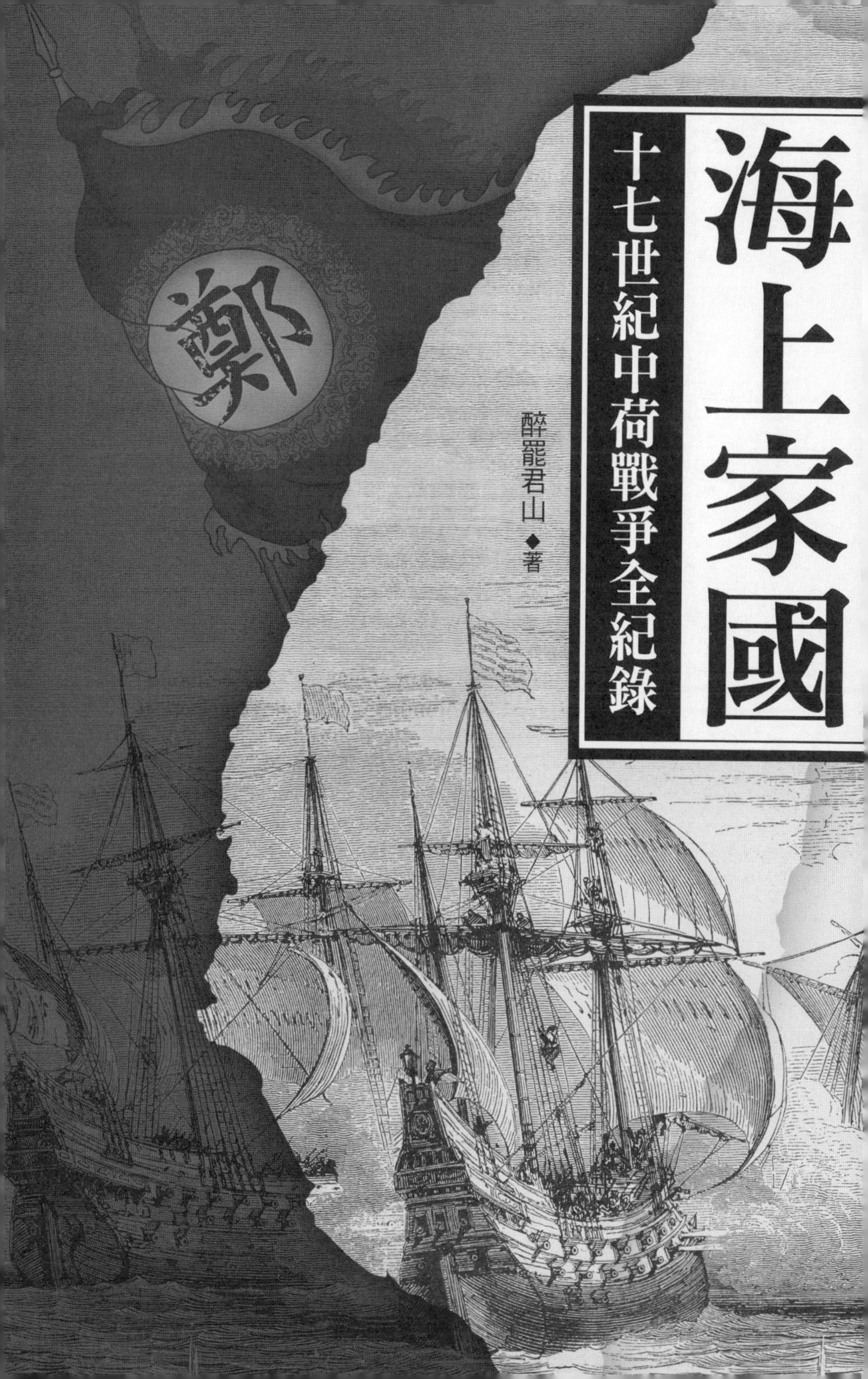

目錄

第一章　荷夷東來／005
第二章　明荷戰爭／021
第三章　臺灣島上的「三國演義」／049
第四章　中國海盜的崛起／062
第五章　誰主浮沉：閩海爭鋒／079
第六章　決戰料羅灣／099
第七章　海上帝國的無冕之王／113
第八章　血色殖民／128
第九章　巨變中的福建政局／139
第十章　中流砥柱／152
第十一章　郭懷一起義／166
第十二章　國姓爺的奮鬥：一六五二—一六五七年／179

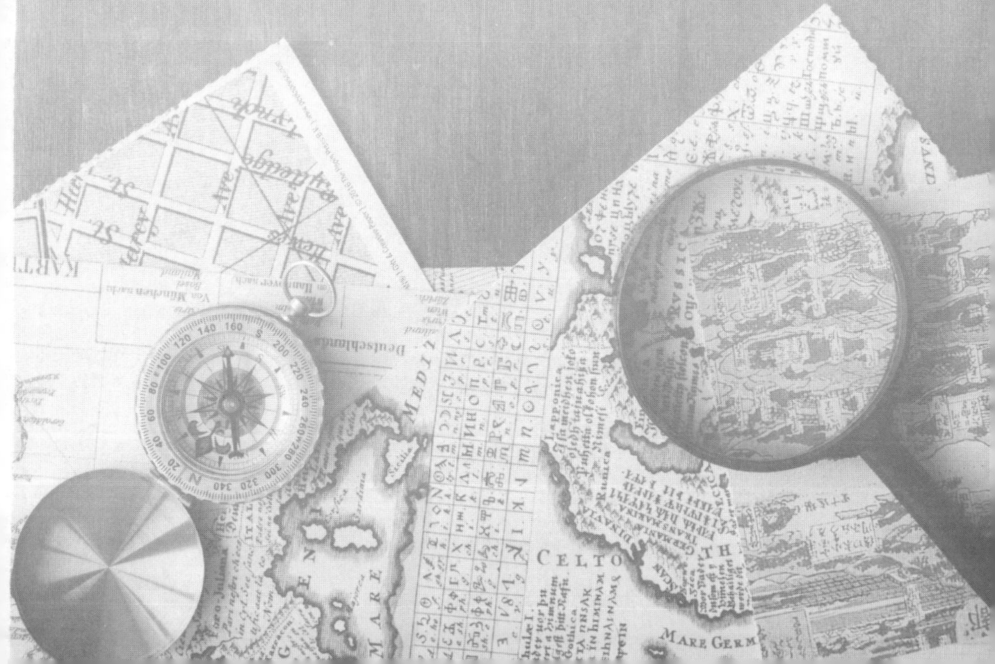

第十三章　新的商業帝國／189
第十四章　臺海貿易戰／198
第十五章　征臺的決心／221
第十六章　荷蘭人的戰前準備／234
第十七章　登陸臺灣島／245
第十八章　旗開得勝／254
第十九章　奪取赤嵌城／265
第二十章　炮擊熱蘭遮／275
第二十一章　巴達維亞的援兵／287
第二十二章　走出困境／300
第二十三章　勝利／314
第二十四章　餘波蕩漾／327
附錄一：歷任荷印臺灣總督名錄／344
附錄二：一六〇四－一六六八年臺海大事記／345
附錄三：《海上家國》主要參考資料／349

第一章　荷夷東來

二〇一〇年的某日，荷蘭一位主修歷史的大學生在北部小城荷恩的西弗里斯蘭檔案館埋頭翻閱資料時，無意中發現了一張古老的股票憑證。古董總是能令人產生興趣，不僅僅是因為收藏價值，也在於歷史價值。這張幾乎被遺忘了的古老股票曾被擁有者視為珍寶，因為它不是普通的票據，而是吸附了點石成金的魔力，它會年復一年地支付股息，資金如滾雪球一般越來越大，擁有了它就如同擁有了未來。不過，所有欣欣向榮之物總有被風吹去的一天，當魔力卡失去了魔力便形同廢紙，經過幾代的周折，終於消失在人們的視野，被人不經意地扔進圖書館的某個角落，見不到陽光，落滿塵埃。可是很久很久以後，當它從沉睡中甦醒時，發現世界已經全然變了模樣。

事實上，這張古董憑證令人感興趣的是它是迄今為止世界上所發現最早的一張股票，發行日期是一六〇六年九月九日，面值一百五十荷蘭盾（一種金幣），發行者是荷蘭東印度公司。可以肯定的是，這並非該公司最原始的股票，因為東印度公司成立的時間還要更早，是在一六〇二年三月二十日。這個曾經顯赫一時的東印度公司早已是明日黃花，埋進發黃的史冊中了，可是它發行的股票卻能重見天日。有趣的是，股票上面還寫有分紅的資訊。

倘若這只是一家普通的公司，也不足以引起人們十足的興趣，事實上它絕不普通。它是世界上第一家股份公司，而且這家公司的經營範圍之廣足以令人目瞪口呆。除了你能想像到的各種生意之外，它還擁有徵兵、宣戰、締結和約甚至是鑄造貨幣的許可權。這些看似只有國家才能行使的權力，荷蘭東印度公司都擁有。這怎麼能叫公司呢？分明是國家的第二權力中心。

鑒於該公司在本文中充當了一個重要的角色，有必要簡單介紹其背景。

一五八一年，荷蘭人經過長期的武裝反抗，從西班牙人的統治下獨立而出，成立「尼德蘭聯省共和國」，即荷蘭共和國，這也被認為是世界上第一個資本主義國家。這個國家面積並不大卻快速崛起，在世界範圍裡颳起一股「荷蘭旋風」，這得益於其趕上了一個好時代，即「大航海時代」。

大航海時代讓歐洲小國擁有了無限的雄心。第一個吃到甜頭的是葡萄牙，這個毫不起眼的彈丸之國創造了令人不可思議的奇蹟。在一百多年的時間裡，葡萄牙的船隻在驚濤駭浪的大洋深處橫衝直撞，出現過迪亞士、達伽馬、麥哲倫這樣偉大的航海英雄。在創造歷史的同時，海洋也給葡萄牙帶來了源源不斷的財富，冒險家與商人遠涉重洋，貿易與掠奪開創了殖民新模式。

葡萄牙的模式顯然成為荷蘭模仿的對象，只是精明的葡萄牙人並不願將他們一百年來所積累的航海秘密無償地與他人分享，他們要貪婪地把東方的財富握緊在手中。荷蘭人只能吃殘羹剩飯，他們需要的東方貨品只能從葡萄牙人手中購買。可是就在荷蘭走向獨立時，葡萄牙卻被西班牙國王腓力二世統治，荷蘭人這下注定要倒楣了。一五九四年，荷蘭的船隻被禁止駛入里斯本，這無疑切斷了荷蘭人獲取東方物資的途徑，這個新興國家也不禁要狗急跳牆。

荷蘭人袖子一捲，索性自己單幹了。

航海家巴倫支別出心裁地要從北極海域開闢一條新航道前往東亞，理論上是可行的，但實際上難於上青天。巴倫支的嘗試未能獲得成功，這位年僅二十七歲的年輕人最後死在探險途中。儘管葡萄牙人想保住東方航線的秘密，可是就在一五九五年，曾追隨葡萄牙人在印度生活七年的荷蘭人范林斯霍滕別有用心地炮製了一本《旅行日記》，以日記的方式將航海紀錄公之於眾，自此葡萄牙人的秘密不再是秘密，一切都曝光了。這本日記的橫空出世，如同黑夜裡的一盞明燈，為荷蘭人的航海事業開啟了導航的信號。同年，荷蘭的船隊繞過非洲南端的好望角，望見了波濤浩渺的印度洋，通往遠東的冒險大門已經開啟。

在之後的幾年時間裡，荷蘭人從印度、東南亞的貿易中撈到了巨額財富，短短幾年便冒出了十四家相互競爭的公司，都是以東印度（南亞、東南亞、東亞）貿易為主業。精明的荷蘭人意識到，與其這樣競爭，倒不如合併為一個壟斷的組織，於是在一六〇二年，東印度公司應運而生了。這個公司從一開始便不是純粹的商業組織，而是一個由荷蘭政府認可、殖民色彩濃厚的海外商業武裝集團，並很快成為亞洲地區一支有著重要影響力的政治力量，其貿易往往是建立在武力壓迫的基礎之上，並且擁有廣闊的殖民地。荷蘭國家議會授權這個特殊的公司擁有自好望角到麥哲倫海峽廣闊海域的貿易獨佔權，可以組織雇傭軍、發行貨幣並在殖民地上有統治、外交締約的權力。這是特殊時代產生的特殊公司，在中國沒有類似的組織可以相比，在當代也沒有這樣的公司了。

掌握了東方航海圖後，荷蘭人以驚人的速度將其勢力滲透到亞洲。

荷蘭船隊進入印度洋後的最初幾年並沒有與中國有過直接貿易，捷足先登的葡萄牙人有澳門作為貿易基地，自然是近水樓臺先得月，獨攬與中國貿易之利。對於歐洲這些新興海洋國家而言，中國的重要性不言而喻。這個古老大帝國生產的絲綢、茶葉、瓷器等走俏歐洲，利潤驚人。可是對歐洲人來說，這個神秘帝國又是難以交往的，帝國的最高統治者高高在上、目空一切。在中國人眼中，似乎除了本土之外，世界上其餘地方皆是蠻夷之地。

從表面上看，中華帝國大得驚人，擁有廣袤無邊的土地，數以億計的人口，甚至還擁有上百萬的軍隊，光從資料來看足以嚇退任何想打壞主意的蠻夷。可是荷蘭人肯定從葡萄牙商人那裡得悉不少帝國的內幕，在過去一百年的時間裡，帝國的海域始終風起雲湧。來自日本群島的倭寇與中國的海盜持續成為帝國東南邊疆之患，當然，葡萄牙人也並非袖手旁觀，他們有時也會插進一腳，幹些偷雞摸狗的勾當。

在荷蘭人挺進到印度洋乃至太平洋時，東亞一場戰爭不可能不引起他們的注意，這就是發生於一五九二年至一五九八年的朝鮮戰爭。這場戰爭讓風雨飄搖中的帝國保住了一些面子，大明軍隊挫敗了日本人在朝鮮擴張的企圖，特別是最後一役——露梁海戰，中國艦隊取得了決定性的勝利，證明了老大帝國仍然擁有不俗的武裝力量。

據《明史・和蘭傳》記載，在萬曆二十九年（一六〇一年），荷蘭人「駕大艦，攜巨炮，直薄呂宋，呂宋人力拒之，則轉薄香山澳」。當時西班牙人佔據呂宋（**菲律賓馬尼拉**），葡萄牙人佔據澳門（**即香山澳**）。荷蘭人想挑戰呂宋的西班牙人，但失敗了，便北上澳門，打算尋求建立與中國的貿易關係。此時的澳門雖然為葡萄牙人所據，但仍是中國政府管轄的領土。稅使李道同意荷蘭人入城，待了一個月，可能是因為葡萄牙人從中作梗，荷蘭人的主張並沒有被上報給朝廷。葡萄牙人對荷蘭人的防患心很強，擔心他們發動突襲，故而防守嚴密、無懈可擊，荷蘭人最終一無所獲，只得悻悻而去。

三年後（一六〇四年），已經組建的東印度公司更是迫不及待想打開中國的貿易大門。這時荷蘭人在東南亞已建有多個貿易據點，其中之一是大泥。大泥是中南半島上的古國，位於今泰國南部北大年（**Pattani**）一帶，擁有天然良港，在明朝時為東南亞著名的貿易港。

大泥有不少華商僑居，其中有幾位與荷蘭人頗多商業往來。海澄人李錦與潘秀、郭震等人都長期寓居大泥，與荷蘭首領韋麻郎也混熟了，便積極為他出謀劃策。李錦的家鄉漳州海澄即是明代唯一對外開放港，因而他建議韋麻郎說：「若欲通貢市，無若漳州者。漳南有彭湖嶼（即澎湖島），去海遠，誠奪而守之，貢市不難成也。」

對中國政治懵然無知的韋麻郎覺得很奇怪，荷蘭人要是佔據澎湖島，難道中國官方就不過問嗎？於是他問道：「守臣不許奈何？」對地方官吏貪污腐化深有體會的李錦獻計道：「稅使高寀嗜金銀甚，若厚賄之，彼特疏上聞天子，必報可。守臣敢抗旨哉？」（《明史・和蘭傳》）

高寀是一名太監，是皇帝派往福建的稅監。當時的稅監可稱得上是臭名昭著。這些太監靠著皇帝撐腰，為皇室斂財，因而地方官員往往只得聽憑其胡作非為，遂使吏治更加惡化。當時全國各地爆發了不少抵抗、反對稅監的暴動，可以看出這些生理殘缺的太監們多數情況下是社會毒瘤，危害極大。他們自卑的同時，以橫徵暴斂來支撐變態的自尊與傲慢。

李錦所說的高寀是一隻肥大的毒碩鼠。據《閩書》所記，這位稅使太監的倒行逆施曾引起福州商民的強烈不滿，遂自發集結前往其行館請命。但是高寀卻毫無人性地採取高壓手段大開殺戒，致使百餘名商民傷亡。而福建當局根本不敢得罪高寀，這就是專制制度下的怪胎。一位卑賤的奴才只因仗著皇帝主子的面子，就可以踐踏省級政府的尊嚴，甚至草菅人命，凌駕於法律之上，這就是腐敗帝國的真實寫照。正因為如此，李錦才向韋麻郎獻計，只要打通高寀這一關，事情就可以辦成。

韋麻郎心領神會。李錦等人開始積極為荷蘭人出謀劃策，他們以大泥國王的名義寫了三封信，分別交到稅使高寀、兵備副使與漳州守將手中，打算打通關節，為荷蘭人謀求利益。不料事情卻節外生枝，守將陶拱聖收到書信後，深感責任重大，不敢自作主張。根據明代制度，中國並不是跟任何國家都要貿易的，如果不是朝貢國就沒有互市的特權。

關於中國的貿易是一個很複雜的問題，涉及的方面很多，但有一點是值得關注的，中國官方的外貿原則是厚往薄來，說白了，就是做吃虧生意。這點是現代人不容易理解的，中國一直以天朝上國自居，對外邦一概視為蠻夷，所以便有「懷柔」「羈縻」這樣的國策。外國的東西進來，我們就視為是對中國的「朝貢」，獲得一種心理上的優越感。為了顯示大國氣度，官方經常以遠高於市場的價格買下國外「朝貢品」，還要免費招待「朝貢國」商團的吃住。這分明就是花錢買面子，時間一長朝廷自然也有點吃不消了，因此規定如果不是朝貢國就不允許通商，以節省費用。

儘管在隆慶元年（一五六七年）開放海禁後，帝國的貿易政策出現轉折，「朝貢貿易」漸漸被邊緣化，迅速崛起的民間貿易成為主流貿易方式。不過帝國對允許「互市」的國家與地區仍有嚴格的限制。但是事情也有例外。在荷蘭人之前，葡萄牙人成功地在澳門建立了一個貿易基地，澳門很快就成為遠東重要的商業重鎮，葡萄牙人也因此大發其財。對荷蘭東印度公司來說，他們迫切要與中國「互市」，並且要像葡萄牙人佔據澳門那樣，在閩海澎湖地區佔據並建立起一個貿易基地。

荷蘭人的要求把陶拱聖嚇壞了。這可不是小事！再說了，荷蘭是個什麼國家，陶拱聖完全沒有概念，反正就是蠻夷罷了。為蠻夷說情者必定是奸商，於是他毫不猶豫地將前來送信的奸商潘秀逮捕下獄。

根據事先的約定，一旦事成，潘秀將立即發船通告韋麻郎。可是他被逮捕入獄後音訊全無。韋麻郎望穿秋水也沒有等來好消息，迫不及待的他不想這樣坐等下去，索性帶著三艘巨艦（此為《諭西夷記》《卻西番記》等記載，《明史》記為二艘）直接從大泥開抵澎湖。荷蘭人的機會挑得不錯，澎湖島上原本是有中國守軍，但現在正好是兩撥人次換防的中間空隙，前一批駐軍撤回了，而後一批駐軍還沒進來，澎湖的守備處於真空時期。

這是萬曆三十二年（一六〇四年）的七月，荷蘭人不動一槍一炮，輕而易舉地佔領了不設防的澎湖島。這一切實在太順了，連韋麻郎都覺得有些意外，因為他們要對付的可不是南洋海島上的原住民，而是一個龐大的帝國。很快，這群入侵者做好了殖民的準備，他們砍伐樹木，建築房屋，打算長期在這裡住下去了。

這個時候，為韋麻郎打通關節的李錦也悄悄潛入漳州府探聽風聲。可是他運氣不好，早就上了官府的黑名單。儘管他極力狡辯是被荷蘭人抓住後逃出來的，可是官府並不是傻瓜，毫不客氣地將他拿下入獄。在對待外夷這件事上，官府顯然並不願意大動干戈，最好是大事化小，小事化了，於是便給被捕入獄的李錦、潘秀等人一個立功贖罪的機會，讓他們前去勸說荷蘭人離開中國。

可是李錦等人見了韋麻郎後，不敢明說官府拒絕與荷蘭人貿易往來，只是吞吞吐吐地撒謊稱中國方面還沒有做出最後的決定。這樣韋麻郎當然不會離開澎湖島，他耐心地等著來自大陸的消息。

儘管沒有官方的同意，荷蘭人的生意還是敲鑼打鼓開張了。福建的走私貿易向來猖獗，現在荷蘭人急需中國的貨物，這不是一拍即合麼？於是沿海的漁民、商人偷偷把各種貨物載往澎湖，與荷蘭人做生意。嘗了甜頭後，韋麻郎更不想走了，沒有中國政府的允許，還是有生意可做，只要在這裡開闢一個新的貿易點，就可以從葡萄牙人手中奪取更多的貿易份額。

專制的國家總給腐敗者提供溫床。稅使高寀竟然向荷蘭人打出明碼標價的賄款，他派心腹周之範秘密會晤韋麻郎，只要荷蘭人支付三萬金給稅使，便可為其爭取到合法貿易（貢市）。當然這是一筆數額不小的錢財，但與准許入市所能得到的高額利潤相比實在微不足道。西洋人在賄賂一事上與東方人心照不宣，這筆交易算是達成了，高寀便費盡心思要為荷蘭人爭取互市的權利。

作為稅使，高寀在福建為非作歹，福建當局不敢治罪。可他雖然一手遮天，畢竟也只是一個太監，沒有向朝廷奏請與荷蘭人「互市」的權力。按照明代的制度，省一級的官員，只有巡撫、巡按才有奏請權，而與夷人開市是一件重要的事情，還得反覆討論驗證才可以上報，整個程序很是複雜。

高寀收了韋麻郎的賄賂後就開始四處活動。這位大太監權力熏天，有自己的關係網，他找好友朱文達幫忙。朱文達是帝國軍界的元老級人物，原是戚繼光的部將，此時官拜福建總兵，在福建政壇上也是重量級人物。他與高寀的關係可不一般，他的兒子認高寀為乾爹，兩人的關係是相當鐵的。高寀把朱文達請出來，想透過他遊說福建巡撫、巡按，以達成與荷蘭人通商的目的。

朱文達四處活動，吹噓荷蘭人的實力是如何如何厲害。他是這樣說的：「紅夷勇鷙絕倫，戰器事事精利，合閩舟師不足攖其鋒，不如許之。」要知道，從戚繼光時代始，福建水師一直是帝國海軍的精銳，要是連福建水師也無法抵擋荷蘭戰船，那麼荷蘭人便可以隨心所欲在中國的任何沿海橫衝直撞了。

福建總兵朱文達的話當然是別有用心，他以這種威嚇的語氣來震懾其他官員，目的就是幫助高寀逼迫福建巡撫向朝廷奏請與荷蘭人通商。不過我們也應該看到，朱文達所說的也不完全是胡說八道。作為老大帝國，中國在新式武器的研究上已經遠遠落後於歐洲的新興國家，這是不爭的事實。無論在戰船或者火炮上，明朝軍隊都與荷蘭軍隊有很大的差距。可以說，韋麻郎艦隊的到來引起了福建當局的震驚，中國人確實感覺到了自己在軍事裝備上的落後。

我們引用一些歷史文獻，來看看時人對荷蘭的認識。

池浴德在《懷音記》中是這樣描述荷蘭戰船：「其船十倍戎艘，內格三層，外附鐵板，銅銃金刀，精利甲於被邊。」並且有如下的判斷：「我之舟與器皆不及夷。」其實只要不是盲目自大，就可以很容易看出差距所在了。

在《諭西夷記》與《卻西番記》中，對中國與荷蘭在武器上的差距有著更為清晰的表述。陳學伊的《諭西夷記》寫道：「（夷）舟長二十餘丈。高數丈許，板厚二尺有咫，內施錫片。舟旁各列大銃三十餘，銃中鐵彈四五具，重三四十斤，舟遇之立粉。水工有黑鬼者，最善沒，沒可行數里。諸凡器械巧詐非諸夷可比，即稱強如佛郎機者，且斂手避，殆未易以中國長技敵也。」在荷蘭人到來之前，葡萄牙人的堅船利炮已令中國人大開眼界，可是與荷蘭戰船裝備相比，葡萄牙人已經落後了。

李光縉的《卻西番記》中也有類似的記載：「舟長二十餘丈、高數丈，雙底。木厚二尺有咫，外鋈金錮之。四桅，桅三接，以布為帆……中橫一杆，桅上有斗，斗大容四五十人，繫繩若梯，上下其間，或瞭遠，或有急擲矢石。舟前用大木作照水，後用柁。水工有黑鬼者，最善沒，沒可行數里。左右兩檣列銃，銃大十數圍，皆銅鑄；中具鐵彈丸，重數十斤，船遇之立粉。它器械精利，非諸夷比。」

從陳學伊與李光縉兩人的文章中可以看出，荷蘭戰船堅固而精巧，船板很厚，中間夾有金屬片，外面也用金屬固定，這在當時幾乎是難以摧毀的。夷船不僅自身防護力很強，更厲害的是它的攻擊力，如《諭西夷記》所記，在船的左右兩檣各有三十門大炮，共計有六十門炮，而且都是重炮，炮彈有數十斤重，足以把一艘普通船隻擊得粉碎。其實荷蘭大炮還有一些優點，兩人沒有提及，比如射程遠、射擊精度高等等，這些在海戰中將佔盡優勢。

在朱文達四處活動時，韋麻郎也不斷向福建當局施加壓力。他派出幾名翻譯傳話給當局，倘若拒絕互市的要求，荷蘭戰船只要一夜的時間便可抵達福建海岸，發動進攻。這種驕橫的態度令福建當局大為震驚，對荷蘭人互市通商的要求，是同意呢，還是拒絕？顯然不同的傾向決定了不同的立場。

沈有容將軍是少數具有非凡眼光的將領，在他看來，事情絕非貿易通商這樣簡單。荷蘭人狼子野心，醉翁之意不在酒，他的判斷是：「夷意豈在市？不過懸重賂餌我，幸而售，將鼾睡臥側，踵香山澳故事，睥睨中土爾。」香山澳就是澳門，有葡萄牙佔據澳門的先例可鑒，不論荷蘭人是否通商，只要他們佔據澎湖便是埋下禍端，下一步便是窺視中國更多的土地。

朱文達的遊說遭到了福建軍方強硬派的抵制，除了海軍將領沈有容之外，福建副總兵施德政也旗幟鮮明地表示反對。不僅軍方反對，當時中國向來視海外為夷人，這種天朝的優越感也使得福建高層官員不肯自掉身價，對荷蘭人堅船利炮的威脅也嗤之以鼻。施德政對朱文達鼓吹「合閩舟師不足攖其鋒」的說法相當憤怒，自然成為主戰派的急先鋒，力主驅逐荷蘭人。儘管高寀動用種種關係企圖讓荷蘭人互市通商的要求得到批准，但最終並沒有獲得成功。

福建當局最後做出決定：將荷夷驅逐出境，倘若遇到抵制，不惜以武力圍剿。鑒於沈有容將軍熟悉澎湖一帶的地形並有豐富的海戰經驗，當局指派他負責指揮圍剿行動。

沈有容是一名幹練的軍官，他的故事頗富傳奇色彩。

他早年從軍，駐守北疆與韃靼人打過仗，參加過萬曆朝鮮戰爭。不過最值得一提的是在萬曆二十九年（一六〇一年）時，他率水師渡臺海驅逐倭寇。那一年倭寇襲擾海疆，沈有容當時是鎮守浯嶼、銅山的海軍將領，他果斷率領舟師於海上阻擊倭寇。倭寇被擊退後東撤到臺灣大員島。沈有容窮追猛打，率二十一艘戰船橫渡臺灣海峽。儘管在途中有七艘船隻遇風浪損毀，但他心堅如鐵，不為所動，以剩餘十四艘船繼續航行至澎湖列島附近，終於與倭船遭遇，在臺灣島西部海域展開一場海上廝殺。在這場激戰中，沈有容身先士卒，與倭寇肉搏並手刃數敵。此役共焚毀倭船六艘，斬首十五級，焚死溺斃不計，解救被倭寇俘獲的中國平民三百七十餘人，可謂居功至偉。澎湖海戰失利後，日本人自忖無法在臺灣久居，便主動撤離，故而沈有容實有恢復臺灣之功。

鑒於沈有容膽識俱優，且對澎湖一帶環境極為熟悉，福建副總兵施德政把驅逐荷蘭人的重任交給他，但這並非一樁容易完成的任務。

作為一名海軍將領，沈有容對荷蘭人在武器上的優勢有清楚的認識，所以他的原則是：和平談判是上策，武力解決實屬下策。這位抗倭名將認為，荷蘭人初來乍到，主要目的是為求開市：「彼來求市，非為寇也，奈何剿之？剿而得勝，徒殺無罪，不足明中國廣大；不勝，則輕罷百姓力，貽朝廷羞，不如諭之。第令無所得利，徐當自去也。」這時韋麻郎艦隊雖然佔據澎湖，但並沒有殺人放火，談不上有什麼惡行，故而沈有容力主以外交手段解決這次危機，這是很明智的。

有一點需要注意一下，沈有容在不同場合所說的話有自相矛盾之處。在這裡他說：「彼來求市，非為寇也，奈何剿之？」而在私下的場合裡，他則說：「夷意豈在市？……睥睨中土爾。」不過如果細細推敲，我們也許就明白了：求市通商是荷蘭人的短期目標，而窺視中土才是其長期目標。

很顯然，荷蘭人是有「睥睨中土」的野心，可是他們跟倭寇不一樣。倭寇來的時候根本不會跟你打招呼，四下殺人放火、打家劫舍，掠奪完就一走了之。荷蘭人還沒這樣明目張膽地充當強盜，顯然他們互市通商的意願還十分強。儘管韋麻郎在口頭上施加威脅，可畢竟沒有造成武裝衝突，因此沈有容寄希望於和平解決。可以設想的情形是，荷蘭人的堅船利炮也令沈有容頗為震驚，以前他與倭寇的交鋒中，在武器裝備上向來是佔據優勢的。作為一名久經沙場的戰將，他很明白武器的重要性，倘若冒冒失失與荷蘭人開戰，自己並沒有勝算。

儘管沒有交過手，但沈有容對荷蘭人的實力絕不敢低估，在他看來，荷蘭人比倭寇要難對付得多。在萬曆二十九年與倭寇的澎湖之役中，沈有容的舟師在武器上居於絕對的領先，這點陳第的《舟師客問》中有紀錄：「今（倭）賊之船，奪商及漁，不如我兵之船堅且大也。賊之利器，鳥銃、百子，不如我兵之神飛炮、佛郎機，又練之熟也。」該文收於《閩海贈言》一書，作者陳第為沈有容的師友，是這場戰爭的見證者。倭寇的船隻是由漁船、商船改造而來，武器是鳥銃、百子炮，而中國方面則是佛郎機大炮（**葡萄牙式的大炮**）與神飛炮，火力要明顯強於倭寇。可是與荷蘭戰船相比，福建水師除了擁有數量優勢之外，品質優勢蕩然無存。

在與荷蘭人進行交涉之前，沈有容拜訪了友人池浴德。後來池浴德在《懷音記》一文中記下了他們之間的對話：

一日，將軍造余告別，余問何往？將軍曰：「業已買糧給兵，約二十艘，開纜直抵彭湖，用圜陣批殺之法。」余愀然曰：「非策也！我之舟與器皆不及夷，殺之是往遺之擒也。」將軍笑曰：「果不出所料，但恐人飛報紅夷，故以殺為名耳。至則諭以理、懼以禍，令其自疑。兵有先聲而後實者。夫敵弱則用實，敵強則用聲，況彼前有譯使在獄，當路議汙蕭斧以斷其後，昨已極言欲逸之去，示以恩威，用為反諜，陳說利害，彼之膽未有不寒而思脫者。」余曰：「此甚得操縱之宜，但利速發，不利久需。」

從這段紀錄可以十分清晰地看出，在沈有容眼中，荷蘭人絕對是個強敵。儘管韋麻郎只擁有三艘戰船，但絕對不能小覷。這位勇敢的將軍深知武力是談判的基石，要在口水戰中佔上風，要折衝樽俎不僅得有軟實力，也要有硬實力支撐。因此他將二十艘戰船開抵澎湖附近，擺開一決死戰的架勢。可是友人池浴德提醒他：「我之舟與器皆不及夷，殺之是往遺之擒也。」對此沈有容並沒有否認，但他非常聰明，他要發動的是一場心理戰、外交戰。

正如司馬遷所說：「天下熙熙，皆為利來，天下攘攘，皆為利往。」荷蘭人是衝著利益而來，現在要趕他們走，首先得斷了利益的源頭。福建當局為配合沈有容的外交交涉，嚴禁商船、漁船下海，以斷絕荷蘭人的商品及食品來源。為了與韋麻郎談判，沈有容釋放了被官府抓獲的荷方翻譯林玉，帶其一同前往澎湖島上荷蘭人修建的營地。

見到韋麻郎後，沈有容力爭在氣勢上壓倒對手。他一開始便以軟硬兼施的語氣告訴荷蘭人：福建當局委派我率舟師前來圍剿，考慮到你們還算中規中矩，不必勞師征伐。只是要告訴你們，不要久留我們的地盤，你們互市通商的要求是無法達成的。對此韋麻郎並不認同，這個紅髮碧眼的歐洲人一定也察覺到了中國政治有很複雜的一面。稅使太監高寀每每派人前來通告，總稱事情可成，可是正式前來交涉的沈有容卻否認有通商的可能性。韋麻郎索性把事情挑明：「有當事者為我地，將軍未之知也。」暗示有重要人物收受他的賄賂，可是沈有容並不知曉。

沈有容厲聲道：「當事者皆朝廷臣，肯受郎金？言受金者，詒汝也，法應斬；且奏請權嘗在撫、按，互市事至巨，必院、道熟議方敢上聞，疇能自擅？」（見《卻西番記》）其實他未必不知道高寀收受賄賂的事情，因為這個太監之貪婪早已是眾所皆知。他警告韋麻郎，所謂「當事者」只不過給他一個空頭承諾。即便像稅監這樣勢大權大的太監，也絕不可能有奏請互市的權力，奏請權在巡撫、巡按之手，而且還要通過複雜的審議後方可以上報給皇帝，這不是單憑個人就能辦成的事情。雖然帝國內部腐敗不堪，像高寀這樣的太監儘管能為禍一方，可是想一手遮天卻還沒這個本事。

顯然，李錦、潘秀等人從一開始便試圖為韋麻郎打通高寀這個關節，可是他們畢竟是商人，只看到高寀權力熏天的一面，卻不了解通商程序的複雜。經沈有容一解釋，韋麻郎總算聽明白了，這個計畫從一開始就找錯人了。這下子這位身材高大的荷蘭人氣壞了，他要求高寀派去聯絡的心腹周之範歸還所賄賂的三萬金。事情敗露的高寀不敢不送還，這不是他的一貫作風，可是要知道一旦惹怒夷人而導致戰爭，那他的罪就大了，難道皇帝少了他一個奴才就活不了嗎？韋麻郎還算客氣，收回賄款後，送給高寀一些玻璃器皿、西洋刀、西洋酒等小玩意，算是給了大太監一點面子。

儘管通商不成，可是荷蘭人卻壓根不想走，賴在澎湖島。韋麻郎可不想這樣輕易離開，有這麼個據點，遲早都會有用的。剛開始沈有容只是點明利害：「今令若守空島中十餘年，終無所市，留無益也，不如去。」可是這個說法根本沒法送瘟神，因為誰都知道要長期禁止沿海商船、漁船與荷蘭人進行走私貿易是不可能的，因此韋麻郎一點也不為所動。

怎麼辦？

沈有容有戰船二十餘艘在澎湖附近監視荷蘭人，可是一個月快過去了，荷蘭人老賴著不走，這就不能再等了，必須要給一個最後通牒。他故意讓二十艘帆船調轉船頭，扯起風帆，擺出要返航的樣子。這一異常的舉動引起了韋麻郎的注意，他親自搭一小艇前往沈有容座艦，打探中國艦隊返航的原因。

這位精明而嚴厲的中國將領故意以氣憤的語氣說道：「福建當局力主武力圍剿，是我力保你們，並釋放貴方的翻譯，告誡你們速速離去。可是你們不聽我的，滯留到今日還不走。」接著，沈有容以訣別的口氣說道：「吾今行矣，不可再見矣。」這擺明是最後通牒。很顯然，一旦沈有容的艦隊返航，即是宣告和平交涉失敗，必定只能以武力解決。

韋麻郎聽了也不免一怔，儘管他擁有船堅炮利的優勢，可是只有區區三艘戰艦。倘若福建水師傾巢而出，以多打少，荷蘭人也無勝算可言。對於沈有容來說也不希望開戰，一旦開打他同樣沒有把握，打贏沒有好處，打不贏更加沒面子，能不戰而屈人之兵，善之善者也。唯有表示不惜一戰，才可以避免戰爭爆發。只有強硬，才能挺立腰桿。沈將軍以強橫的語氣道：「郎不去，恃汝舟大與？銐可藏、力可負、鑿可沉、撞可破，而舟何可恃耶？郎不聞沈將軍破倭奴東海上，海水盡赤？」

沈有容打出自家招牌——俺也不是吃素的，貨真價實的滅倭英雄在此！儘管船不如你高大結實，炮不如你精巧，可是就算用鑿的、用撞的這種土辦法，也勢必要拼死一戰。韋麻郎不得不開始認真考慮後果了，倘若現在與中國開戰，顯然後果是嚴重的。要知道荷蘭東印度公司才成立不到三年時間，從南亞到東亞還有極大的拓展空間，而這個區域裡中國是最有潛力的貿易國家，如果太早得罪乃至兵戈相向，只會給捷足先登的葡萄牙人更多的機會。

在權衡利弊之後，韋麻郎終於放棄了屯兵澎湖的想法，捲鋪走人。這場由於荷蘭人求市引發的衝突，賴沈有容處理得當，最後得以圓滿解決。荷蘭人的戰船終於揚帆而去，澎湖島復歸於平靜，然而這也僅僅只是暫時的，該來的總會來的。

第二章　明荷戰爭

一六一九年，科恩（Jan Pieterszoon Coen）出任荷蘭東印度公司第三任總督。此人為荷蘭殖民史上最重要人物之一，他精力旺盛、野心勃勃，志在將東印度公司打造為一個前所未有的殖民帝國。這位好勇鬥狠的總督首先將東印度公司的總部設在西爪哇北部的巴達維亞城。為了得到這個城堡，他不惜與統治西爪哇的萬丹國大打出手，驅逐了萬丹軍隊並獨佔巴達維亞，並將此打造為殖民帝國的政治中心。

殖民貿易的特點是充滿暴力與血腥，為了壟斷丁香貿易，科恩的殖民軍將班達群島上的居民殺死或趕走，公司的利潤表上血跡累累。科恩並不滿足於這樣的「成就」，因為與中國的貿易大門還未打開，儘管通過一些私人貿易，荷蘭人也獲得部分中國商品，並撈得巨大的利潤。譬如說，東印度公司販往歐洲的中國生絲，利潤便在百分之三百以上。可以想像，如果與大明帝國通商，幾乎就是開啟了無盡財富的大門。

荷蘭在東南亞的貿易對手主要是西班牙人與葡萄牙人。自荷蘭脫離西班牙統治獲得獨立後，兩國的敵對狀態並未結束，在商業上是對手，在政治上是敵人。西班牙於一五七〇年攻佔馬尼拉（即呂宋）後，這裡逐漸成為中國商品的最大銷售地之一，其銷售額僅次於日本。此時的西班牙人在西半球的美洲血腥殖民，開採掠奪了大量的美洲白銀。他們以這些白銀大量購入中國絲綢等商品銷往歐美，故而一時間馬尼拉成為繁榮之都。

對於巴達維亞總督科恩來說，荷蘭人不僅在財力上遠遜於西班牙人，而且巴達維亞距離中國較遠，顯然馬尼拉在貿易地理位置上更勝一籌。針對這一困局，科恩設想了三種解決方案：第一，在中國沿海選擇幾個地方作為貿易基地；第二，把中國商人招引到巴達維亞；第三，打擊馬尼拉的貿易，組織艦隊攔截前往馬尼拉的中國商船。

在科恩上臺的這一年（一六一九年），荷蘭與英國結為同盟，共同打擊西班牙與葡萄牙。一六二一年與一六二二年，荷蘭人與英國人兩次在日本平戶港組成聯合艦隊，開往馬尼拉海域，打擊往來船隻，破壞西班牙與中國的貿易。

此時的中國政府雖然開放海禁，允許民間貿易，然而只管收稅，對中國商船在海外遭受的打擊幾乎是不聞不問。政府對民間貿易的消極態度造成很惡劣的結果。一六〇三年，馬尼拉華人遭到西班牙人大肆屠殺，約有二萬五千人死於非命。然而屠殺過後，中國商人對馬尼拉仍然趨之若鶩，畢竟高風險才能帶來高收益。以此我們可以了解到十七世紀的華人海商處境是何等困難，與西班牙人做生意，卻遭到西班牙人的屠殺，還要被荷蘭人、英國人在海上截殺，而高高在上的大明帝國就只會坐在出海口處收稅銀罷了。正是帝國的消極無為最終導致外夷窺視中國的土地。

在利益的驅使下，科恩開始謀求打開中國的大門。這位東印度總督的如意算盤是直接進攻澳門，只要打敗葡萄牙人並且佔據澳門，自然可以接管葡萄牙對華貿易權。

一六二二年一月的一份東印度報告顯示，科恩開始考慮出兵攻打澳門，將其從葡萄牙人手中奪過來，這樣便擁有一個中國貿易基地。這份報告分析道：「澳門是一處可隨便出入的地方，無軍隊把守，只有幾座炮和一些工事。我們如果派出一千至一千五百人的軍隊即可輕易奪取，再加強防守，可抵禦一切外來攻擊。」

根據荷蘭人所得的情報，澳門約有七百至八百名葡萄牙人以及一萬名中國人。自從荷蘭與英國組成聯合艦隊在馬尼拉一帶巡弋後，葡萄牙人深恐澳門成為荷英艦隊的打擊目標，他們如坐針氈，加強了澳門的防禦工事，並配置了十二門大炮，還將鑄造五門大炮。儘管葡萄牙在澳門的防禦很薄弱，這是一個發動進攻的良機，但科恩認為：「我們人力、財力有限，不能付諸實施。」

可是到了三月時，荷蘭人又獲得不少情報。在該年前三個月，荷蘭東印度公司在海上劫掠商船中取得不小的戰果，共計攔截了九艘商船，其中六艘屬於澳門，三艘屬於馬尼拉。在搜查被截船隻的船員信件時，荷蘭人獲得重要情報：因為荷、英艦隊的頻頻打擊，西班牙人、葡萄牙人沮喪消沉，馬尼拉與澳門損失慘重，「境況窘迫，甚至不敢派船出海」。在一封西班牙人寫的信中，甚至預言荷蘭人將直搗美洲墨西哥，使西班牙永無寧日。

這些信件改變了東印度公司的決心。經過評議會的反覆討論，東印度公司最終決定派遣一支艦隊前往中國，目的是攻取澳門或是佔據中國沿海某個地點，打開與中國的貿易大門。巴達維亞當局的計畫相當縝密，而且日後其在中國事務的發展，幾乎都是沿著最初制訂的計畫有條不紊地展開。在做出派遣艦隊北上的決定後，巴達維亞當局周密地考慮到幾種可能：能攻佔澳門是最好的結果，倘若無法攻克，則應該在中國沿海選擇合適的地點修築城堡駐紮軍隊，並派艦隊監視澳門與漳州港，打擊敵人商船，並通過各種手段獲得與中國的貿易。

對於所謂合適的地點，巴達維亞當局的看法認為澎湖列島最為合適。一六〇四年韋麻郎就曾不費吹灰之力佔據澎湖島，評議會認為「澎湖有一個特別優良的港灣，而且該群島距離漳州不遠，我們認為極宜於駐紮，但缺點是這些島嶼多沙，土地貧瘠，也無石頭」。

一六二二年四月，東印度公司出動了十六艘戰船與一千多名士兵，由科納里斯·雷約茲（**Cornelis Reijersz**）率領，從巴達維亞出發北上。對於是否攻打澳門，巴達維亞當局並沒有給出明確的指示，而是交給雷約茲司令官自行決定。當荷蘭艦隊行駛至澳門附近時，雷約茲司令官決定攻打澳門。

雷約茲是荷蘭東印度公司的重要人物之一，他被吹噓為「最勇敢的海員之一」，「對公司貢獻巨大」。他曾在一六二一年被巴達維亞當局任命為出征果阿（**葡萄牙在印度的殖民地，亦是其東方貿易中心**）的艦隊司令，有豐富的指揮作戰經驗。此時正是荷蘭的全盛時代，自挺進印度洋、太平洋後，荷蘭人海上力量增長之迅猛實可稱為奇蹟，其海洋上的軍事力量足以獨步全球。大航海的先驅葡萄牙已經從領先者下墜為落後者，在海洋上失去同荷蘭人爭雄的資本，荷蘭已取代葡萄牙、西班牙兩國成為新的海上霸主。

艦隊司令官雷約茲對澳門的布防情況並沒有獲得足夠可靠的消息，本不應該貿然發動進攻。可是這位「勇敢」的司令官為了體現他的「勇敢」，在不知對方底細的情況下，仍然堅持發動進攻。要知道澳門雖然是葡萄牙人的據點，卻是屬於中國的領土，而且中國人的數量是葡萄牙人的十倍以上。這次進攻本身是對中國主權的輕視，不過令人奇怪的是，中國方面似乎並沒有什麼特別的反應，反而成為戰爭的看客。

儘管荷蘭人自視甚高，但要在陸地上擊敗葡萄牙人，事實證明是很困難的。戰鬥是在六月二十二日打響，雷約茲司令官為展示其勇氣，親自指揮登陸戰，不料剛開打就受傷，又被送回海船上。二百名葡萄牙士兵在沙灘上挖掘一條壕溝，阻擊六百名荷蘭士兵登陸。在付出四十人傷亡的代價後，荷蘭人終於在海灘站穩腳跟，而葡萄牙人則退回城內，據險固守。雷約茲司令官對澳門的防禦能力嚴重低估，登陸的士兵僅僅拉了兩尊大炮上岸，對澳門的城防工事破壞有限。澳門的葡萄牙士兵一面以大炮還擊，一面將黑奴、僕役等人組織起來作為敢死隊，拼死抵抗。儘管荷蘭戰船上的大炮起到一定的作用，向澳門城內發射了三百五十發炮彈，但似乎效果有限。經過兩個小時的激戰，登陸的荷蘭士兵打光了彈藥，體能下降，開始疲憊不堪，葡萄牙人乘機大舉反擊。雷約茲司令官似乎沒有料到竟然是這樣的結局，由於事先沒做好準備，致使撤退時一片混亂，在葡萄牙人的反撲下，傷亡慘重。

進攻澳門一役，荷蘭遠征軍遭到慘敗，陣亡一百三十六人，受傷一百二十六人，被俘四十餘人。根據戰前的計畫，一旦荷蘭艦隊無法奪取澳門，下一步將在中國沿海尋找一處合適的地點建立基地，這個合適的地點應該是廣州或漳州附近。科恩的意志是不可改變的，這次荷蘭人絕不會像一六〇四年那樣空手而返。艦隊司令雷約茲更傾向於在海上建立據點，而非在陸上，澳門之戰已經證明荷蘭人在陸地上的優勢遠不及海上，於是澎湖島又一次進入雷約茲的視線內。

這並非雷約茲第一次到澎湖。

澎湖島是澎湖列島中最大的一個島嶼，這裡有一個海灣，能避各方來風，極宜泊船。事實上早在幾年前，身為船長的雷約茲就曾經到過澎湖並嘗試與福建當局交涉通商事宜，可是未獲成功。如今的雷約茲已經是艦隊司令，況且有野心勃勃的上司科恩總督的鼎力相助，此次前來，他是鐵了一條心，不達目的不肯甘休。當荷蘭艦隊出現在澎湖諸島時，這裡的中國漁船倉皇而逃。據荷蘭東印度公司的報告，當時在澎湖海域有十艘中國戰船，他們與荷蘭人有一些交涉，具體說了什麼就不清楚了，之後這些中國戰船就離開了。

澎湖島儘管有良好的港灣，但不適合居住。島上沒有食品，食品都要從大陸運過來，而且也缺乏淡水。因此荷蘭人把定居點選擇在臺灣西南的大員島，這裡距澎湖島並不遠。

大員島今天與臺灣島連為一體，位於臺南市安平區，可三百多年前卻是一個沙洲。當時這一帶海面自南而北，綿亙七嶼，稱為七鯤鯓。大員沙洲就是「七鯤鯓」中的「一鯤鯓」或者叫「大鯤鯓」。這裡是臺灣開發較早的地方，當時已經有一些中國人定居在此。一六〇一年倭寇侵擾中國沿海時曾佔據此地，後沈有容揮師渡海作戰，在澎湖海域打敗他們，大員的倭寇明白不是明軍的對手，遂落荒而逃。

荷蘭人選擇澎湖島作為貿易基地，顯然是有卓越的戰略眼光。澎湖列島是入臺灣島的大門，扼閩海通道，其重要的地理位置是不言而喻的。荷蘭人一邊在此修築城堡，一邊派人前往福建沿海的貿易港漳州與當地官員交涉。

在荷蘭文獻中，漳州港很多時候指的是廈門港。自明帝國隆慶元年開放海禁後，漳州的海澄成為唯一的貿易港。漳州港只是一個內河港，航道不寬，大船不易駛入，並非一個天然良港。當年明帝國之所以把對外貿易港設在漳州海澄，只是考慮到內河港便於管理，因此這個港口從一開始便有重大的缺陷。隨著商業的發展，漳州海澄港顯然無法滿足對外貿易的急劇增長，因此這個貿易港便逐步外移，擁有優良港灣的廈門自然後來居上。

八月六日，荷蘭艦隊司令雷約茲派人送一封用中文寫就的信給漳州（或廈門）官員，提出兩點請求：第一，准許荷蘭人前往漳州貿易；第二，准許荷蘭船隻在適當的地方駐紮。福建地方官員收下這封信，並口頭承諾五十天後給予答覆。在這五十天的時間裡，福建當局顯然又遇到了與十八年前相似的問題，不同的是，當年韋麻郎艦隊只有三艘戰艦，如今雷約茲卻擁有十幾艘戰艦。

對福建當局來說，這顯然是一大考驗，五十天過去了，還沒商量個好辦法出來。一直拖到了十月一日，官方才派人給荷蘭人送去一份最後的決議。這份決議是福建巡撫、海上游擊及其他將領多方商議的結果，拒絕荷蘭人的貿易請求，並要求他們撤離澎湖島。為了虛張聲勢，福建派出的特使警告荷蘭人，如果不從命，皇帝將會派兵攻打他們。

可想而知，雷約茲對這樣的結果壓根不會接受。他傲慢地告訴福建特使，拒絕荷蘭人的貿易請求就是在挑起戰爭。他當場宣布正式向中國宣戰。這位特使沒有當年沈有容的膽量，他一聽嚇壞了，因為一旦危機演變為戰爭，屆時朝廷很快便會降旨懲罰。可是在咄咄逼人的荷蘭人面前，戰爭已是不可避免。

十月十八日，荷蘭人突襲漳州以南的六敖，明荷戰爭爆發。

雷約茲派出八艘戰艦從澎湖出發，由於遭遇到強烈風暴，有三艘戰艦被迫轉向返回了東南亞。剩餘的五艘戰艦挺進到漳州以南的六敖港，當時港灣內停泊有許多帆船，雷約茲司令官決定發起突襲。據《東印度事務報告》所記，停泊於此的中國船隻被摧毀了八十多艘，其中有二十六艘戰船，其餘為商船或漁船。另有八十人被俘虜，六十門火炮被繳獲。

這場戰鬥結果令人吃驚，荷蘭人僅以五艘戰艦便取得如此輝煌的戰果，可見當年沈有容的擔憂並不是沒有道理。武器的優勢足以彌補其數量上的絕對劣勢。在參加此役的荷蘭人中，有一個叫威廉・龐德古的寫有《難忘的東印度旅行記》，對此役的記載是中國船隻被摧毀六七十艘，比東印度公司的報告要少一點，但仍然是大獲全勝。

與中方損失相比，荷蘭人的損失微乎其微。在戰爭爆發後二十天裡，僅損失一條小艇與五十人。這五十名死亡的荷蘭人中，多數還不是被中國軍隊殺死的。其中有二十三人劫獲一艘中國帆船後被突如其來的風浪捲走，其中十幾人被中國軍隊所俘殺（**龐德古的記載是全部被中國軍隊俘虜，這裡參照中方資料**）。另有十八人是乘坐一條小艇試圖攔截一批中國帆船時，被風浪捲走，葬身海底。

我們再來看看中國方面的記載。福建巡撫商周祚的奏稿是這樣寫的：「（荷夷）突駕五舟犯我六敖。六敖逼近漳浦，勢甚岌岌。該道程再伊、副總兵張嘉策多方捍禦。把總劉英用計沉其一艇，俘斬十餘名。」這種官樣文章掩飾了遭遇襲擊的窘態，根本掩蓋了自己的巨大損失，所報的戰果倒是很實在，沒有太多弄虛作假，甚至比荷蘭人自己承認的還謙虛點。

在六敖海戰後，雙方交戰主要是圍繞廈門、漳州兩地。

荷蘭人的主力仍然是那五艘戰艦，於十一月二十五日又耀武揚威到廈門鼓浪嶼上掃蕩。當時鼓浪嶼住有幾位鉅賈，都是在馬尼拉做生意發家致富的，他們的帆船還停靠在港口裝卸貨物，荷蘭人「將村莊、房舍和眾帆船，無論大貨船還是戰船均焚燒殆盡」，並搶走了二十箱的絞絲與緒絲。廈門守軍以火船戰術迎擊，九艘火船逼近荷蘭戰船，但並未燒著。十一月二十八日，荷蘭二艘戰船以大炮轟擊中國守軍一個擁有七門小炮的陣地，這次戰鬥沒有記錄雙方的傷亡，荷蘭人自稱燒毀了四艘中國帆船，沒有註明是兵船或商船。

商周祚的奏稿稱：「中左所（今廈門思明區）為同安、海澄門戶，洋商聚集於海澄，夷人垂涎。又因奸民勾引，蓄謀並力，遂犯中左，盤踞內港，無日不搏戰。又登岸攻古浪嶼（即鼓浪嶼），燒洋商黃金房屋船隻。已遂入泊圭嶼，直窺海澄。我兵內外夾攻，夷驚擾而逃。已復入廈門，入曾家澳，皆即時堵截，頗被官兵殺傷。」

值得注意的是，殖民者的強盜本質在這場戰事中暴露無遺。龐德古的日記中甚至把暴行當作值得慶賀的勝利。十一月二十九日，七十名火槍手闖進一個村莊，「居民都跑到一個碉堡裡，我們也追到那裡去……他們拼命想衝出來，但被我們擋住了，我們用刀砍他們的頭……我們又把中國人趕回碉堡，把他們全部殺死在那裡」。這個碉堡裡藏的只不過是當地村民罷了，全部被屠殺。類似的紀錄很多，比如「十二月二日，我們再次登陸去掠奪另一個村莊，同樣把它燒掉」。

由於時處冬季，天氣越來越寒冷，荷蘭人在食品上的補給越發困難。從十二月份始，他們針對的目標幾乎都不是軍事目標，而只是掠奪財物，越發變本加厲。龐德古寫道：「我們帶著二十七名火槍手，分乘小艇和小帆船去做一次遠征。我們來到一個村莊，那裡的人都逃了……我們帶走了十七頭水牛、七隻豬與許多雞回船。」「他們走到內陸的兩個村莊，那裡的人都跑了，他們就放火把這兩個村莊燒掉……」類似的紀錄還很多。儘管頻頻地打家劫舍，但收穫並不多，這點荷蘭人也承認：「我們大部分日子是用小帆船、小艇去冒險襲擊漁船和帆船，但一無所得。」

福建巡撫商周祚在奏稿中稱荷蘭人「進無所掠，退無所冀」，這大概是實情。然而與荷蘭人相比，福建當局更為窘迫，因為面對這夥強盜無休止的擾邊，他們幾乎沒有任何辦法制止。荷蘭人要求互市通商，一方面是要獲得經濟上的利益，另一方面是要壓制葡萄牙、西班牙的貿易，因為這兩個國家是荷蘭的死敵。

由於雙方都陷入到困境中，談判便成了可能。

一六二三年一月，荷蘭艦隊司令官雷約茲與福建南路副總兵張嘉策在廈門島會晤。張嘉策開門見山質問雷約茲，荷蘭人前來中國，是來挑釁呢，還是為了友好的貿易？雷約茲回答道，荷蘭的目標只有一個，就是為了與中國貿易，而且二十多年來一直如此。根據史料，荷蘭人最初是在一六〇一年前往澳門與中國接觸商談貿易之事，距此時已有二十二年。

張嘉策告訴雷約茲，只要荷蘭人還佔據著澎湖島，中國方面絕不會與之貿易，倘若在中國行政權力管轄範圍之外的地點則可以考慮。雷約茲扛出一塊擋箭牌，稱沒有得到巴達維亞總督的命令，他不能擅自撤出澎湖地區。張嘉策表示，既然雷約茲沒有許可權，他可以派兩條船前往巴達維亞的東印度公司總部，直接與總督談判，並且要求在這一段時間裡，荷方不得襲擊任何中國船隻。可是狡詐的雷約茲卻不同意，稱除非中國船隻不駛向西班牙或葡萄牙控制的地區。荷蘭人的這個無理要求遭到張嘉策的強烈不滿，他警告雷約茲，荷蘭人無權限制中國船隻的去向。

這次談判最後不歡而散。

在這次談判中，張嘉策表現很強硬，可是這並不表明他的愛國立場堅定不移。據後來披露出來的消息，張嘉策曾經收受荷蘭人三萬金的巨額賄款。根據他對雷約茲態度的變化來分析，大約是在廈門談判失敗後，荷蘭人暗地裡塞了巨款，張嘉策便建議雷約茲前往福州會晤福建巡撫商周祚，並且自願陪同前往，「在各方面提供方便」。

到了福州後，張嘉策先去試探巡撫商周祚的口風。自荷蘭人發動戰爭以來，商大人焦頭爛額，找不到解決的良方，如今雷約茲找上門來正是求之不得呢。但是不扔給荷蘭人幾根肉骨頭，這些餓狗是不會跑開的。對雷約茲貿易的要求要如何來應對呢？這難不倒巡撫大人，他查找古今事例，終於在腦海裡有了個明確的想法。

在大明帝國以往的海外貿易點中，大泥（北大年）與咬𠺕吧（雅加達，即巴達維亞）這兩個地方已被荷蘭人所控制，實際上中國商船是與荷蘭人有過貿易的。不過自從馬尼拉港崛起後，中國商船紛紛駛往馬尼拉，不願意前往大泥與咬𠺕吧，因而荷蘭人要得到中國的商品很困難。商周祚對張嘉策說，可以答應雷約茲，福建將派商船前往巴達維亞與荷蘭人貿易，但前提是雷約茲必須先從澎湖撤兵。

張嘉策把巡撫大人的話轉述給雷約茲，雷約茲仍以未有總督的命令為由拒絕撤離澎湖島。雷約茲的強硬立場令談判再次陷入僵局。倘若荷蘭人不承諾撤離澎湖島，福建巡撫商周祚就拒絕與之會晤。

這時包括張嘉策在內的幾個官員急了，跳出來向雷約茲獻策。在他們看來，荷蘭人簡直是花崗石腦袋，沒有一點政治智慧，不懂官場學。這些深諳官場學的福建官員說，無非就是要給巡撫大人一個面子，一個臺階下罷了。只要荷蘭人做出拆毀澎湖島上城堡的樣子，也不用全部拆毀，只要拆一小部分就行了，做什麼用呢？應付檢查唄。巡撫派人去檢查，一看，行，真的在拆城了，回去一報告，這事就算結了。等檢查人員離開後，再把城堡重新修復就行了。

為什麼有人為荷蘭人出這種有損中國主權的歪主意呢？除了有一部分官員收受賄賂之外還有一個原因。福建作為中國對外貿易的大門，商人雲集，這也形成一股政治力量。這些商人以營利為目的，對荷蘭人佔據澎湖島一事的政治後果設想不足，還認為這是一件好事，不出國門就可做生意，便捷而且安全性高，何樂而不為呢？因而他們慫恿一些官員同意與荷蘭人貿易，對澎湖島的得失根本就不關心。

在這些為荷蘭人出謀劃策的人中，張嘉策是關鍵人物，他的弄虛作假以及受賄後來成了丟官的原因。雷約茲同意了張嘉策等人的建議，聲稱要拆毀澎湖島上的城堡。福建巡撫商周祚對雷約茲的表態相當滿意，後來他在奏章中用「遣人請罪，仍復求市」這樣的表達，顯然認為荷蘭人被天朝的威嚴震懾住了。這位平庸的巡撫大人一心期待著紅夷的離開，因為澎湖是福建的管轄範圍，只要荷蘭人拆城離去，他就算完成任務了。

關於這次談判的結果，商周祚在奏稿中是這樣寫的：「蓋夷雖無內地互市之例，而閩商給引販咬𠺕吧者原未嘗不與該夷交易；今許止遵舊例給發前引，原販彼地舊商仍往咬𠺕吧市販。不許在我內地另開互市之名，諭令速離彭湖，揚帆歸國。如彼必以候信為辭，亦須退出海外別港以候。但不係我汛守之地，聽其擇便抛泊。」這也是他對雷約茲的答覆。

商周祚以為只要答應荷蘭人中國商船將前往巴達維亞與荷方貿易，他們自然會知足，自會按照雙方協定的內容撤出澎湖島。只要荷蘭人撤走了，便可視為一大勝利。可是在這裡商周祚卻留下一處致命的漏洞——「但不係我汛守之地，聽其擇便抛泊。」——問題便出在這裡，這無疑給了荷蘭人繼續留在中國的理由。此時荷蘭人不僅佔據澎湖島，也佔據臺灣大員沙洲，後者就不算是「汛守之地」，即沒有中國軍隊駐守，商周祚顯然默許荷蘭人退往臺灣。他莫非不知其中利害麼？當然不可能，說到底，這是地方保護主義思想在作祟。商周祚管轄的範圍就是到澎湖島，只要自己的地盤平安無事，他就向朝廷交代得過去了。至於臺灣會怎麼樣，巡撫大人自然會祭起鴕鳥政策，頭往沙堆一埋，便什麼也看不見了。

然而朝廷對商周祚的碌碌無能顯然十分失望。《明實錄》中有一段話，頗可見朝廷對福建當局的不滿：「諸將懼禍者復以互市餌之，俾拆城遠徙，故弭耳聽命：實未嘗一大創之也。」福建官員與將領並未嘗給予荷夷重創，只是害怕惹禍上身便以開通巴達維亞貿易為誘餌，只要能讓荷蘭人離開就萬事大吉了。這種毫不進取的消極態度讓朝廷有失落感。

一個月後（天啟三年二月），朝廷在福建人事安排上做出重大調整，作風強硬的南居益取代商周祚出任福建巡撫。在南居益到任前仍由商周祚暫時代理巡撫工作。

接下來的幾個月是商周祚最為尷尬的一段日子。他心裡還想著只要荷蘭人拆了紅毛城，退出澎湖島，自己好歹能保住點面子。可是雷約茲壓根沒有想給巡撫大人面子，一個月過去了，兩個月過去了，紅毛城仍然聳立在海島之上。不但如此，荷蘭人還變本加厲地襲擊中國前往馬尼拉的商船。

四月十七日，雷約茲派二艘戰船在馬尼拉附近水域截擊中國商船，擄獲三艘，抓獲船上水手八百人；五月十一日，在澎湖海域再攔截一艘中國商船，抓獲二百名中國人。這兩次搶劫四艘商船上的貨物共計八萬七千五百萬荷蘭盾。這些被抓走的中國人命運極為悲慘，後來南京湖廣道御史游鳳翔在奏章中稱：「擒我洋船六百餘人，日給米，督令搬石，砌築禮拜寺於城中。」其實游鳳翔對荷蘭人抓獲中國人的數量估計還是略有不足。據《東印度事務報告》的資料，被抓往澎湖服苦役的中國人共有一千一百五十人。其中有一半人在勞役過程中被折磨致死，剩下五百七十一人被販賣到巴達維亞。這些失去自由的中國人在骯髒惡臭的海船上的生活環境極為惡劣，有四百七十三人死於途中，抵達巴達維亞時只剩下九十八人。而這九十八人又繼續遭到摧殘，荷蘭人向他們提供不潔淨的水，致使其中又有六十五人中毒喪命，最後活下來的僅有三十三人，僅佔被俘人數的百分之三。這死亡率比二戰時期在東南亞發生、臭名昭著的「死亡行軍」還高。著名歷史學家連橫在《臺灣通史》中也說「役死者千三百人」，這大抵是準確的。

荷蘭人的強盜行徑讓商周祚顏面全無。他懊惱地寫道：「紅夷久據彭湖，臣行南路副總兵張嘉策節次禁諭，所約拆城徙舟及不許動內地一草一木者，今皆背之。犬羊之性，不可以常理測。」他想在代理福建巡撫的最後日子裡發動對荷蘭人的進攻，以挽回面子。可是更尷尬的事情是想出兵卻沒錢，「但師行糧從，無餉則無兵。」原因是新造兵船、大銃以及募兵把錢都花光了。這是典型的臨時抱佛腳，要打仗了才想起來要造船製炮募兵。

八月，南居益終於到任。前任巡撫商周祚黯然離去。

換了巡撫，自然有人站出來理直氣壯地批評上一屆領導班子的軟弱無能。最激烈的言論來自南京湖廣道御史游鳳翔，他並沒有在福建任官，本不應該越權彈劾福建官員。可是作為一名福建人，他嚴厲批評前任巡撫商周祚被荷蘭人愚弄，致使荷蘭人「非惟船不回、城不拆，且來者日多」，「進足以攻、退足以守，儼然一敵國矣」。

游鳳翔將攻擊的主要矛頭對準福建南路副總兵張嘉策，他顯然收集了不少對方的罪證，指控張嘉策的三大罪狀：第一，在廈門遭到荷蘭人攻擊時，他閉門自守，不肯應援；第二，欺騙福建巡撫商周祚，偽稱荷蘭人恭順；第三，竭力為荷蘭人爭取互市，有通夷的嫌疑。

與此同時，新任福建巡撫南居益也彈劾張嘉策臨陣畏敵，應當革去南路副將之職。在游鳳翔與南居益兩顆重磅炸彈的轟擊下，張嘉策被朝廷革職查辦。不僅僅是張嘉策一人，包括駐守澎湖、中左、浯嶼、銅山等地的將領皆被深究戰敗的責任。顯然朝廷已經表明立場與態度，對狼子野心的荷蘭人絕不能姑息。

南居益一到福建，就發現情況非常嚴重了。他後來回憶道：「其時紅夷作亂，佔據彭湖，築城營壘，偽立不拔之基。乘汛出沒，擄掠商艘，焚毀民廬，殺人如麻，與國為敵。沿海震驚，官兵觀望，但恃撫諭一道，以圖僥幸。而海上奸民，且利夷金錢，交通接濟。法紀既已蕩然，封疆幾為淪沒。當時南北台省交章論閩事者，無不謂東南半壁，岌岌乎有薦食之盧矣。」（**薦食，意為「不斷吞食」；盧，疑為「虞」之誤。**）

原南路副總兵張嘉策被撤職，改由俞咨皋接任。南居益認為「閩海利害，唯閩人能諳」，俞咨皋不僅是福建人，而且大有來頭，他的父親便是與戚繼光齊名的抗倭名將、大名鼎鼎的俞大猷。顯然新的福建巡撫對這位將門之後抱著極大的希望，希望他能扛起抗擊荷蘭人的重任。

雷約茲很快感覺到了中國人不友好的氣氛。他帶著四艘船前往廈門，打算會晤俞咨皋，試探一下這位新將領的心理底線。當他抵達廈門港時看到這樣的場面：「整個海岸聚集著黑鴉鴉的人群，而且延伸到陸地方向很遠，多數人手持標槍長矛和其他武器，看上去中國人是想尋機報復。」

新任南路副將俞咨皋厲聲警告荷蘭人，必須首先撤出澎湖與大員，率全部船隻返回巴達維亞，然後才可以商談貿易事宜。這位名將之子威脅道：「你們國家弱小，而我們國家強大，你們人少而我們人多，我們是你們的長輩，你們是我們的後生，因此最好不要來騷擾我們，你們憑千餘人與強大無比的中國作對是何等自不量力。」

荷蘭人提醒俞咨皋，他們曾與福建巡撫商周祚簽訂了協定，這份協定寫有荷方在接到巴達維亞總部的撤退命令之前可以先暫駐澎湖島，並允許在非汛守之地的大員停泊。顯然中國方面缺乏簽約的經驗，荷蘭人在細節的地方做了手腳，要是根據這樣的約定，只要巴達維亞總部遲遲不下達撤退令，荷蘭人就可以一直佔據澎湖島了。

可是中國人有中國人的觀念。俞咨皋傲慢地對荷蘭人說，從前的事情不必提起，因為前任巡撫商周祚、副總兵張嘉策及其他官員均已卸職，新官上任，以前的協議均作廢。這位新總兵的觀點很明確，荷蘭人必須與福建新任官員重新談判。同時他再次重申，只要荷蘭人撤出澎湖與大員，福建當局將派商船前往巴達維亞城貿易，而且會派出很多商船。

然而荷蘭人的胃口之大，遠遠不是僅打開與中國貿易的大門，而是要壟斷東南亞的貿易，切斷中國通往馬尼拉的貿易線，打擊西班牙與葡萄牙的勢力，把中國商品的出口牢牢控制在自己手中。因此他們絕不會放棄在中國土地上建立一個殖民據點，只有這樣才能左右中國商品的貿易，進而壟斷中國商品。對此，巴達維亞當局的目標是：「把馬尼拉與中國的貿易引至我處，以保證對大部分貿易的永久壟斷權。」

荷蘭人氣焰囂張地說：「只要中國人禁止我們在澎湖、大員或周圍其他合適的地方貿易，他們在我們面前表現出的和氣與友好均將失去意義且不被接受。」這段話很明白地說明了一個事實，中國人是希望和氣而友好地做生意，可是殘酷的現實卻證明了一個道理，倘若不持劍經商，那麼將一敗塗地。遇到像荷蘭或西班牙這種蠻不講理的強盜，和氣與友好如何？換來的只不過是自取其辱罷了。

雷約茲顯然無法從談判中撈取更多的好處，這位好勇鬥狠的荷蘭人決定再度對福建當局施加武力。一六二三年九月，佔據澎湖已有一年之久的荷蘭人迫不及待地想打開局面，決定「集中全部兵力對付中國」，「再次以武力對中國發起攻擊」。

艦隊司令官雷約茲下令出動五艘戰船至漳州、廈門海域，目的是控制中國商船不能開往呂宋與其他西班牙、葡萄牙人的控制區，同時武力壓迫中國方面通商。「我們要先用和平友誼的辦法去爭取，如果中國人不答應，那就要以武力從海上和陸上進攻他們。」這就是荷蘭人所謂的「和平方式」。

初來乍到的巡撫南居益很快就明白，福建這個地方非常複雜。他對荷蘭人的強硬政策引起眾多福建商人的強烈不滿。自從荷蘭人發動戰爭以來，福建商船損失慘重，被焚毀、搶奪許多財物，而無能的官府又無法保護商人的安全。在這種情況下，商人們強烈要求政府與荷蘭人談判，制止戰爭，否則沿海的商家將全部面臨破產的厄運。大約有三百名商人聯合起來上書巡撫，要求政府考慮與荷蘭人通商。不僅是商人的反對，南居益本人也感受到福建的經濟正在惡化。由於海道被荷蘭人所控制，運輸中斷，又造成物價飛漲，同時走私貿易又有猖獗的跡象，海盜活動開始增多等等。這一連串的反應令南居益憂心忡忡，是戰還是和呢，如果選擇戰，又要怎麼戰呢？

轉眼已是十月末，四艘荷蘭船隻在弗朗森的率領下抵達漳州灣。他的任務是先謀求與福建官方談判，倘若談判不成則訴諸武力。這四艘荷蘭船隻停泊在浯嶼，在島上掛起白旗表明談判立場。廈門當局派出幾批次的人，包括商人、民間人士及官員，往返於官府衙門與荷蘭艦船之間。我們不太清楚中國一方誰是主要的談判者，或許是俞咨皋，或許是別人，但有一點是肯定的，廈門官員的立場肯定得到了巡撫南居益的同意。

經過幾個回合的磋商，廈門當局與荷蘭人達成三點協定：第一，將出售足夠的貨物給居住在大員的荷蘭人；第二，將派出特使與若干帆船前往巴達維亞會晤東印度公司總督；第三，在此期間內，將暫停商船駛往馬尼拉、交趾、柬埔寨、北大年等地。

荷蘭人對這樣的結果欣喜不已。廈門當局以簽約為名，讓弗朗森率二艘船隻前往廈門島。實際上強硬派人物俞咨皋根本不想與荷蘭人簽什麼協定，他只是忽悠而已。當荷蘭船隻靠岸後，他便讓手下在沙灘上搞了一個盛大的歡迎儀式，端上豐盛的酒食招待。荷蘭人不知是計，開懷暢飲，喝得酩酊大醉。就在這個時候，俞咨皋悄悄地派出五十艘火船，忽然出現在二艘荷蘭夾板船的周圍。其中「麥登號」艦船被火船燒著，火焰又引爆了船上的火藥，在幾聲巨響之後，這艘荷蘭艦船沉入冰冷的海水中。另一艘荷蘭艦船「伊拉斯莫斯號」則比較幸運，因為其船長比較早回到船上，他指揮剩餘船員把火撲滅後逃之夭夭。

待在海灘上沒有返回船上的荷蘭船員，悉數成為俘虜。

這次不算光明正大的偷襲取得了明荷戰爭爆發以來最大的勝果：焚毀一艘巨艦，斬首八級，俘虜五十二人，其中包括荷蘭將領高文律。這也包括從一六二二—一六二四年總共持續三年之久的澎湖軍事衝突中，中國方面唯一焚毀的一艘荷蘭巨艦。從後來南居益的奏稿中，我們可以得出一個結論，這次偷襲的設計者便是這位新上任的福建巡撫。那麼堂堂一位巡撫，為什麼要使用這種並不光明正大的手段呢？

南居益上任之初便明白這絕對是燙手的山芋。前任巡撫商周祚的下臺就是個例子，不要看福建水師名聲在外，號稱中國最精銳的水師，其實壓根不是荷蘭艦隊的對手。只要看看戰例就知道了，在與荷蘭的戰爭中，中國方面損失了數十艘的戰船，漁船、商船更是不計其數。而荷蘭方面呢？一艘主力船也沒有損失。就憑著五六艘戰船就足以在福建海域橫衝直撞，如入無人之境，這是為什麼呢？

就任福建後，一向以鐵腕手段著稱的南居益雄心壯志，第一反應就是要以武力解決，驅逐荷蘭人。可是當他深入考察雙方實力對比後，不禁倒吸了口氣。荷蘭人的堅船利炮名不虛傳，南居益寫道：「夷舟堅銃大，能毒人於十里之外，我舟當之無不糜碎。即有水犀十萬，技無所施。」（《總督倉場戶部右侍郎南居益謹陳閩事始末疏》）分析雙方的攻守形勢，這位新任福建巡撫並無十足把握：「而彼方依大海波濤之險，挾巨銃堅舟之利，盤踞以築城，勾連以內向。而我積衰之兵、不完之器，汪洋澎湃之中，一彼一此，能操其必勝乎？」（《福建巡撫南居益又奏（天啟三年八月二十九）》）

試想想，荷蘭戰船可以在數里之外發動攻擊，每艘船單側舷炮有二十～三十門，倘若以五艘戰船來計，便有一百～一百五十門大炮。這些大炮轟出數十斤重的炮彈，足以將一般船隻摧毀。荷蘭戰船可以遠距離開炮，而中國戰船卻必須近距離才能還擊，這種武器上的巨大差距在第一年的戰爭中已經出現嚴重的後果了。

筆者看到有些著述家出於愛國之情，往往過分誇張晚明時期中國的軍事力量。最有發言權的，當然是那個時代身處其中的人物。事實上當時有責任心的人，都不會迴避一個問題，那就是帝國的軍隊戰鬥力實在太差。南居益以「積衰之兵」「不完之器」的表述，說明帝國無論在軍隊士氣上或武器上都無優勢可言。儘管如此，面對傲慢的荷蘭人，以外交途徑逼迫其退出澎湖已是不可能，只能以武力解決。堂堂正正的對陣顯然是吃虧的，因此南居益不惜使出詭計，以談判為名，暗地裡偷襲，終於焚毀一艘荷蘭巨艦。這種偷偷摸摸的手段對於天朝上國來說，未免算不得光明正大。可是南居益顯然認為跟荷蘭這種蠻夷講禮儀仁義實是對牛彈琴了，要對付船堅炮利的荷蘭人，最好的辦法莫過於先發制人、以計取勝。

對廈門之役的輝煌戰果，南居益十分滿意，令人恐怖的荷蘭戰船終於沉沒海底。他大造聲勢，大搞宣傳，把荷蘭戰俘押往北京。明朝皇帝才懶得理會所謂的「大捷」是怎麼來的，有俘虜送到，足以震懾百夷就行了。因而天子有模有樣地搞了「祭告郊廟，御門受俘」的盛大儀式，倒楣的荷夷頭目高文律被斬於西市，傳首九邊。

廈門之役後，荷蘭人顯然意識到低估了明帝國的抗戰決心。儘管他們在武器上佔有優勢，可是要以區區千來人征服一個大帝國，這無疑是異想天開。

這個教訓讓荷蘭人不得不做出第二種方案：賄賂。他們對中國官場的腐敗風氣頗為了解，於是通過福建商人池貴遞交一封書信給南居益，另附上貴重的賄品。可是這回他們找錯人了，巡撫大人當眾將賄品燒毀，並將奸商池貴就地正法，以強硬的立場回應荷蘭人，表明官方在澎湖問題上絕不會做出半點讓步。後來荷蘭人懊惱地說：「我們若只贈送重禮而無強權做後盾，也將一事無成。」

狗急跳牆的荷蘭人又一次向中國宣戰，派出三艘戰艦沿著漳州港南下，沿途襲擊多處軍事據點，並登陸搞破壞活動。

「羈縻之術已窮，天討之誅必加。」對荷蘭人的進攻，南居益已做了充分的準備，「申明大義，獎率三軍，就見在營寨之兵，聊為戰守之具。檄行各道將，略抽水兵之精銳五千，列艦海上，以張渡彭聲討之勢。仍分布水陸之兵，連營信地，以為登岸豕突之防」。

這些備戰措施是到位的，荷蘭人在沿海發動的進攻並沒有取得任何成效。於是他們又一次扮演強盜的角色，在海上與陸上抓獲了二百二十名中國人，其中有一百九十五人被押運至巴達維亞，其餘二十幾人猜測又死於非命。

可以看出，自南居益到任後，福建軍方在防禦上有了很大的改進，兵力不足的荷蘭人也難以獲得可以吹噓的戰果，這無疑大大鼓舞了南居益收復澎湖的決心。

天啟四年（一六二四年）正月初二，舊曆新年的第二天，收復澎湖的軍事行動展開了。

福建水師從漳州、泉州起航，登陸澎湖列島中的吉貝嶼與鎮海嶼，並在鎮海嶼上修築起一座石堡，作為進攻荷蘭人的前線基地。荷蘭人的基地設在澎湖島，這個島也是澎湖列島中最大的島嶼，這裡有個海灣稱為風櫃仔，紅毛城就修築於此。對於這次軍事行動，南居益的定位是以武力威懾為主，以達到不戰而屈人之兵的目的。只要荷蘭人放聰明點，知難而退，自動放棄澎湖島，那麼就大功告成了。因此，儘管中國軍隊擺開大舉進攻的架勢，但實際上就只是架勢罷了，除了零星的交火外，並沒有大規模的交鋒。

可是荷蘭人卻沒有知難而退的跡象。中國軍隊虛張聲勢地發動佯攻，希望以這種威懾手段嚇唬荷夷，但效果微乎其微。福建水師的行動持續了一百天，到四月份，南居益開始感到擔憂：一是師久無功導致士氣下降，二是因為缺乏足夠的軍費打一場曠日持久的消耗戰。巡撫大人親自渡海抵達前線，重新制訂武裝收復澎湖島的計畫。他仔細查看地形，擬定一個方案：一部分軍隊在澎湖島登陸後，威脅荷蘭城堡與戰船，水師則在鎮海港嚴陣以待，等待有利風向出現時，與陸師合力夾擊。

此時中國軍隊在數量上要遠遠超過荷蘭人。據《巴達維亞日記》中的紀錄，南居益已經集結了一萬名士兵與二百艘船，包括運兵船、炮船與火船。更可怕的是，這次軍事行動得到朝廷的支持，除福建外，包括廣東、南直隸的水師也在做準備，一旦有必要也將投入到戰爭中。

荷印巴達維亞總部方面做出了如下評估：「我們考慮到中國人的堅強決心，及兵力之強大與我方力量之弱小，考慮到如果下決心等待到最後，將會發生極大的困難而無法解救；另外也考慮到我方船舶在澎湖灣內無法避開中國的火船。他們派船前來，不僅我方無法在陸上守住城堡，在水上亦將被圍，且因有炮船和火船，我船須冒巨大風險才能開進灣內，這樣守城士兵將完全與船隔絕，即使暫時可守住城堡，終將被圍而陷落……因此，決定在與中國兵火前先自澎湖島退出……我們決定做出即使會蒙受巨大恥辱、損失和侮辱的讓步。」

在這個關鍵時刻，荷印巴達維亞總部做出一個決定，由馬丁努斯・宋克接替雷約茲接管澎湖列島的事務。這大概是公司總部擔心雷約茲司令官狂妄自大，擅自做出與中國軍隊全面開戰的決定。宋克抵達澎湖時，發現這裡已經像是一個大火藥桶了，隨時都可能引爆。他及時地把自己到任的消息通知中國一方，並且請求談判。中國談判代表堅持荷蘭人必須要拆毀城堡，離開澎湖，倘若做不到這點，那就在戰場上見分曉。宋克也明白要守住澎湖實際上是不太可能了，但這個狡猾的狐狸仍然希望能撈到些好處，他提出撤出澎湖島的條件：中國方面允許與荷蘭人在臺灣大員與巴達維亞開展貿易，並禁止商船開往馬尼拉等西班牙、葡萄牙控制區。

這裡值得注意的一點是，福建當局對於荷蘭人撤往臺灣大員沙洲是持默許的態度。不過也有反對者，代表人物便是俞大猷的兒子俞咨皋，他曾多次要求荷蘭人完全撤出澎湖與大員。但大多數官員顯然明白，荷蘭佔據澎湖兩年，絕不會空手而返，如果不給他們提供一個去處，這群強盜是不會心甘情願地返回巴達維亞的。倘若可以穩操勝券，南居益自然也不願意讓荷蘭人待在大員，臥榻之旁有人酣睡著是不舒服的。可是巡撫大人儘管擺開進攻的架勢，卻沒有勇氣發起像樣的進攻。原因很簡單，在將近兩年時間裡，除了一次不太光明正大的算計之外，福建水師從未打敗過荷蘭艦隊。

儘管有些資料對比讓人很不舒服，但還是得羅列出來。荷蘭在福建沿海騷擾兩年的傷亡人數，還不如進攻澳門時兩個小時的傷亡人數。在澳門與葡萄牙人戰鬥的兩小時中，荷蘭方戰死一百三十八人，被俘四十餘人，而在與福建軍隊的交鋒中，荷蘭方死亡與被俘人數不會超過一百五十人，這裡還包括非戰鬥原因的死亡。

文人出身的南居益沒有鄭成功那樣堅不可拔的決心，否則他就是曠世英雄了。只是人的成就決不會逾越其心靈的高度，南居益的內心高度遠不及鄭成功，也因此決定他的成就無法望其項背。能收復澎湖，對他來說就萬事大吉了。說到底他還是帝國老官僚，倘若他非要把荷蘭人趕出臺灣大員，那麼紅毛勢必要狗急跳牆，拼死一戰，這樣鹿死誰手就難以定論了。

荷蘭人在中國軍隊的重重包圍之下仍然獅子大開口，這令明荷雙方的談判陷入僵局。在這個時候，有一個人出面了。

這個人在荷蘭人的紀錄中稱「支那甲必丹」，這其實是日本人對華人海商頭領的一種稱呼，這位甲必丹是大海商李旦。李旦是一個很傳奇的人物，他原本是泉州人，早年在呂宋（馬尼拉）經商。一六〇三年，西班牙殖民者擔心呂宋華人勢力太強，大開殺戒，約有二萬五千名華人死於非命。在這次事件中，李旦僥倖未死，但被西班牙人投入監獄並沒收財產。後來李旦逃到日本平戶，東山再起，成為華人海商集團領袖。由於荷蘭人與西班牙人勢不兩立，他自然選擇與荷蘭人結為盟友。雷約茲的艦隊佔領澎湖後，擾掠福建沿海，曾邀請李旦相助，李旦派出自己得力的助手、義子鄭芝龍以翻譯的身分前往澎湖島打探虛實。南居益主事福建後，也積極爭取李旦為己所用（《明史．南居益傳》），這位大海商是明、荷雙方都極力討好的人物，因而他便成為明、荷談判調停的最合適人選。

李旦對宋克提出建議，在談判條件中刪去「禁止中國商船開往馬尼拉」這一條，因為這一條款是對中國方面的威脅，南居益絕不可能答應。特別是明軍在兵力上居於絕對優勢的情況下，中國一方更不可能做出讓步。荷蘭人不再堅持己見，同意拆毀城堡，退出澎湖列島。值得注意的是，中國方面並沒有與荷蘭人簽訂任何書面上的條約或協定，這無疑令荷蘭人很不習慣。宋克曾派人與明軍代表談判，想簽訂正式的協定，可是中國代表認為毫無必要，因為有信件與口頭承諾，這已經足夠了。

大明帝國在外交上與歐洲國家有著很大的差別。歐洲國家十分注重簽訂條約，並對細節嚴加推敲，未來若出現糾紛，則以條約文本為準則。大明帝國的外交思維則是不同的，很少對細節有明確的規定，彈性空間比較大，這種不夠審慎的粗放型外交為日後的爭端留下很大的後患。對南居益或福建當局來說，不願意與荷蘭人簽訂詳細的條約，而只是以口頭約定的方式，除了外交方式不同外，或許還有避重就輕的想法。

在兩個重大問題上，福建當局的態度都是含糊不清。第一個問題，中國與荷蘭是否達成正式的交易夥伴關係呢？在荷蘭人撤往臺灣大員後，福建當局遵守承諾，發商船往大員貿易，但是這種貿易僅僅是福建當局默許下的貿易，並不具備堅定的合法基礎。因此在後來雙方貿易上仍然殘留很多問題，最後又不得不通過戰爭的手段來解決。

第二個問題便是荷蘭佔領臺灣大員的問題。對於福建當局來說，他們意識到要徹底把荷蘭人趕走是很費力的事，因此便想了一個折衷方案，把中國的土地分為「汛守之地」與「非汛守之地」，如果是「汛守之地」便不允許荷蘭人駐留，這包括所有大陸部分與沿海島嶼，而「非汛守之地」則是孤懸海外又無駐軍的島嶼，這又以臺灣島為代表。對南居益來說，臺灣不過是未開化的地區，即所謂的「未化大島」，不妨暫時借給荷蘭人停泊。在一份奏稿中，南居益是這樣寫的：「（荷夷）寄泊東番（即臺灣）瑤波碧浪之中，暫假遊魂出沒，不足問也。」

允許荷蘭人撤退到臺灣這麼一個重大事件，在南居益看來卻成了「不足問也」的小事。這可以看出當時官員對臺灣島的認識有其局限性，認為不過是個荒島，對其戰略、經濟等意義嚴重評估不足。在這一點上，南居益與前任巡撫商周祚是不謀而合的：「但不係我汛守之地，聽其擇便拋泊。」顯然福建官方的態度避重就輕，從文字表面意思來看，是允許荷蘭船隻停泊，可是既然船隻可停泊，那勢必荷蘭人就可以長期待在這裡，而且對荷蘭人在臺灣的行動有哪些限制，都沒有做出嚴格的規定。西方國家在條約或協定中，對細節十分注意，往往考慮十分周到，而明帝國這種粗放式的辭令，埋下了無窮的後患。

後來荷蘭人宣稱：「臺灣土地……是屬於中國皇帝。中國皇帝將土地賜予東印度公司，作為我們從澎湖撤退的條件。」把中國方面允許的「擇便拋泊」理解為土地割讓或賜予顯然與事實相悖，明顯是荷蘭人的胡說八道。但是這種胡說八道的背後，卻可以看出中國在外交上的被動。日後鄭成功收復臺灣之時便警告荷蘭人，臺灣向來是天朝的土地，不用時可以借給他們用，要用的時候就要討回來。

澎湖之役有得有失。

這次由中國軍隊發動的軍事威懾行動，從天啟四年正月初二持續到七月十三，歷時約六個半月。其間只有小的軍事衝突，並沒有釀成大戰。從戰略上說，奪回澎湖島當然具有重要意義，因為這裡位於臺灣海峽之中，扼東西、南北水道，倘若有所閃失，將對福建沿海重要貿易基地漳州港、廈門港構成巨大的安全隱患。荷蘭人退出後，這條航道才是安全的。從這點上看，南居益是有功績的。他對此顯然也得意洋洋，在寫給朝廷的奏疏中仍流露出自負的神情：「向非本院排眾議於紛紜，獨建渡彭之策，運神機於幃幄，屢盡推轂之奇，何以能驀奏膚功，復祖宗百年疆土，弘敷遠略，舒廟堂宵旦焦勞，有如今日者哉？」

可是澎湖之役並不是一次徹底的勝利。

這次戰役雷聲大、雨點小，並沒有給荷蘭殖民者予沉重打擊。福建水師出海六個月，只是虛張聲勢，根本沒有大張旗鼓地展開軍事報復。可見南居益對荷蘭人的堅船利炮委實有很深的畏懼，在兵力與船隻都超過對手的情況下，仍然縮手縮腳。

這位進士出身的巡撫大人在奏疏中卻體現出他的文筆絕對比船炮還要銳不可當，縮手縮腳的戰術在紙上談兵的吹噓中演變成了完美的戰略：「是役也，不折一矢，不缺一刃，徒以命將出師，聲靈遐邑，能使數年逋寇，一旦驚逃，海波不揚，邊鄙無聳，視彼功成而骨為枯、虜滅而水盡赤者，不啻倍之。」倘若真的是做到「不戰而屈人之兵」，固然是善之善者的戰法，可惜的是，事實並非如此。荷蘭人撤離了澎湖，卻沒有離開中國，而是拉開了其統治臺灣三十八年的序幕。這群侵略者非但沒有遭到重創，反而因禍得福。

其實也不能怪南居益沒能使結局完美，大明帝國已是風雨飄搖，非但是外患重重，國內反叛力量也此起彼伏。在過去一百年的時間裡，無數的叛亂被鎮壓，同時無數的叛亂又興起，帝國早已是焦頭爛額。儘管武器上與荷蘭人有差距，但這個差距並不像一八四〇年時的滿清軍隊與英國軍隊的差距那麼大，若是仗著人海戰術，還是可能有勝算的。但我們不要忘了，荷蘭就十幾艘船、千餘人，竟然佔據澎湖五年之久，令福建的防務、經濟、貿易、航運等等都陷入無比尷尬的境地。

這裡仍然引用南居益的一句話，從這句話中，可以看出即便這場不徹底的勝利，都是多麼來之不易：「同思數年枕戈露宿於鯨濤鱷浪之中，不知死者幾人，生者幾人，才為國家復得彭湖一塊疆土，為閩人除卻百年隱禍。」復澎湖一塊疆土是沒錯，除百年隱禍卻未必。事實上僅僅十年後，荷蘭人便又一次對中國沿海發動了大規模的進攻，令福建損失慘重，而澎湖實際上又被荷蘭人控制了。這是後話，留到後面說。

第三章　臺灣島上的「三國演義」

荷蘭人把臺灣島稱為「福爾摩沙」（也有譯為「福爾摩莎」或「福摩薩」），這最早是葡萄牙人的叫法。在萬曆年間，葡萄牙的船隻航行東海時，途經臺灣島北部，遠遠望去，山岳如畫、樹木青蔥，不禁手舞足蹈，稱其為「福爾摩沙」，意為「美麗之島」。

有一些讀者總有一種錯誤認識，以為荷蘭人是撤離澎湖島後，才到了臺灣。這是不對的，在一六二二年雷約茲艦隊抵達澎湖時，他們同時也到了臺灣西南的大員沙洲。當時大員還是一個小島，現在已經與臺灣島連為一體了。南居益允許荷蘭人的船隻停泊在中國的非軍事區，而荷蘭人卻大肆宣稱「中國皇帝將土地賜予東印度公司，作為我們從澎湖撤退的條件」。並以此為依據，開始其在臺灣島長達三十八年的殖民統治。

荷蘭人的這種說法，中國方面當然不予承認。但大明帝國就是實行「鴕鳥政策」，把腦袋往沙裡一埋，裝作沒看見，因為帝國的事情太多太亂了，多一事不如少一事，只要荷蘭人不惹是生非就萬事大吉了。

當然，並不是所有人對荷蘭人退居臺灣的危險都視而不見。福建人沈鈇就上書福建巡撫南居益，指出「紅夷潛退大灣，蓄意叵測」，不過考慮到澎湖之役剛結束，財政上捉襟見肘，「徵兵調兵，殊費公帑」，他建議「移檄暹羅，委官宣諭，約為共逐」。當時荷蘭的貿易基地除臺灣外，還有暹羅治下的大泥（北大年），故而沈鈇提議中國與暹羅同時發難，共同驅逐荷蘭人。可是這個建議被南居益拒絕了。

到了崇禎八年（一六三五年），給事何楷給朝廷上了一摺靖海之策，他寫道：「臺灣在彭湖島外，距漳、泉止兩日夜程，地廣而腴……近則紅毛築城其中，與奸民互市，屹然一大部落……必嚴通海之禁，俾紅毛無從謀利，奸民無從得食，出兵四犯，我乘其虛而擊之，可大得志。紅毛捨此而去，然後海氛可靖也。」這道奏摺提出將荷蘭人趕出臺灣島的主張，比起奉行「鯢鳥政策」的官員來說，何楷的勇氣值得尊重。但是他羅列的手段毫無可操作性，此時的大明帝國已處在崩潰的邊緣，倘若「嚴通海之禁」，豈不是雪上加霜？因而這個建議也沒有得到重視。

偌大的帝國都要土崩瓦解了，還有誰去關心小小的臺灣島呢？

正是大明帝國的無所作為，使得荷蘭人成為臺灣島上的土皇帝。儘管東印度公司宣稱擁有統治臺灣島的權力，但實際上一直到被趕出中國前，他們也僅僅只能控制臺灣島的部分地區罷了。馬丁努斯・宋克被東印度公司巴達維亞總部任命為臺灣總督，他抵達臺灣大員後，便修築起一座城堡，並命名為「熱蘭遮城」。「熱蘭遮」是一艘荷蘭戰艦的名字，宋克便是搭乘「熱蘭遮號」戰船從巴達維亞前往中國的。熱蘭遮城是一個象徵，它的建立象徵著荷蘭殖民統治的開始，它的陷落則意味著結束。

儘管荷蘭人宣稱擁有統治臺灣島的權力，可實際上他們的殖民統治並非一帆風順。除了原住民部落外，臺灣島上還有三大勢力，分別是漢人、日本人與西班牙人。漢人勢力的核心人物是顏思齊與鄭芝龍，後者成為荷蘭人最頭疼的對手。島上荷蘭、日本與西班牙之間形成了三國演義。

日本人到臺灣島的時間比荷蘭人要早得多。明朝嘉靖年間，日本正處於戰國時代，各路軍閥混戰，國內政局動盪不安。這個特殊的時代背景促成了海寇的興起，很多日本武士、浪人或商人便出海劫掠中國沿海，成為令大明帝國頭疼不已的「倭寇」。倭寇襲擾的主要目標是浙江、福建兩省，而臺灣便成了一個中轉站。當時在臺灣島上，有一個倭寇往來的據點，稱為打鼓山，這個地方很美，白沙青松，音譯訛轉後變成「高砂」，倭寇便稱臺灣為「高砂國」或「高山國」。

豐臣秀吉一統日本後，於一五九二年發動侵朝戰爭。這位野心勃勃的日本大將軍不僅想吞併朝鮮，也想把臺灣島劃入日本版圖，故於一五九三年派使節原田孫七郎到臺灣，要求臺灣原住民向日本朝貢，「若是不來朝，可令諸將攻伐之。」這是赤裸裸的威脅。對日本的陰謀，大明帝國還是有所警覺。在朝鮮戰爭爆發後，朝廷得悉日本人可能入侵臺灣的淡水、雞籠，便商議在澎湖島駐紮軍隊。後來日本在朝鮮的擴張由於中國軍隊的參戰而受阻，侵略臺灣一事也只好作罷。一五九七年，明軍正式在澎湖設防，次年由於豐臣秀吉的突然去世，日本軍隊從海外大舉撤退，侵臺一事終於沒能成為現實。

自倭患以來，明帝國斷絕日本的貢市，這使得地瘠物貧的日本急需重建與中國的通商，然而大明朝廷顯然對此並不熱衷。德川家康執掌大權後，對海外貿易非常重視，給出洋的日本商船頒發朱印狀以保護其權利。一六一五年（明萬曆四十三年），德川家康頒給村山等安「高砂渡航朱印狀」，村山等安的任務是經略臺灣並謀求與中國通商。但是村山等安並沒能如願以償，由於遭到淡水、雞籠等地的當地居民反抗而屢屢受挫。他的手下桃煙門率幾艘船往掠浙江、福建沿海，結果在一六一六年時被明軍一網打盡，三艘船被擊沉，包括三名大頭目在內的六十七人被明軍俘虜。值得一提的是，指揮這場戰鬥的明軍將領，便是在一六〇四年以三寸不爛之舌折衝樽俎、諭退荷夷的沈有容。

村山船隊儘管在經略臺灣上遇到挫折，但並非一無所獲，他們最終選擇了臺灣大員島作為與中國貿易的中轉站。大員的重要性漸漸顯露，後來歷史學家有一種看法，認為「臺灣」一詞的來源就是「大員」演化而來。在閩南語中，「大員」與「臺灣」是同音的，而在當時人的稱呼中，還有稱「大灣」、「臺員」等，這些都是同音的。大員是臺灣的一個優良港灣，荷蘭人曾經考察臺灣島上的港灣，最後認為大員灣的地理條件是最好的。實際上福建商人早就意識到這點了，在荷蘭人到來之前，這裡就居住了不少福建商人，村山船隊來了之後，大員的商貿漸趨熱鬧。

日本是明朝政府嚴禁出口的國家，因而在大員展開的貿易，都是走私貿易。在此之前，日本要取得中國的商品，多數要從呂宋（**馬尼拉**）中轉，中國的商品運往呂宋，再從呂宋運到日本，不僅增加了流通環節的成本，提高了商品的價格，同時也要花費更多時間。顯然，如果在臺灣進行貿易，日本商人可以節省更多的成本，同時獲得更大的利潤。

一六二四年荷蘭人從澎湖撤往臺灣後，福建當局批准的中國商船可以渡海前來貿易，大員的經濟地位增強了，這對日本人來說是一個好消息。但同時日本人也得到一個壞消息：荷蘭人獅子大開口，要向他們徵收關稅。

當荷蘭人徵稅的命令下達時，在大員的日本人一片譁然，他們認為自己比東印度公司早了六年就到此地從事貿易，荷蘭人根本沒有管轄他們的權力。顯然日本人絕不甘心無緣無故向荷蘭人繳納一成的稅款，可是荷蘭東印度公司堅稱自己是臺灣的新主人，一切居民都要向公司納稅。

很快，荷蘭人與日本人便水火不容了。一六二五年，日本人採購了一批生絲，因拒絕納稅被荷蘭當局沒收。這件事引起日本江戶幕府的關注，當時幕府官員對荷蘭人強行向臺灣的日本商人徵稅表示了強烈的不滿。日荷矛盾與日俱增，而爆發於一六二八年的「濱田彌兵衛事件」，更把兩者的矛盾推到極致。

濱田彌兵衛是長崎商人，他幕後的老闆是長崎代官末次平藏。關於這位末次平藏，連橫在《臺灣通史》中記載他曾「受幕府命，航海往福州，途次澎湖，為荷人所苦。歸大憤，欲雪恥」，與荷蘭人有過節。當時長崎在日本對外貿易中有著絕對重要的地位，長崎代官末次平藏對江戶幕府也有很大的影響力。

一六二六年，濱田彌兵衛與荷蘭人發生了一些貿易糾紛，他憤而歸國，打算尋求幕府的支持。為了證明荷蘭人根本沒有統治臺灣的權力，濱田彌兵衛別有用心地招羅了十六名島上的原住民，打出「高砂國代表」的招牌，前往德川幕府投訴荷蘭人的暴行。其實濱田彌兵衛的用意，不全在投訴荷蘭人，而是想利用此機會，讓日本幕府介入到臺灣事務中。既然荷蘭人都可以宣布擁有對臺灣的主權，比他們早來六年的日本人也可以這樣做，不是嗎？

工於心計的濱田彌兵衛在末次平藏的支持下，對江戶幕府施加影響。所謂的「高砂國代表」、臺灣島原住民都不承認荷蘭人所謂「統治」的權力，更何況東印度公司還不是一個國家，僅僅是一個公司罷了，哪來的權力呢？沒有權力，又憑什麼向日本商人徵收關稅呢？濱田彌兵衛把事情捅到幕府那兒，是因為日本是東印度公司的最大利潤來源，倘若荷蘭人得罪了幕府，那後果是不堪設想的。果然，江戶幕府對荷蘭人在臺灣盛氣凌人、指手畫腳十分反感，拒絕接見前往日本的東印度公司代表團。

幕府的態度給濱田彌兵衛更大的勇氣。一六二八年，他率幾艘船前往臺灣大員，船上載有四百七十名日本人以及大量的武器。很顯然，濱田彌兵衛試圖尋找機會趕走荷蘭人，獨佔大員島。此時荷蘭東印度公司在大員島上的熱蘭遮城內只有三百多名武裝人員，而且在鄭芝龍海盜軍的打擊下，海上力量幾乎被摧毀了（關於荷蘭與鄭芝龍的衝突，下章細述）。人數這麼多的日本船隊突然出現，令荷蘭人倍感蹊蹺，加上濱田彌兵衛的態度傲慢無禮，臺灣總督納茨（第三任總督）滿腹狐疑，下令徹底搜查，結果從日船上搜出十五門大炮以及大量的長劍、長槍、短槍、刀、弓箭等。這位新上任的總督立即下令扣押這批武器，同時軟禁濱田彌兵衛等數名日本人，並把前往日本告狀的十幾名所謂「高砂國代表」的原住民以「背叛罪」逮捕入獄。

素負勇俠之名的濱田彌兵衛並不屈服，他狡辯船上的武器只是為了自衛。儘管納茨並不認同濱田彌兵衛的說法，可是也沒有證據表明這個勇悍的日本人要在這裡造反，只能將其釋放。但為了保險起見，荷蘭人不僅不歸還其武器，並且繼續扣留日本帆船。濱田彌兵衛在大員待了三個多月，走也走不了，時間一長，手下四百多人的吃飯都成問題。他心中憤憤難平，困獸猶鬥，惡從膽邊生，決意要鋌而走險。

當時臺灣總督納茨正在城堡外的一所房子裡會見十幾名商人，在場的還有他的兒子以及一名翻譯。濱田彌兵衛帶了三個人，沒有攜帶任何武器，要求與納茨談判，商談歸還船隻、武器等事宜。事實上濱田彌兵衛是有備而來，他在房子外預伏援兵，一旦談判失敗，這些武士將會衝入房內。納茨與濱田談判許久，最終沒有達成任何結果，他拒絕了日本人的要求。濱田彌兵衛大怒，仗著身手敏捷，一個箭步衝上前劫持了總督並用繩索捆起來。埋伏在外的日本武士聽見房內有異動，立即向裡衝。此時守衛的荷蘭士兵也發現情況異常，但反應略慢，當場被日本武士殺死二人，殺傷數人，其中一人被濱田彌兵衛的兒子濱田新藏斬殺。

城堡內的荷蘭士兵擔心傷著納茨總督，不敢向房子開槍，只是向海港裡的一艘日本小船開火，打死了數名日本人。荷蘭人向濱田彌兵衛發出威脅，要求立即釋放納茨長官，否則將開炮。濱田彌兵衛又不是傻瓜，有人質在手，他才不畏懼荷蘭人的威脅。他答覆說，在答應他的條件之前，他是不會釋放納茨總督的。

濱田彌兵衛一行人將納茨總督劫持到下榻的旅館。此時雙方劍拔弩張，由於總督成了人質，荷蘭人不敢輕舉妄動，而日本人也不敢殺害納茨。在這種情況下，納茨表示要與濱田彌兵衛談判，最後雙方同意以互換人質這種原始方法解決危機。納茨的兒子及其他四名荷蘭人作為濱田彌兵衛的人質，另一方則以末次平藏的侄子等五人為人質。互換人質後，納茨得以脫身，並按協議釋放被抓捕入獄的所謂「高砂國代表團」成員，歸還日方船隻及其他財物，並賠償部分損失。

可是納茨低估了日本人報復的決心。返回長崎後，以強硬著稱的末次平藏並不顧及有人質在荷方之手，毫不手軟地將納茨的兒子等五名人質投入監獄，之後又禁止荷蘭人在長崎貿易。日本人還不肯善罷甘休，進一步否認荷蘭東印度公司擁有大員的統治權，要求荷方將大員移交給日本，至少應該拆毀島上的城堡。在日本人強硬的反擊下，荷蘭東印度公司陷入非常狼狽的被動局面中。其實在這場狗咬狗的糾紛中，最尷尬的恐怕還是垂死的大明帝國了，自己的土地居然被兩個外夷爭來搶去，而且沒有絲毫的反應，好像一點也不關自己的事。十六年後，這個貌似龐大的大帝國終於崩潰。倘若從小處來看大局，臺灣就是一面鏡子，照出了老大帝國奄奄一息的真面目。

「濱田彌兵衛事件」中日本人強硬的態度，終於讓荷蘭人吃盡苦頭，「自是日人之勢力始震於臺灣」。臺灣總督納茨在這一事件上從頭到尾的處理都不妥當，缺乏領袖才幹，終被荷印巴達維亞當局撤職，並經審判後將其投入監獄。總部對這位不稱職的總督評價是：「納茨先生缺乏經驗，性格暴躁、固執、膽小怕事，使公司屢遭損失與災難。」

荷蘭人為自己的傲慢付出慘重的代價，東印度公司儘管是在亞洲臭名昭著的殖民機構，可不要忘了它還是一家股份公司，追求利潤是其首要目標，如今卻要冒著失去日本市場的風險。東印度巴達維亞總部為了改善與日本的關係，不惜將納茨當作犧牲品——倒楣的納茨輸得太慘了，他被引渡到日本並被監禁四年，直到一六三六年才被釋放。從臺灣總督到日本人的囚犯，納茨的身價一落千丈。不僅如此，他的兒子被當作人質關押在日本，沒等到出獄的那天便病死在異國他鄉了。在這場同日本人的戰鬥中，納茨最終輸了個精光。不過在東印度公司看來，犧牲納茨一個人，值。

經公司多方讓步、誠懇致歉，再加上日本商界強硬派人物長崎代官末次平藏的去世，荷蘭人終於恢復了與日本的貿易。與此同時，日本的江戶幕府開始封閉國門，從一六三三年到一六三九年連續發布五道鎖國令，禁絕一切日本船隻出海，海外的日僑也紛紛歸國，日本的勢力逐漸退出臺灣，無法與荷蘭人分庭抗禮。同時，日本斷絕與西班牙、葡萄牙的貿易，只允許中國與荷蘭商船前往長崎貿易。荷蘭人終於在「濱田彌兵衛事件」陰溝翻船後成功翻盤，保住了日本這個東印度公司在亞洲的最大市場。

臺灣島已成為東亞諸多勢力角逐的對象，除了老朽的大明帝國袖手旁觀之外，荷蘭、日本、西班牙都捲入到臺灣統治權的爭奪中。自荷蘭從西班牙的統治下獨立而出，這兩個國家便是死敵。後來西班牙吞併葡萄牙後，西、葡兩國都成為荷蘭在東亞擴張的眼中釘。荷蘭東印度公司多次進攻西班牙控制的馬尼拉與葡萄牙控制的澳門，並試圖切斷這兩個對手與中國的貿易通道。從國力上說，荷蘭正處於上升階段，而西班牙與葡萄牙則在走下坡路了。

西班牙由於一六〇三年屠殺華人事件而聲名狼藉。在那次大屠殺中，有二萬多名華人在馬尼拉死於非命。可是華人海商並沒有因此而中斷與西班牙的貿易，因為馬尼拉是東南亞最重要的貿易港之一。為了生存，生意還得照做。那個時代的中國商人是在非常艱難的環境下奮鬥的，無論是合法或非法的貿易船隻，都難以得到政府的保護。在《巴達維亞日記》中，記錄有荷蘭人與一位中國商人的對話，當被問及中國船隻如果遭遇襲擊被擄獲，中國官方會有什麼反應，會引發什麼外交問題時，這位中國商人非常無奈地回答道：「不會引起什麼問題，這是受害者的不幸。」

西班牙人控制的馬尼拉（呂宋）是大明政府准許中國商人前往貿易的地點之一，儘管出洋經商危險重重，諸多中國商人仍然義無反顧地出海。由於荷蘭人的介入，使西班牙人感受到巨大的壓力，為了吸引中國商人及壟斷中國貨物，馬尼拉當局給予中國商人優惠措施，往往預付大宗款項，這樣中國商人也覺得安心。可是在荷蘭人佔據臺灣後，一切開始變化了，前往馬尼拉貿易的中國船隻越來越少，而前往臺灣大員的船隻越來越多。

這主要是兩個因素決定的：第一，雖然西班牙給出的條件還算優厚，可問題是中國商船把貨物運到馬尼拉後，卻無法滿載馬尼拉的貨物返回中國，因此返程時往往無利可圖。第二，荷蘭人以及他們支持下的海盜，頻頻在海上打擊駛往馬尼拉的中國商船，令馬尼拉的貿易陷入十分蕭條的尷尬境地。

長期以來，馬尼拉的西班牙人嚴重依賴來自中國的商品貿易，可是如今這條貿易線在荷蘭人的眼鼻底下變得越來越不安全了。就這樣坐以待斃麼？西班牙人顯然不會善罷甘休，他們心裡一琢磨：臺灣島你去得，我去不得麼？強盜就是強盜，西班牙人也想在臺灣島上撈些好處。

一六二六年，西班牙馬尼拉當局派出一支由十四艘船組成的艦隊北上，經略臺灣島北部。臺灣島北部除了原住民外，別無其他力量，故而強盜們輕而易舉地佔領了雞籠，並開始修築城堡。兩年後，西班牙人攻略淡水，同樣建起一座城堡，與雞籠的城堡遙相呼應，互為犄角。

荷印當局委派的臺灣總督納茨儘管有優柔寡斷的缺點，卻頗有戰略眼光，一眼便看穿西班牙人的戰略企圖：「毫無疑問，葡萄牙人與西班牙人在印度的唯一支柱是中國貿易……如果我們能剝奪他們與中國的貿易，或減削這種貿易的利潤，像我們在許多地方做到的那樣，他們就會被迫放棄他們最好的立足地，如澳門、馬尼拉、麻六甲、帝汶，他們在摩鹿加群島的公司就會自行倒閉。馬尼拉的當局清楚地看到這一點，他們完全知道，只有設法佔領福爾摩沙，才能挽回敗局，此外別無他法。」

由此可以看出，西班牙被強大的對手荷蘭逼入困境，如果要維持在遠東的地位，必須與荷蘭角力於臺灣島。一六二七年，即西班牙人登陸雞籠後的第二年，他們集結了大批船隻，打算一鼓作氣拿下荷蘭人控制的大員。這或許是一次好機會，因為這一年荷蘭人被新興的鄭芝龍集團打得頭破血流。可是對西班牙人來說，倒楣的是他們的艦隊遇到了大風暴，進攻一事最後不了了之。

從歐洲到亞洲，西班牙與荷蘭的戰爭無處不在。荷蘭人早把臺灣全島視為自家的後花園，而咄咄逼人的西班牙人竟然割據北部，與之南北對峙，這自然是荷印巴達維亞當局所無法容忍的。臥榻之旁豈容他人酣睡，荷蘭也派出軍艦襲擊西班牙建在淡水的要塞，但並沒有取得成功。

儘管西班牙人控制了臺灣北部的雞籠、淡水，可是並沒有撈到多大的好處。這兩個地方基本上是未開化之地，那種原始叢林般的環境，令西班牙人吃盡苦頭。根據荷蘭人所掌握的情報，由於「氣候條件不利於健康」，「已有二百五十名西人與菲律賓人因此而死亡。」連橫的《臺灣通史》記：「當是時，雞籠、淡水均為荒穢之地，華人亦少至者，草茀瘴毒，居者輒病死，故西人亦大費經營也。」然而這並不是西班牙殖民者遇到的唯一問題，當地原住民的敵視也使殖民者如坐針氈，在一六二七年，荷蘭人便獲悉「西人與當地人發生戰爭」。

到一六二八年底，西班牙殖民軍在雞籠、淡水等地共築有四座城堡，由二百名西班牙人與四百名菲律賓人守衛。可是這裡並沒有成為一個貿易中心，西班牙人顯然沒有意識到，雞籠或淡水並不具備如大員那樣成為貿易中心的條件。最重要的原因還在於中國官方的態度。荷蘭人通過三年的戰爭才得到福建當局默許在大員貿易的權利，而西班牙人儘管開闢了距離中國更近的貿易點，可是卻沒有得到中國官方的認可。也就是說，西班牙人在臺灣北部只能吸引走私貿易。

福建當局允許中國商船前往馬尼拉與西班牙人貿易，卻不允許前往雞籠。根據荷蘭人的觀察，仍然有一些不法商人前往雞籠或淡水。他們寫道：「有人違禁自福州前去貿易，另有人自中國北部地方運去許多瓷器。」西班牙開闢的臺灣北部貿易基地，不僅生意清淡，而且又遭到荷蘭人的圍追堵截。譬如在一六二八年十一月到次年一月，荷蘭人出動二艘大船聯合三艘中國海盜船，頻頻襲擊前往淡水、雞籠的中國商船。因此，西班牙人佔領雞籠、淡水之後，並未能如他們所設想的那樣，在貿易上取得對荷蘭的優勢。

一六三一年，以強硬著稱的臺灣總督普特曼斯向巴達維亞總部提出一個作戰計畫，要求提供一支一千三百人的精銳部隊，他將一鼓作氣將西班牙人趕出淡水與雞籠。這一年，普特曼斯抓獲了六名從淡水逃出的勞工，他們在淡水為西班牙人勞役兩年，不僅分文未得，反而被西班牙人虐待，這些人向普特曼斯詳細介紹西班牙人在淡水與雞籠的軍事部署、貿易及與原住民的關係等情況。普特曼斯如獲至寶，因而想一勞永逸地解決西班牙佔據臺灣北部的問題。

可是巴達維亞總部並沒有批准他的請求，總部認為公司當前最重要的事情是與中國及日本貿易，擴展實力範圍的時機尚未成熟，即便攻下淡水與雞籠，也只會增加公司的負擔。因而普特曼斯的主張被否決。

事實上，巴達維亞總部的判斷是沒錯的，西班牙人在臺灣北部一直麻煩不斷。一六三二年（明崇禎五年），一艘西班牙的船隻遭颱風襲擊，擱淺於蛤仔難海岸，為當地原住民噶瑪蘭族居民所劫殺。西班牙人隨之展開瘋狂報復，摧毀了噶瑪蘭族的七個村落，然而仍然未能摧毀噶瑪蘭人的抵抗。一六三四年，西班牙新任駐臺長官羅美洛派出二百名西班牙士兵以及四百名原住民兵再征噶瑪蘭，噶瑪蘭人最終戰敗，西班牙之勢力遂擴展到東北海岸。

儘管西班牙人以武力佔據臺灣北部並且在打敗噶瑪蘭族後聲勢臻於頂峰，可是難掩其尷尬：雞籠與淡水的貿易遲遲未能打開局面，而殖民者也很難融入當地的環境。不僅是水土不服導致死亡的情況屢屢出現，西班牙人在宗教文化宣傳上也遇到極大的阻礙，神父屢屢遭到原住民的殺害。在這種情況下，一些從馬尼拉移居到臺灣的西班牙人，又紛紛撤回馬尼拉。

西、荷在臺灣島上的角力，實際上是這兩個近代歐洲強國在全球較量中的一個縮影。西班牙的霸業走向衰敗，而荷蘭則如日中天。此時的歐洲大陸正打得不可開交（史稱「三十年戰爭」），荷蘭與西班牙分屬不同的陣營。在一六三九年的一場大海戰中，西班牙艦隊遭到慘敗，海軍主力被荷蘭艦隊摧毀殆盡，這迫使傲慢的西班牙人終於在次年承認荷蘭的獨立，儘管這時距荷蘭獨立已過去整整六十年的時間。歐洲戰事的得失直接影響到兩國在亞洲勢力的消長，與此同時，馬尼拉的西班牙人又要對付菲律賓南部難以征服的穆斯林教徒，只得削減駐臺的兵源。到一六四〇年，西班牙在臺灣北部僅有約四百人的兵力駐守雞籠，顯然難以抵擋荷蘭人的進攻。

歐洲戰場的勝利對東印度公司來說顯然是一劑興奮劑，他們更不把西班牙人放在眼中，決意將其驅逐出臺灣島。臺灣總督保羅・特羅登紐斯（Paulus Traudenius，第六任總督）在一六四一年派三艘戰船遊弋於雞籠港，並勸守城的西班牙人繳械投降，可是遭到拒絕。要解決西班牙人，看來還得訴諸武力。次年（一六四二年），七艘荷蘭戰船搭載約七百名士兵，從熱蘭遮城出發，駛向雞籠，對島上的西班牙武裝發動最後一役。經過幾天的戰鬥，西班牙人放棄了抵抗，放下武器投降了。西班牙試圖在臺灣島上建立殖民統治的美夢就此終結，而荷蘭人的魔爪則從臺灣南部延伸到了北部。

日本人與西班牙人先後退出爭奪，荷蘭人獨佔臺灣。然而他們並未能壟斷臺海貿易，他們最大的對手是海盜出身的鄭芝龍。

第四章　中國海盜的崛起

在荷蘭人退居臺灣前後，也有一群年輕、勇敢的華人來到這塊蠻荒之島，他們的首領是福建海澄人顏思齊，後來他被譽為「開臺王」，是位謎一樣的英雄人物。

在現存所有的史料中，清人江日昇所著的《臺灣外記》（或名《臺灣外紀》《臺灣外誌》）對顏思齊的記載最為詳盡。顏思齊，字振泉，早年在家鄉為官宦人家所欺辱，一怒之下打死其僕，背了人命官司，逃命至日本平戶。他初以裁縫為生，後來有了些積蓄，與一群華人海商混熟了。由於他性情豪爽、仗義疏財、身強體健、武藝高強，久而久之在日本華僑中聞名遐邇，為當地華人領袖之一。

當是時，日本國家權力落入德川幕府之手，雄才大略的德川家康於一六一六年去世，繼承者德川秀忠無論在能力與魄力上都與其父相去甚遠。懷有遠大抱負的顏思齊瞄準了機會，認為可以聯合當地華商勢力共舉大事，推倒德川幕府，將日本三島據為華人的海外殖民地。在中國華僑史上，像顏思齊如此有遠見與魄力的人物絕無僅有。中國向來以天下中心自居，對海外事業一向嗤之以鼻，認為不過是蠻夷未化之地，何足道哉。在中國東南島嶼被歐洲殖民勢力覬覦蠶食時，顏思齊卻要在海外開拓一片新天地，可謂是心大志雄。

顏思齊以古代梁山泊英雄好漢聚義的方式，糾集陳衷紀、楊天生、鄭芝龍等二十八人，歃血結義、稱兄道弟。其中顏思齊最為年長，也不過三十六歲，鄭芝龍最年幼，僅二十一歲。這夥熱血青年與狂熱的冒險家初定於一六二四年的中秋節舉事，推翻日本德川幕府。可是百密一疏，在起事前幾天消息走漏，幕府的武士對平戶全城搜捕。顏思齊等人緊急拼湊十三艘商船出海，僥倖躲過了幕府的搜捕。

大海茫茫，究竟要漂往何方呢？陳衷紀提出的建議得到諸位的認同：「臺灣為海上荒島，勢控東南，地肥饒可霸。今當先取其地，然後侵略四方，則扶餘之業可成也。」從這句話隱約可以看出陳衷紀絕非尋常之人，他有深遠的戰略眼光與開拓海外的雄心。事實上，他是顏思齊集團的第二號人物，可是在顏思齊去世後，他卻意外地輸給鄭芝龍，沒能搶到第一把金交椅，後來還死得莫名其妙。

陳衷紀的「立足臺灣、侵略四方」戰略成為這群冒險家的指南針，不僅奠定了顏思齊集團的海外事業，也開啟了華人大規模拓殖臺灣的歷史。

十三艘船在臺灣島西海岸的笨港（今為北港）登陸，此處距澎湖島四十里，與之隔海相望。與大員島不同的是，這裡遠未開化，居民多為當地原住民，從大陸來的華人很少。抱負遠大的顏思齊卻從這片蠻荒之地看到了希望，在此立足完全可以打拼出一番事業。

他做的第一件事是鎮撫原住民。跟隨顏思齊前來的，除了二十八名兄弟外，還有數百名嘍囉，他們的船上武器充足，倘若要以武力驅逐原住民並非難事。不過顏思齊有政治目光，既然要在臺灣島上長久立足，就必須與當地原住民友好、和平相處，這才是上策。於是他會見原住民首領，商定雙方各自的地盤，互不侵擾。

緊接著，這位開臺英雄開始了拓荒笨港的嘗試。他闢置十個寮寨，分別稱為：主寨、前寨、後寨、左寨、右寨、海防寨、糧草寨、哨船寨、撫番寨、北寨。由於笨港地處北回歸線附近，日照充足、雨水豐沛、土壤肥沃，是一塊極為適宜耕作的土地。顏思齊集團要長期經營，勢必要解決糧食問題，同時大力發展海上貿易，增強實力並擴大影響力。要做到這些，就必須要有更多的人口。為此，顏思齊派遣心腹楊天生秘密回到福建，在漳州、泉州一帶招募了三千多名勞力，用船運到臺灣笨港，這也是大陸漢人大規模遷移臺灣的開始。

除了陸上開拓之外，顏思齊一夥人也從事海盜事業。其實在明代，海商與海盜往往是合二為一，這是那個時代的海上貿易特點。不僅中國海商如此，外國海商也一樣。日本商人、荷蘭商人、葡萄牙商人、西班牙商人通通一樣，一邊以貿易盈利，一邊在海上搶劫貿易對手的船隻。因為海上搶劫是無本生意，往往利潤高得驚人。彭孫貽的《靖海志》中，就記有鄭芝龍的一次海上搶劫：「劫得四船貨物，皆自暹羅來。」

我們不應當以今天的眼光來看待大航海時代的海盜，因為那是一個拓荒的時代，而海盜又往往成為拓荒的先驅。顏思齊淪為海盜，身居蠻荒之島，可是他的胸襟與志向要遠遠超過同時代的其他英雄人物。可惜的是，這位才幹非凡的拓荒英雄沒能躲過死亡的追蹤。

一六二五年農曆九月，顏思齊前往距海岸約三四十公里處的豬羅山（今稱諸羅山）打獵時，意外染疾，不治身亡，年僅三十七歲。死亡突如其來，令雄心無限的顏思齊徒留無盡的遺憾。他在臨終前對結義兄弟們說：「不佞（**顏思齊的自稱，相當於「我」**）與公等共事二載，本期創建功業，揚中國聲名。今壯志未遂，中道夭折，公等其繼起。」此時距他入臺僅有一年的時間。

在今天臺灣北港的街道中心，樹有一座「顏思齊先生開拓臺灣登陸紀念碑」，這位拓荒英雄也被冠於「開臺王」、「開臺聖祖」的稱號。顏思齊是那種極具時代眼光的英雄，在整個中國對大航海時代到來無動於衷的背景下，他卻以海外事業為己任，拓殖臺灣笨港。在大明帝國對荷蘭人佔領臺灣持默認態度時，他卻能崛起而成為一股不可忽視的民間力量。這股力量並沒有因為他的死亡而消失，而是在鄭芝龍、鄭成功兩代人身上得到了傳承，倘若沒有這支力量的存在，臺灣或許就與中國永久地分離了。

民國著名史學家連橫在《臺灣通史》中對顏思齊有很高的評價：「西人有言，中國人無冒險進取之心。嗚呼！如思齊者，豈非非常不羈之士哉？成則王而敗則寇，固猶不失為男子。」當海盜也當如顏思齊！

顏思齊之死引發了一個問題：誰將成為笨港海盜武裝集團的領袖呢？

結果有點令人感到意外，年僅二十二歲的鄭芝龍成為新的首領。在結義的二十八名兄弟中，鄭芝龍最年輕，是什麼原因讓他能在激烈的競爭中勝出呢？我們先來了解一下鄭芝龍這個人。

鄭芝龍是福建南安石井人氏，原名叫一官，字飛黃。關於他的早年生活，史料的記載也是矛盾重重，其中最完整的資料仍然來自《臺灣外記》一書。在此，就以這本書的記載為主、其他史料為輔，疏理一下他的早年足跡。鄭芝龍十七歲那年（一六二〇年），追隨舅父黃程到了澳門，從此開始接觸到商業與航海，眼界大為開闊。在澳門待了一年多後，他到了日本平戶，並且遇上了當地華商領袖李旦。李旦對鄭芝龍的才華讚賞不已。

可以說，鄭芝龍是屬於天才少年。據史料記載，他「頗有文才，吹彈歌舞，無所不解」，實際上他的才華遠不止此。他的語言天賦令人驚詫，先後掌握了葡萄牙語、荷蘭語、日語等語言，這些為他日後的海洋貿易提供了極大的便利。他還對西方文化表現出濃厚的興趣，甚至還接受了天主教的洗禮，並有一個洋教名——尼古拉・嘉斯巴特（Nicholas Gaspard）。同時他對東方日本的劍道也頗熱衷，曾學過風靡一時的雙刀流。但是真正讓李旦欣賞的，並非這些雕蟲小技，而是這位年輕人的非凡勇氣與膨脹著的雄心壯志。據史料所載：「（芝龍）膽智材略，過絕等倫，時人或以戚繼光擬之。」這位還沒做出驚人事業的年輕人，卻早被比作最偉大的抗倭將軍戚繼光。走南闖北閱人無數的大海商李旦一眼就看出鄭芝龍身上非凡的氣質，深信他必定可以做出偉大的事業，於是他做了一個驚人之舉，將鄭芝龍收為義子。

說到李旦，這裡便引出一個話題。史界有一種觀點，認為李旦與顏思齊實為同一人，為什麼會把兩個經歷、故事完全不同的人扯在一起呢？李旦與顏思齊都是旅居日本平戶的華人，兩人在當地華人世界中都有很大的影響力，可是奇怪的是，兩個人好像一點往來也沒有。兩個人都在日本平戶與臺灣島間活動，都是海商，而且有一個共同的手下——鄭芝龍。更奇怪的是，兩個人幾乎同時去世，而且他們留下的資產又都被鄭芝龍所繼承。有這樣巧的事嗎？因此有人便猜測，顏思齊或者是李旦使用的一個假身分。

但我的看法是，李旦就是李旦，顏思齊就是顏思齊，根本就是兩個人。兩人幾乎同時去世，這也僅是巧合罷了，而且根據史料，李旦比顏思齊早一個月去世。當時李旦在平戶是有頭有臉的人物，他的朋友不僅有日本的官員，還包括英國、荷蘭商人，與福建巡撫南居益也有接觸，像這樣一個知名人物，怎麼可能有分身術？其實李旦與顏思齊生活軌跡中的某些共同點，正可以說明在大航海時代的背景下，這些海外華商儘管得不到政府的支持，仍舊以自身堅忍不拔的努力去適應這個強者生存的世界，與來勢洶洶的歐洲人分庭抗禮。

至於年輕的鄭芝龍如何擊敗顏思齊集團中的重量級人物楊天生、陳衷紀等人而榮登第一把交椅，史料上有各種離奇之說。

一種說法是「拜劍說」，把劍插在一斛米上，眾人逐一往拜，鄭芝龍磕頭而拜時，寶劍騰空而起，眾人大駭，推他為首領（據《明史紀事本末》）。還有「擲筊說」，用兩個碗擲筊，若兩碗一個朝上、一個朝下則稱為「聖筊」，聖筊是大吉之兆。其他人擲筊時，碗都摔破，獨鄭芝龍的碗不僅未破，而且一上一下為「聖筊」。當時有人不信，於是鄭芝龍連擲三十次，結果都一樣，於是被推為首領（據《臺灣外記》）。此外還有更離奇的說法，這裡便不說了。

以上的說法可信度很差。據筆者分析，鄭芝龍之所以能脫穎而出，有其自身的優勢，歸結起來有這麼幾點：

第一，他有特殊的身分。鄭芝龍是大海商李旦的義子，而李旦又早於顏思齊去世，鄭芝龍是其遺產繼承人之一。另外還有一種說法，有細心的人在鄭氏家譜中發現鄭芝龍有一名「顏」姓妻妾，便將這個顏姓女子與顏思齊相聯繫，猜測可能是顏思齊的女兒。如果是這樣的話，那麼鄭芝龍就是顏思齊的女婿，以女婿的身分來繼承岳父的事業，道理上講得過去，只是這種猜測沒有強有力的證據支持。

第二，他財力雄厚。鄭芝龍的財力有來自繼承李旦的遺產，也有自己在海上搶劫來的。《靖海志》稱他「富逾十主」，十主就是笨港十寨的十位寨主，「海中以富為尊」，因此順理成章地成為新的領袖。

第三，他得到海盜集團實力派人物楊天生的支持。在顏思齊海盜集團中，陳衷紀是第二號人物，也是鄭芝龍最強勁的競爭對手。鄭芝龍得以勝出，與楊天生的支持不無關係。楊天生是顏思齊的心腹，當年在日本策劃倒幕，後又到福建募民渡海開發笨港，是一位很重要的人物。楊天生可能自忖競爭不過陳衷紀，遂轉而支持鄭芝龍。他曾稱讚鄭芝龍「年紀雖輕，議論大有經濟」（《臺灣外記》），十分看好這個有雄心、有計謀、才幹非凡的年輕人。

第四，他有同荷蘭人打交道的豐富經驗。根據荷蘭人的《東印度事務報告》，鄭芝龍曾經擔任荷蘭東印度公司的翻譯。當時荷蘭人佔據大員，而顏思齊佔據北港，雙方相安無事，甚至可能還有貿易往來。在荷蘭與顏思齊集團之間穿針引線的人物便是鄭芝龍，因為他精通荷蘭語。實際上早在南居益出兵攻打澎湖時，當時鄭芝龍就曾經受李旦的委派當過荷蘭人的翻譯。在探討鄭芝龍如何成為海盜集團的領袖時，這一點優勢往往被人忽略，至少我從來沒有看到有人說起過，這也可算是筆者的讀史發現之一。

鄭芝龍曾以戰場觀察員的身分見證澎湖之役，對荷蘭人的堅船利炮了解程度非他人可及，因而在他掌控海盜集團後，做出了兩大決定：第一，向福建發展，避開與荷蘭發生衝突；第二，大力裝備西洋武器。

事實證明鄭芝龍是一位天才。他的海盜集團以令人吃驚的速度擴張。在一六二四年，顏思齊等人流竄到臺灣島時，僅有十三條船與數百人，到一六二六年，即鄭芝龍接手後的第一年，船隻增長到一百二十艘。而一六二七年的上半年，鄭芝龍集團已經擁有四百艘船與七萬人，到了下半年，船隻突破一千艘。

值得注意的是，鄭芝龍集團與荷蘭人之間有一種默契。儘管福建當局同意與荷蘭人貿易，但這種貿易是非正式的，只是口頭答應，沒有簽署任何協定，這也使得貿易有很大的不確定因素。在這種情況下，荷蘭人的商品來源必須依靠另一種方式的貿易——「走私貿易」。

鄭芝龍恰恰是走私貿易的巨頭，在一份荷蘭文書中，我們可以看到這樣的話：「這個有四百艘船、七萬人的首領名叫一官，他曾在臺灣公司當過譯員，後來當了海盜，一瞬間獲得如此偉大的成就，中國官府對他束手無策。他長期與我們有良好的友誼，我們對他有莫大的信任。」文中提到的「一官」就是鄭芝龍，在荷文史料中，都是使用「一官」這個稱呼。

荷蘭人不僅依靠鄭芝龍獲得更多的商品，而且也利用他打擊西班牙人。

從福建前往呂宋（**馬尼拉**）的商船屢屢被鄭芝龍集團所截擊，這沉重地打擊了在呂宋的西班牙人的貿易。或許也是因為這個原因，鄭芝龍獲得了荷蘭人在武器上的援助，以下是時人對鄭芝龍武裝的評價：「其船器皆製自外番，艨艟高大堅致，入水不沒，遇礁不破，器械犀利，銃炮一發，數十里當之立碎。」顯然，鄭芝龍海盜集團在武器裝備上甚至超過了福建水師，不要忘了，福建水師在大明帝國的海上力量中是首屈一指的。

憑藉這一支強大的海上武裝，鄭芝龍在福建沿海頻頻發起進攻，福建當局幾乎束手無策。更要命的是，鄭芝龍不僅攻城掠地，還大肆收買人心。他對手下嘍囉有幾條軍紀約束，不准擄掠婦女，不准屠殺百姓，不准放火燒房，不准破壞莊稼，只是遇到富人家便逼他捐錢捐糧。海盜軍每到一處，就豎起大旗，招收當地居民入伍，大批貧困饑民紛紛「慕名」而來，鄭芝龍根本不必擔心兵源的不足，還有不少人自願到臺灣島上進行墾荒。

然而，鄭芝龍雄心勃勃，他並不想在臺灣這塊不毛之地上當一名土匪頭。他的目光是富饒的福建、廣東沿海。從本質上說，鄭芝龍是個精明的商人，而非一名武士。他武裝到牙齒只是為了打造自己的貿易帝國。從一開始他便有一個縝密的計畫，在橫掃東南沿海的同時，為投降歸附朝廷留下一個空間。正因為如此，他對前來圍剿的官兵總是手下留情，並不趕盡殺絕，同時不斷向官方暗示，可以有條件地接受招撫。

傲慢的政府當局顯然並不願意與海盜和解，儘管在戰場上屢屢敗北，但這並沒有難倒頭腦靈活的官員們，他們對力量的平衡向來有一番獨特的眼光。福建當局自知憑藉老掉牙的落後武裝，絕對無法擊敗鄭芝龍，但倘若把荷蘭人拖下水，會如何？用荷蘭人的堅船利炮去對付鄭芝龍的堅船利炮，豈非妙哉？

可是荷蘭人並非傻大個，憑什麼心甘情願去做對自己沒有任何好處的事呢？因此事情的關鍵，就是要拋出一個令荷蘭人足以心動的條件。

荷蘭人處心積慮要得到的，便是獲得與中國自由貿易的特權。儘管福建當局允許商船前往大員及巴達維亞與荷蘭人貿易，但這種貿易僅僅是口頭承諾。荷蘭並非大明朝廷所認可的「朝貢國」，也就是說，並沒有真正獲得與中國自由貿易的權利。這種中荷之間的貿易，是福建政府默許的，或許可稱為「默許貿易」，至於怎麼貿易，由福建大官說了算。

「默許貿易」沒有官方的正式協定，只是官府睜一隻眼閉一隻眼罷了。據荷蘭人的敘述，這種貿易大體是這樣進行的：「公司一向用中國帆船把現款從大員和福爾摩沙運到漳州港口的廈門，交給駐在那邊的代理人，有時交給可靠的私商，讓他們購買適合日本、東印度或我國市場需要的商品，這些交易是通過福州巡撫的默許而進行的。」

為什麼要通過「代理人」呢，荷蘭人有難言之痛。

首先，福建方面發往臺灣大員的商船很少。在荷蘭退出澎湖時，福建當局答應發商船往大員貿易，可是實際上發往臺灣的商船寥寥無幾。對此荷蘭人對福建當局提出強烈的抗議。福建當局辯稱說，主要是因為「海盜騷擾的威脅和大員貿易的薄利導致商人不再前往大員」，並且試探荷蘭人能否「配合驅逐海盜」。這裡說的海盜，顯然指的便是鄭芝龍。

其次，中國不允許荷蘭商船前往沿海貿易。也就是說，福建當局既不願自己的商船去臺灣，又不願臺灣的荷蘭商船來福建。這種情況下要怎麼貿易呢？只得通過中間人代理。在荷蘭與福建之間穿針引線的「代理人」中，最重要的一人是許心素。

許心素是晚明福建海商的代表人物之一，這個人勢力頗大，與大海商、鄭芝龍的義父李旦關係密切。當時李旦活動於海外，許心素則活動於泉州、廈門一帶，幫助李旦購買貨物。後來雷約茲艦隊佔領澎湖，李旦出面在福建官方與荷蘭人之間斡旋，當時福建官府為了控制李旦，便把許心素當作人質扣押了。澎湖危機解決後，荷蘭人撤往臺灣，許心素也被釋放。也許是他曾因為荷蘭人坐過一次牢，荷蘭人倒對他很信任，便讓他充當東印度公司在中國內地的商業「代理人」。

這時的許心素也明白，只有官商結合才能立於不敗之地。於是他極力巴結廈門都督俞咨皋，俞咨皋在澎湖之役後，由副總兵升總兵，權勢極大。俞咨皋在福建巡撫南居益面前大力舉薦許心素，就這樣，許心素搖身一變成為官府中人。

許心素告訴荷蘭人，中國方面並沒有正式允許荷蘭人在臺灣開展自由貿易，福建當局對商船控制很嚴，沒有許可證是不得開往大員的。但是許心素的商船是可以駛往大員的，因為他有俞咨皋發放的許可證，因而可以同荷蘭人經商。一般情況下，荷蘭人先把錢給許心素，讓他採購所需的貨物後，再運往臺灣大員。這種默許交易顯然令荷蘭人心裡忐忑不安，萬一哪天福建當局不默許了，或者代理人出問題了，他們就要蒙受慘重的損失。

就在這個時候，福建官兵在與鄭芝龍海盜軍的戰鬥中屢戰屢敗。鄭芝龍接手顏思齊海盜集團後，便確立向福建發展的方針，在一六二六年至一六二七年間連續進攻福建漳浦、金門、廈門，然後揮師南下，進攻粵東，剽掠如風，勢不可當。海盜軍越戰越勇，人數越來越多，船隻也越來越多。鄭芝龍騷擾廣東後又殺回福建，這下子福建當局吃不消了，決定向在臺灣的荷蘭人求助。

福建官方給荷蘭人送去一封信，有三個要點：第一，由於海盜猖獗，商船根本無法通過臺灣海峽，荷蘭人購買的生絲運不出去，要求荷蘭派船前來運。從這個要求看，顯然這批生絲是許心素為荷蘭人代購的。第二，要求荷蘭人派二艘戰船停泊於漳州灣，以防海盜騷擾。第三，協助福建官方剿滅海盜。

根據荷蘭人的情報，福建官方的確十分尷尬。在鄭芝龍的頻頻打擊下，福建水師遭受重創，可用的戰船數量僅有八十艘，與鄭芝龍船隊相去甚遠。當時荷蘭艦隊司令官是德・韋特，他是第二任臺灣總督，不過這一年（一六二七年），荷印巴達維亞當局派彼得・納茨出任新的總督。韋特認為這正是打開與中國自由貿易大門的良機，他馬上通過商人許心素轉告福建當局，只要准許中國商人與臺灣大員及巴達維亞的自由貿易，荷蘭人將出兵趕走海盜鄭芝龍，而且不需要福建水師的增援。

其實荷蘭人與鄭芝龍的關係一直不錯，自稱「一官長期以來與我們友好往來，以禮相待」。可是如今海盜的力量完全掌控了臺灣海峽，福建的商船（**包括荷蘭人在大陸的代理人**）根本無法渡海到臺灣貿易，而且「由於海盜為寇，今年不會有帆船自漳州到達巴城（**巴達維亞**）」。臺灣大員與福建的貿易，已經由於鄭芝龍橫行閩海而中斷了。利益超越友情，這是商界亙古不破的真理。當鄭芝龍的擴張已經損害到荷蘭人的利益時，韋特司令官不惜要犧牲自己的商業夥伴。

福建巡撫朱一馮寫了一封信給韋特，聲稱如果荷蘭人協助剿滅海盜鄭芝龍，事成之後必將獲得皇帝的准許，中國商人將可以自由地前往臺灣大員及巴達維亞城貿易。福建巡撫的信件我們無法看到原本，僅有荷方的簡要紀錄。倘若深入分析就會有些疑問，福建巡撫憑什麼可以斷定皇帝將批准自由貿易呢？

我估計有以下幾種可能：第一，福建巡撫只是忽悠荷蘭人，或者在信件中設有某些陷阱，由於我們無法讀到原件，沒法去判斷。第二，福建政府在貿易許可權上的話語權，可能遠超我們的想像。事實上，自開放海禁以來，各種禁令實際上不斷被突破，以至形同虛設。譬如最初開放的港口只有漳州海澄，可是後來廈門港取代了海澄，這已經突破了朝廷最初的限制。在臺海貿易衝突中，中國方面的種種貿易舉措，似乎也只是福建官方做決定，在這裡很少看到朝廷的影子。

在得到福建巡撫的保證後，韋特司令官便率「維蕾德號」、「伊拉斯莫斯號」、「迪罕號」、「斯盧登號」、「休士頓號」等快船以及其他四艘配備荷蘭士兵的帆船，前往福建沿海的銅山島。此時臺灣熱蘭遮城僅剩下三百二十人的小部隊，「最勇敢的戰士」都被拉到福建前線，去鎮壓海賊鄭芝龍。

荷蘭人不過才五艘快船與四艘帆船，要對付鄭芝龍的數百條海盜船，韋特司令官哪來的底氣呢？顯然他們還沉浸在一六二二年明荷戰爭的一系列勝利中，竟然異想天開地認為自己的幾艘戰船可以打敗鄭芝龍的數百條海盜船。可事實證明，這位貌似勇敢的韋特司令官不過是徒增笑料的跳梁小丑罷了。

曾經對鄭芝龍有「莫大的信任」的荷蘭人就這樣反水了，可是鄭芝龍卻不是好惹的。他對荷蘭人的背信棄義大為惱怒，紅毛勢必要為這種輕率的舉動而付出代價。自以為是的韋特司令官很快就發現大勢不妙了，當他發現海盜船黑鴉鴉的一片衝過來時，這位已經卸職的前臺灣總督不得不認真考慮一下自己的前程。是在銅山島輸個精光呢，還是當個逃跑將軍算了？答案是顯而易見的，三十六計，走為上計，不是麼？要是輸個精光，回到巴達維亞總部還不是要給炒魷魚？當鄭芝龍的船隊怒氣沖沖地出現在他眼前時，他心虛了。

「司令到達該處後（**指銅山**），遭受海賊火船猛烈攻擊，只好率領「維蕾德號」、「伊拉斯莫斯號」，不發一炮，逃回爪哇。」從荷蘭人的紀錄中可以看出，韋特司令官並不像想像中的那麼英勇，他被嚇壞了。連一發炮彈都沒放出，司令官第一個當逃兵，他匆匆扔下一個命令：「其他快艇和帆船返回臺灣大員。」

可是，並不是每艘戰船都像司令官的座艦那麼幸運可以逃脫。「奧沃克號」快艇被海盜軍的火船撞上了，熊熊燃燒，船上的人員被俘虜，鄭芝龍別有用心地將這些倒楣的傢伙交到澳門葡萄牙人手中。顯然，這是鄭芝龍對荷蘭人的示威，既然你毀了交情與友誼，也休怪我不講情面，你與福建當局勾結，我便與你的對手連橫，看看誰玩不動呢？這就像是一個四國軍棋的棋盤，遊戲四方是明帝國、荷蘭、葡萄牙與海盜，海盜搶得了先機。

韋特司令官的逃跑，令熱蘭遮城裡的新任臺灣總督納茨十分焦急。此時荷蘭在臺灣的力量真是太薄弱了，僅有三百名士兵。如果西班牙人或葡萄牙人，或是鄭芝龍的海盜軍在這個時候突襲荷蘭在大員島上的熱蘭遮城，那將會怎麼樣呢？「將發覺我方全無海軍，處於毫無守備狀態。」納茨總督不無僥倖地寫道，「感謝上帝，當時敵人沒有前來，不然，敵人確會不遭抵抗而佔領此地。」

可是納茨高興得有點太早了，很快他就見識到鄭芝龍可怕的報復了。

納茨在自己的私人信件中無奈地寫道：「該海賊（**指鄭芝龍**）對我方前去進攻甚為憤怒。他擁有帆船千餘艘，多方為害我們。例如，他捕獲了我方一艘大帆船，連同船員八十五人。之後另一艘從此地開往司令處、有兩副錨鏈的船也被捕獲。『新港號』帆船滿載貨物，值一萬八千里爾以上，本打算安全地運往中國，也被截獲。此外有二艘船隻被派往泉州沈蘇處運絲，其中一艘載有約安・樊・德・哈根氏，也被截獲……最後該海賊又劫走我方快艇『西卡佩爾號』及艇上人員物資。」

鄭芝龍很快就讓荷蘭人明白了，誰是臺灣海峽的真正統治者。納茨，這位史上最倒楣的臺灣總督尷尬地發現，自己是偷雞不成反蝕把米。本想在鄭芝龍背後插上一刀，協助福建官府剿滅海盜來換取貿易特權。不想事情沒辦成，通商目的沒達到，反而與鄭芝龍反目為仇，連遭報復。他後悔不迭地稱「都是這次輕舉妄動的結果」，並無可奈何地向巴達維亞當局報怨：「船隻都不能在中國海面露面，一露面就要被一官截獲。我們三百五十人只好坐困此間，無能為力。那麼除了一艘待修補的船隻外，閣下恐怕再不能從此處得到什麼東西了。」

這位悲情總督充滿悲觀的念頭，以至在後來的「濱田彌兵衛事件」中一敗塗地。究其原因，主要是一上臺就被鄭芝龍耍得信心全無、心灰意冷、意志消沉。對荷蘭人來說，這是一段極為艱難的日子。令納茨總督感到慶幸的是，不久後鄭芝龍選擇了與帝國政府的和解，並被福建當局收編，這才結束了荷蘭人與海盜之間尷尬的對峙。

鄭芝龍沒有乘荷蘭人兵力空虛之際一鼓作氣攻下大員的熱蘭遮城，並非缺少實力，只是對蝸居臺灣島不感興趣。對他來說，那裡太荒涼也太落後了，他的目光盯緊福建的天然良港與貿易重鎮廈門。

打敗荷蘭人後，鄭芝龍在福建沿海更是勇不可當。海盜軍連連擊破福建官兵，主要戰鬥如下：

一、打敗驍將都司洪先春及把總許心素的進剿。說起來許心素與鄭芝龍關係不一般，許心素是李旦的親信，而鄭芝龍是李旦的義子，可是前者成了官兵，後者成了海盜，反目成仇。後來鄭芝龍攻破廈門，許心素死於非命。

二、打敗並俘虜游擊將軍盧毓英，旋即釋放，鄭芝龍明示只要福建官府能給他個地盤安插武裝部隊，願意歸附朝廷。

三、打敗俞咨皋的部將馬騰、楊世爵。

四、大敗俞咨皋於海上。

俞咨皋是抗倭名將俞大猷的兒子，只是遠不如其父英勇善戰，將門之子被白手起家的鄭芝龍嘲諷為「徒讀父書安知兵」，只不過是像趙括一樣紙上談兵的偽英雄罷了。是役俞咨皋大敗，棄中左所鼠竄，廈門遂被海盜軍佔據。不過鄭芝龍再次向福建官方傳遞消息，表示願意歸順，自動退出廈門島，並約束其部眾，不許上岸殺掠。

無論是對付福建官兵還是荷蘭艦隊，神勇無敵的海盜軍所向披靡。出身將門之家的俞咨臯沒能躲過朝廷的嚴懲，最終被逮捕並判處死刑（後又被赦，免其一死）。

在這場海盜與官府的戰爭中，年輕的鄭芝龍光芒四射。儘管年輕，他卻顯得格外老成持重，時任工部給事中的顏繼祖在給朝廷的上疏中，是這樣評價這個大海盜的：「禮賢而下士，劫富而濟貧。來不拒而去不追，以故官不憂盜而憂民，民不畏官而畏賊，賊不任怨而任德。一人作賊，一家自喜無恙；一姓從賊，一方可保無虞。」可見鄭芝龍絕非一般的海盜，在沿海百姓看來，這豈非劫富濟貧、安定一方的英雄豪傑麼？

這一年是崇禎元年（一六二八年），天啟皇帝病死後，把帝國的爛攤子扔給了新皇帝。此時的中國政局可以用「危機四伏」四字來形容，時人將北方之虜、中原之寇、東南之夷盜並稱為「三大患」。在這三大患中，中原的農民起義最終推倒了大明帝國的最後一堵牆；北方的滿人漁翁得利、入主中原；在晚明的最後幾年裡，只有東南危機得以解決，這得益於帝國對海盜政策的調整。

在福建水師一敗塗地之時，熊文燦走馬上任福建巡撫。泉州府王猷上書熊文燦，稱鄭芝龍在與官兵的戰爭中，勝而不追，俘而不殺，擄而不掠，有歸降之意，「一時剿難卒滅，撫或可安」。熊文燦當然也不想剛上臺就吃敗仗，倘若能招撫鄭芝龍，倒可以省卻很多事。那麼鄭芝龍又是怎麼想的呢？

鄭芝龍與顏思齊不同，顏思齊重在開拓海外事業，而鄭芝龍從一開始便確立了立足大陸的方針。他是個有抱負有雄心的年輕人，絕不會滿足於在臺灣笨港那麼個小地方當海盜頭頭，而且自古以來，海盜有幾人有好下場呢？再說了，他本來就是個商人，先是在澳門經商，後又到日本平戶，被大海商李旦收為義子，在商業上前途無量，只是年輕氣盛，一腔熱血追隨顏思齊要革日本幕府的命未成功，這才落草為寇。所以在他執掌海盜集團後，便大力打造「新型海盜」的形象，不奸不淫、不殺人放火，跟官府打仗點到即止，並不趕盡殺絕，還不時傳遞願意受撫的意向。換句話說，求利要求大利，若是整天喊打喊殺，卻只圖個蠅頭小利，這有什麼意思呢？與海上貿易的巨額財富相比，殺人放火搶劫，那才多大一點利益呀，鄭芝龍不屑於做這個。要在海上貿易上圖得大發展，必定得有資源才行。福建是中國最重要的外貿基地，背靠全中國的貨源，還有比這塊風水寶地更好的地方麼？要紮根福建，營造商業帝國，就得跟官府合作、投靠官府。

熊文燦願撫，鄭芝龍願降，這不一拍即合麼？

但是聰明的海盜王不想做賠本的生意，歸附朝廷有一個前提：必須保留他的龐大武裝。沒有槍桿子，他就一文不名。鄭芝龍提出的理由是用這支軍隊「剪除夷寇、剿平諸盜」，報效朝廷。熊文燦能不答應嗎？要是鄭芝龍能掃蕩海盜甚至是荷夷，這些功勞還不得記在巡撫大人的頭上嗎？這是雙贏的選擇——鄭芝龍要壟斷臺海的貿易，熊文燦要加官晉爵。

就這樣，鄭芝龍搖身一變，從海盜頭頭變成帝國武官，掛了一個「守備」的頭銜。這並非很高的官職，但重要的是這支海盜軍成了一支合法武裝。昨天還是帝國的敵人，今天成了帝國的捍衛者，昨天穿著海盜裝打官兵，今天身著官兵服打海盜。

歷史有時就是這樣有趣。

第五章　誰主浮沉：闔海爭鋒

對鄭芝龍來說，投靠官府是他人生的一大賭局。

賭局沒有必贏的，擺在他眼前的路絕非坦途。風險既來自外部，也來自內部。外部的風險是福建官方對他的投誠是持有戒心的，甚至可能找個理由將他剷除以絕後患；內部的風險是並非所有的海盜都願意投靠官府，他們過慣了自由自在的生活，只要有機會，這些人就會叛離，重新劫掠海洋。更可怕的是，這群人絕非少數。

可是年輕的鄭芝龍就是狂熱的賭徒，他會不惜任何代價向自己的目標推進，他的目標很簡單，就是財富與權勢。他根本不是一個好戰份子，儘管他有非凡的軍事天賦，可是他寧可和氣生財。與福建官府結束敵對狀態後，他向荷蘭人伸出了友誼之手。

臺灣總督納茨總算可以喘口大氣了。在打擊海盜一事上，他們為福建當局提供軍事援助，可是精明的荷蘭人卻陰溝翻船，吃了大虧。他們既沒有討好福建官府以獲得皇帝批准的自由貿易權，同時又得罪了鄭芝龍，致使商船損失慘重，真是賠了夫人又折兵。不僅如此，荷蘭人在大陸最重要的商業代理人許心素在廈門淪陷後死於非命，導致荷蘭預付的貨款無法回收，損失很大。

就在納茨焦頭爛額之際，搖身一變成為官府中人的鄭芝龍給了他一點面子，歸還了一部分搶奪來的荷蘭貨物。納茨在信件中這樣寫道：「一官（鄭芝龍）已與皇帝、巡撫達成協議，欲與我方友好。為表示其誠意，在我方請求下，歸還快艇『西卡佩爾號』和款項，即我方船員及中國人在佔領期間所支用的一千一百八十二又八分之一里爾，合八百六十三兩……」

在臺灣歷任總督中，納茨是最倒楣的一人，也是能力最差的一人。他在一六二八年時渡海抵達廈門，與鄭芝龍會晤，並最終簽訂了一份為期三年的貿易合約。據說納茨為了逼迫鄭芝龍同意簽約，甚至使用了綁架手段，這莫非是因為他被日本人濱田彌兵衛綁架後，也學會了這門談判的藝術？

可是納茨就算採用綁架手段，也沒有撈到任何便宜。當這份三年貿易合約送抵東印度公司總部巴達維亞時，總部認定這份合約對荷蘭人不利，科恩總督拒絕承認這份合約的合法性。納茨最終在一六二九年被巴達維亞總部解除職務，其原因不僅因為他在「濱田彌兵衛事件」中身敗名裂，也在於他與鄭芝龍的貿易協定損害了公司利益。納茨下臺後，接替他的普特曼斯總督宣布這份合約無效，並於一六三〇年與鄭芝龍重新簽約。

在鄭芝龍與納茨所簽的合約中，我們可以看到有這麼一段話：「所有商賈均可運載各種商品貨物前往熱蘭遮城，我（鄭芝龍）的士兵不會攔截這些商船航行，或搶劫他們的財物；若有人願租賃我的帆船裝運貨物，在繳納運費的條件下予以准許。」從這段記述中，可以清楚地看到，即便穿上了官服，鄭芝龍也沒有收手不幹，海上搶劫似乎照常進行。畢竟臺灣海峽的走私商人、海盜太多，搶這些人的貨船，福建官府也沒話可說。特別要注意的是後面那句，租賃帆船，這便是搖身一變成為「官商」的好處，只要繳交一定費用給鄭芝龍，小海盜也不敢來打劫，官府也不會來盤查。

可是對鄭芝龍來說，最大的危險來自內部的分裂。

這種分裂是無可避免的，原因是自從鄭芝龍接手顏思齊武裝集團以來，極力將這支帶有某種「民主」色彩的海盜武裝改變成自己私有的「鄭家軍」。他在集團內部大量安插鄭氏家族成員，並組成所謂的「十八芝」。他原名鄭一官，自此改名為「芝龍」，為「十八芝」之首，其下有親弟弟芝虎、芝豹，族人芝莞、芝燕等，共計十八人，把持集團權力，排斥海盜集團的元老與其他領袖。

然而鄭芝龍的如意算盤遭到其他海盜頭目的強烈抵制。這些海盜頭目中，不乏才幹非凡之輩，日後鄭芝龍在閩海的對手李魁奇、鍾斌、楊六、楊七、劉香等均是其中的佼佼者。而其中對鄭芝龍威脅最大的，是海盜集團的二號人物陳衷紀。

在鄭芝龍投誠官府後，便發生陳衷紀被殺與李魁奇復叛事件。這支在閩海橫行兩年之久的武裝集團走向了分裂，並最終導致了長達數年之久的戰爭。

陳衷紀之死是個謎。他是顏思齊武裝集團的元老，在顏思齊一夥人密謀倒幕失敗後，他提出經營臺灣島的戰略方針，在華人開拓臺灣史上，他應該稱得上是一個關鍵人物。史料稱他是海盜中「最桀驁」的人物，可是在顏思齊去世後爭奪大當家的過程中，他卻意外地輸給了鄭芝龍。鄭芝龍獲勝的原因有很多，其中之一是得到楊天生的支持。楊天生與鄭芝龍兩人都是泉州晉江人，陳衷紀與顏思齊是漳州海澄人，這裡一條隱秘的線索浮出水面。鄭芝龍與陳衷紀之爭，或許也是海盜集團內部泉州幫（**晉江幫**）與漳州幫（**海澄幫**）之爭。而且，海澄幫的另一個重要人物劉香，一直是鄭芝龍的眼中釘與肉中刺，這個後面再說。

即便在鄭芝龍成為海盜集團首領後，陳衷紀的勢力仍不可忽視。作為海盜集團的「總監軍」，陳衷紀手握兵權，名義上仍是鄭芝龍的「義兄」，鄭芝龍表面上也對他敬若神明。然而，據清人鄭亦鄒所撰《鄭成功傳》記載：「大權仍歸衷紀，芝龍猶陽奉焉。」頗有權謀的鄭芝龍通過大力扶植以鄭氏子弟為主的「十八芝」勢力，與陳衷紀對抗。

關於陳衷紀被殺，有兩個不同的版本。

第一個版本，殺陳衷紀的是李魁奇。李魁奇也是海盜集團的重要人物之一，他與鄭芝龍一同受撫投降官府，可是很快便叛變而去，關於他的叛變稍後再說。根據《臺灣外記》的說法，陳衷紀是在從臺灣前往福建的途中，路經澎湖被李魁奇所襲殺。

第二個版本見於鄭亦鄒所撰的《鄭成功傳》：「崇禎元年九月，芝龍殺衷紀於島上。忌劉香，發其父塚，刃挫而糞豬之。率所部降於督師熊文燦。」這則史料有一特別之處，寫完鄭芝龍殺陳衷紀後，又寫挖掘劉香的祖墳，似乎這是兩件毫不關聯的事情。可是倘若我們深入分析，會發現事情並非這麼簡單。鄭芝龍要在投降官府之前清除掉陳衷紀與劉香，想必是這兩人都反對投降。但他只殺了陳衷紀，劉香沒逮住，只能挖其祖墳。值得注意的是，陳衷紀與劉香都是漳州海澄人，這次事件的真正面目，難道是以鄭芝龍為首的「泉州幫」對以陳衷紀為首的「漳州幫」的發難嗎？

有沒有可能呢？我認為完全有可能。

在顏思齊創立的武裝集團中，頭目只有兩大來源：泉州或者漳州。顏思齊、陳衷紀、劉香都是漳州海澄人，而鄭芝龍、楊天生、李魁奇等是泉州人。在鄭芝龍執掌大權時，他的一個做法，想必大大激怒了「漳州幫」。請看《鄭成功傳》中的一段記載：「芝龍泉人，故侵漳而不侵泉。漳人議剿，泉人議撫，兩郡異議紛然；芝龍愈橫。」

在鄭芝龍橫行海上時，他進攻的目標主要是漳州，有意不去進犯泉州，這顯然是出於保全家鄉的想法。因此泉州人對招撫海盜是持歡迎的態度，而漳州人則堅決要求以武力鎮壓。試想想，作為漳州人的陳衷紀、劉香，在自己的家鄉完全不受歡迎，他們又豈有投降官府的願望呢？因此陳衷紀、劉香不願跟著投降。考慮到陳衷紀的權勢與地位，如果不除掉他，勢必將成為鄭芝龍的心腹之患。

或許如《臺灣外記》所述，陳衷紀是死於李魁奇之手，但也不一定跟鄭芝龍沒關係，很可能是鄭芝龍假李魁奇之手，殺了陳衷紀。我的判斷如下：陳衷紀死後，鄭芝龍與李魁奇都向福建官府投誠，但很快便分道揚鑣。時任同安知縣的曹履泰在《靖海紀略》中寫道：「李魁奇與鄭芝龍同夥同撫，因分贓不均，魁奇叛去。」究竟如何分贓不均呢？顯然是李魁奇沒有得到應有的東西。倘若將此與陳衷紀之死聯繫在一起，或許可以做一個大膽的假設，鄭芝龍為了除掉陳衷紀，私下給李魁奇一些許諾，借他之手殺死陳衷紀，可是後來並未兌現諾言。也許因為如此，李魁奇認為自己上了鄭芝龍的當，遂憤而叛去。

無論事實的真相如何，總之，陳衷紀之死是海盜集團大內訌的開始。鄭芝龍本來還要血洗劉香，但劉香腳滑，一溜煙跑掉了，沒有殺著人的鄭芝龍索性將其祖墳給刨了。後來劉香成為鄭芝龍在海洋上最強勁的對手。

曾經是臺海最大海盜頭目的鄭芝龍，如今卻成為海盜最可怕的剋星，他用了七年的時間廓清海道。在這七年裡，他的對手包括李魁奇、鍾斌、楊六、楊七、劉香等人，都曾與鄭芝龍在一個賊窩混過，這些內訌也是海盜集團在蛻變過程中權力鬥爭的必然結果。

閩海戰爭從一六二八年持續到一六三五年，戰爭主要是在鄭芝龍與群盜之間展開，然而其間過程極其錯綜複雜，福建官方與荷蘭人都在這些戰爭中扮演了重要角色。福建官方對鄭芝龍並不信任，對海盜也時剿時撫，想在鄭芝龍與海盜的戰爭中坐收漁翁之利。荷蘭人也在鄭芝龍與海盜之間不斷調整自己的角色，時而支持鄭芝龍，時而支持海盜，遂使這七年的戰爭陷入一個極為複雜的四角關係網中。然而鄭芝龍最終以自己的實力衝破這個四角關係網的羈絆，最終成為臺海無可爭議的無冕之王。

李魁奇是鄭芝龍的第一個對手。他是海上最有權勢的人之一，原本是泉州惠安的一名漁夫，水性特別好，據說能「身藏水底，半日不起」，身強力壯，雙臂有七百斤力。隨著顏、鄭海盜集團的興起，他也聚集了一批漁船，在福建沿海與澎湖一帶出沒，專門攔截開往馬尼拉的商船。李魁奇不知是什麼時候加入了鄭芝龍一夥，荷蘭人稱他是鄭芝龍「最得力的下屬」，可是他與鄭芝龍之間卻是貌合神離。

崇禎元年七月，李魁奇與鄭芝龍一同受撫，可是他很快就有一種失落感，覺得自己受到冷遇，沒撈到什麼好處。三個月後，他在廈門島突然發難，奪走一百多艘船隻，召集三千多人叛變。突如其來的反叛令鄭芝龍非常窘迫，這在《靖海紀略》中也可看出：「……魁奇等將船盡行駕出矣，意欲先至中左，搶奪芝龍之資……燒毀較場諸鋪戶、搶掠財物。芝龍僅有兵六百，修整軍器防護。其中情態，總不可測也。賊船泊在中左。如此事變，將何結局乎？」

剛剛平靜下來的閩海又掀起波浪，擺在福建巡撫熊文燦面前的問題是，是繼續招撫李魁奇呢？還是讓鄭芝龍去剿滅李魁奇？同安縣令曹履泰上書熊文燦，強調說：「芝龍與魁奇萬無復合之理，撫魁奇不如助芝龍。若得成功，便可入告。不成乃若輩自相煎熬，我可以享漁人之利矣。」曹履泰的建議是，福建政府應該坐視鄭芝龍與李魁奇的內訌，坐收漁翁之利。

李魁奇的叛變，又把荷蘭人拉入到閩海戰爭中。他搶走了鄭芝龍的九條商船，其中七條船準備開往臺灣大員，另兩條船準備開往巴達維亞，這九艘船上裝的全是要賣給荷蘭人的貨物，而且荷蘭人已經支付了一筆訂金。無論是李魁奇還是鄭芝龍，都希望荷蘭人站在自己這邊，並且得到其援助。

鄭芝龍派人轉告納茨總督，由於商船及貨品被李魁奇所搶，他無法償還東印度公司預付的資金，希望荷方能出船援助，幫助打擊李魁奇。與此同時，李魁奇也派人向納茨總督提出要求，希望能允許他的船隻進駐臺灣大員。在此之前，李魁奇頻頻在臺灣海峽打擊運往馬尼拉的商船，這與荷蘭人遏制西班牙人的戰略不謀而合，顯然他們對李魁奇有相當的信任與好感。

老奸巨猾的荷蘭人只以「經濟利益」為中心，正如他們所說：「為在中國沿海混亂和海寇出沒的環境中獲取更多的利益，我們應認真和謹慎地選擇交易夥伴。」那麼選擇官府還是海盜呢？荷蘭人分析後認為：「與中國大官和權勢合作，共同驅逐海寇，明顯會給我們帶來最保險和持久的利益。」不過他們也有一種隱隱的擔心，擔心官府無法控制海盜勢力的擴張：「如果被追緝的海賊李魁奇未被捉獲，反而擴張其勢力，貿易恐將因此遭封鎖。」

荷蘭人的擔心並非沒有道理，因為海盜的力量在急劇地擴張。李魁奇的船隊很快與閩海其他海盜頭目接上頭，海盜陳盛宇、鍾斌、周三等人紛紛與李魁奇聯合，這支海盜聯軍聲勢浩大，擁有四百艘船，駛往浯嶼挑戰鄭芝龍。

想當年鄭芝龍最盛的時候，擁有七萬部眾與一千艘船，可是在不斷的裂變中，他的勢力受到嚴重削弱。在他受撫之前，手下頭目楊六、楊七就率先離他而去，接受福建官府的招撫；陳衷紀被殺後，另一位海盜頭目劉香也帶著自己的部下逃跑了；在向福建官府投降時，鄭芝龍尚有三萬餘人，後陸續裁員至約一萬人，又遭遇到李魁奇的叛變，船隻與部眾幾乎被李魁奇掠奪一空。

此時的鄭芝龍僅僅擁有二十幾條大戰船與大約五十條的漁船，而李魁奇、鍾斌等海盜擁有四百條船。僅從數量上看，海盜軍擁有絕對的優勢，然而海盜船中絕大多數是小船，每艘小船僅有六七人。更致命的是，海盜軍並非同仇敵愾，擰成一股繩來打仗，而是各路海盜各打各的，沒有一個統一的指揮。鄭芝龍抓住對手的弱點，以寡擊眾，居然取得三戰三捷，擒殺千餘人的輝煌戰果。李魁奇吃了大敗仗後，南下逃竄到廣東境內的惠州、潮州一帶，鄭芝龍於崇禎二年（一六二九年）正月十五追至鹽州港，再次大破海盜軍，擄海盜船八十餘艘，生擒四百餘人。

然而李魁奇的海盜軍並未一蹶不振，他們很快捲土重來，而且從廣東攜帶回海上利器：烏尾船。這種烏尾船是李魁奇鼠竄粵中時，接受廣東海盜的資助而得來的，專門用來對付政府軍水師。這種船的特點是防禦性能特別好，「其船有外護四層。一破網，一生牛皮，一濕絮被，一周回懸掛水甕。」破網與生牛皮是防禦銃彈，濕絮被與水甕是用來防火的，所以說「銃不能入，火不能燒」。不僅如此，烏尾船「比芝龍船高丈餘，自上擊下，更易為力」。與此相比，鄭芝龍的船隻無論在性能與數量上都沒有優勢可言。

戰爭的形勢開始反轉了，海盜們易守為攻，又從廣東殺回福建，直逼鄭芝龍的老巢廈門島。海盜完全控制了制海權，當時的同安縣令曹履泰寫道：「舟師海戰，勢不能敵，數動則數敗。」而遭到攻擊的鄭芝龍船隊結局慘澹，在海盜船的圍攻之下，被迫燒掉自己的船隻：「廿七日芝龍舟泊高崎澳，賊舟東西兩路堵截，賊認定芝龍之船，合眾攻圍，勢必難免，芝龍於是焚己之舟，即登岸脫走。」當時他可用的，僅有自己的弟弟鄭芝虎手下的九艘戰船。

海峽對岸的荷蘭人密切注視這場戰爭，他們寫道：「李魁奇原為一官最得力的下屬之一，率領四百條帆船為寇，其勢力日漸壯大，成為海上霸王，擊敗一官的軍隊，攻佔漳州灣，派兵包圍廈門，導致商人不能海上往來，大員也因此而不見商船。」

這場戰爭嚴重影響到荷蘭人在臺灣的貿易，為此新上任的臺灣總督普特曼斯派了三艘船前往漳州灣，了解鄭芝龍與李魁奇的戰爭進展以及恢復海上貿易的可能性。荷蘭戰船駛至廈門時，李魁奇派了一名翻譯與荷方交涉，保證對前往臺灣大員貿易的中國商人絕不加以傷害。很顯然，李魁奇是努力爭取荷蘭人的支持。但是狡詐的荷蘭人並沒有輕易做出答覆，他們顯然認為與海盜合作不可能有長久的利益，除非李魁奇也能像鄭芝龍一樣，搖身一變而成為政府官員。

在海上混了那麼多年的李魁奇心裡也很明白，當海盜前途有限，如今他對鄭芝龍的戰爭已是勝券在握，他手中有足夠的籌碼來與福建官府談判招安事宜。他公然表示願意接受招撫，顯然是想把海上貿易大權從鄭芝龍手中奪過來。以《靖海紀略》的說法是：「招安之後，便要往潮羅谷、呂宋通販；如芝龍故事。」

可是李魁奇反覆無常，福建官府又怎麼會輕信他呢？於是招撫便成了權宜之計，以曹履泰的說法是：「我以撫愚賊，賊亦以撫愚我。」對李魁奇的海盜軍來說，是借受撫為名，「到處擄人、到處搜掠。」而鄭芝龍在福建巡撫的支持下，則加緊策劃對海盜集團重要人物的策反，並積蓄反撲的力量。

就在這個時候，臺灣總督普特曼斯親自前往漳州灣偵察。李魁奇派人送來了一封信，在信中對普特曼斯說，他已經擊敗了鄭芝龍，贏得了戰爭的勝利，很快會被任命為大官，到時他將保證提供給臺灣大員足夠的貨物。普特曼斯雖然不很相信李魁奇，但仍然向他示好，送給他象牙、檀香木等禮物。十二月二十日（一六二九年），李魁奇與普特曼斯在一艘帆船上見面，討論雙方貿易事項。李魁奇為了討好荷蘭人，同意以十三兩白銀一擔的價格，購買一批胡椒，並且答應購買檀香木、象牙等貨物。

可是幾天過去了，李魁奇卻遲遲沒有派人前往與荷蘭人交易。他之所以答應荷蘭人要購買貨物，無非是想討好普特曼斯，獲得荷蘭人的支持，可是後來為什麼又出爾反爾呢？原因很可能是李魁奇沒能湊齊這筆錢。當時李魁奇雖然在軍事上佔上風，但糧餉卻是個大問題。《靖海紀略》寫道：「李賊（指李魁奇）欲撫，而小賊以空腹未肯就撫。」吃飯都成問題了，銀餉更成問題。「旬日之內，魁奇請餉三、四次甚急。」他以接受招撫為由，連續向福建官府要求得到銀餉，可是福建官府卻以種種理由拒絕了。以此來看，李魁奇之所以對荷蘭人違約，確實是缺少銀兩。儘管後來他想方設法弄來了十五擔生絲，打算抵作貨款，可這時荷蘭人的胡椒已被送回，因為多數已腐爛變質。

李魁奇違約這件事後果很嚴重，普特曼斯非常生氣，認為這個海盜一點也不可靠。他轉而決定前往圍頭灣，會晤李魁奇的對手鄭芝龍。在此之前，鄭芝龍給普特曼斯寫了一封信，稱他已經為荷蘭人爭取到了長期貿易的權利，可以保證與臺灣的商船貿易，只是由於李魁奇這夥海盜擋道，無法前往大員貿易。

普特曼斯與鄭芝龍商談的要點有兩個：第一，徵詢鄭芝龍對李魁奇的看法，這個能問出其他結果嗎？很顯然，鄭芝龍只會大談李魁奇的種種不是。第二，荷蘭人表示願意與鄭芝龍合作，將李魁奇趕出廈門，前提條件是鄭芝龍必須保證與臺灣的貿易。

對鄭芝龍來說，這次談判的時機太合適了，簡直可以說有如神助。因為在他與普特曼斯談判期間，發生了一件改變戰爭進程的事情。李魁奇手下大將鍾斌駕十八艘大烏船叛變，投奔鄭芝龍。與此同時，福建官方又給鄭芝龍提供了五十條大帆船，一時間鄭芝龍忽然如虎添翼，他與李魁奇的兵力對比發生了戲劇性的變化。可是驚喜還沒完，如今荷蘭人自送上門，普特曼斯要出動威力巨大的荷蘭夾板船加入到對李魁奇的戰爭中。

在這場從一六二八年打到一六三〇年的閩海戰爭中，儘管李魁奇差一點贏得了勝利，可最終還是功虧一簣。戰爭的最後兩個月，在鄭芝龍反撲、鍾斌叛亂、荷蘭人參戰的三大因素下，這位海上新霸沒能維持他的權勢，終於戰敗被殺，他的敗亡與興起一樣快速。

李魁奇完蛋了，不過對於鄭芝龍來說，這只是靖平海盜的開始罷了。

鍾斌的倒戈是李魁奇最終失敗的原因之一。此人並非泛泛之輩，他以前與鄭芝龍也是一夥的，據史料載，在天啟七年（一六二七年）時，「鄭芝龍、鍾斌破海澄，入中左所。」當時兩人是並肩作戰的海盜。崇禎元年（一六二八年），李魁奇受撫後復叛，鍾斌便與之合夥，共同對付鄭芝龍。然而鍾斌始終對李魁奇深懷戒心，儘管他接受李魁奇的領導，卻緊握自己的兵權不放，他的船隊從來不受李魁奇的直接指揮。

隨著李魁奇勢力的坐大，鍾斌與他的矛盾更加白熱化與公開化。福建官府便開始打起鍾斌的主意，策劃讓他臨陣倒戈。曹履泰在《靖海紀略》中記道：「李、鍾兩賊自相疑忌，其機可乘也。但鍾黠而李蠢，使李圖之，不如鍾圖之。使鍾獨圖之，不如芝龍合圖之。蓋獨則勢單，勝負尚半。合則勢盛，有勝而無敗。李賊一鼓可擒也。」

根據荷蘭人的記載，李魁奇與鍾斌關係惡化的原因是兵餉的問題。李魁奇通知鍾斌要推遲發放兵餉，然而鍾斌認為自己部下已經處境艱難，要求李魁奇立即將船上的絲綢賣掉以換銀兩。李魁奇對鍾斌的要脅大為憤怒，警告他不得再提此事，並勒令他返回自己的座船。李魁奇有自己的打算，他準備以船上的絲綢購買荷蘭人的貨物，以換取荷蘭人的軍事援助。然而鍾斌返回自己的部隊後，立即揚帆而去，脫離李魁奇。

這一時間的海盜總是反反覆覆地變化著身分，令人看得眼花撩亂。本來與李魁奇聯合攻打鄭芝龍的鍾斌，忽然來了個一百八十度的轉彎，與鄭芝龍聯手剿殺了李魁奇。在福建官府眼中，鍾斌是海盜中最為狡黠多智的人物，剿滅李魁奇後，他並不願意為官府所用，便假稱追擊李魁奇的餘黨，率自己的船隊南下。他以「防夷」「防盜」為名，在廈門島與銅山島之間水域出沒，打劫過往商船。

很顯然，鍾斌並沒有投降官府的打算。在暗中積蓄實力後，他終於又打出海盜的招牌，揚帆北上，直入浙江，「誘明兵敗之，總哨皆陣沒」，「歸而縱兵搶掠矣」。在劫掠浙江後，鍾斌又回到福建，他甚至攻打省城福州，但被福建巡撫熊文燦挫敗。到了崇禎三年底，在福建官兵的圍剿之下，鍾斌接二連三遭到重創。該年十一月二十五日，鄭芝龍追擊鍾斌至平海，鍾斌大敗，棄巨艦器械，換乘小船潛往廣東。次年（崇禎四年，一六三一年）正月二十二，鄭芝龍在南澳附近再次大破鍾斌，沉其船九艘，生擒十一艘。這次勝利在荷蘭人的《熱蘭遮城日記》中也有記載，在鄭芝龍對鍾斌的戰爭中，荷蘭人仍然對其提供了軍事援助。

鍾斌在屢遭鄭芝龍重創後，遂逃往外洋。五月，鄭芝龍打探到鍾斌殘餘力量的行蹤，秘密派遣舟師兩面夾擊海盜於甘桔洋，走投無路的鍾斌蹈海自殺。

李魁奇與鍾斌先後敗亡，閩海暫時恢復平靜。

戰爭總是有人倒楣，有人受益。李魁奇與鍾斌是倒楣的人，而鄭芝龍則憑藉他卓著的戰功由守備晉升為游擊，他的弟弟鄭芝虎受守備之銜。在這場戰爭中，荷蘭人幫助鄭芝龍剿海盜，鄭芝龍也確實給予回報。荷蘭人由此獲得了某些特權，其中最重要的一點是，荷蘭的商船可以前往廈門島停靠。

廈門島實際上已經成了鄭芝龍的地盤，他允許荷蘭商船可以短時間停靠。按照當時大明帝國的法律，絕對不允許外國船隻隨隨便便地停靠在中國沿海，鄭芝龍又怎麼敢頂風作案呢？以鄭芝龍的官職來說，並不算大，可是財可通神，他的官職與他的權勢是不成正比的。他是個非常精明的商人，不惜花巨款打通諸多環節，從福建政要到朝廷要人，能花錢收買的，他從來是不惜血本。

譬如福建巡撫熊文燦，《明史》中對他的記載是：「官閩廣久，積貲無算，厚以珍寶結中外權要。」這位富得流油的巡撫顯然接受了鄭芝龍許多進貢，對鄭芝龍的所作所為，他自然是睜一隻眼閉一隻眼了。

荷蘭人的船隻不僅停泊在廈門，而且還時常出入安海。安海又稱安平，此處距離鄭芝龍的老家石井約十餘里。鄭芝龍發跡後，在此置豪宅，佔地面積有一百三十八畝。據《臺灣外記》記：「開通海道直至其內，可通洋船。亭榭樓臺，工巧雕琢，以至石洞花木，甲於泉郡。」鄭芝龍甚至開通了一條水道，商船可以直接由此水道進入其豪宅。在鄭芝龍的經營下，安海迅速崛起，並且很快取代了漳州海澄成為商業重鎮。

明帝國開放海禁之初，以漳州海澄為唯一的對外貿易港。可是海澄只是一個內河港，從航運角度來看，無法成為優良港口。隨著時日的推移，廈門與安海先後崛起，且最終後者居上。據史料所記，當時的安海已經是「市鎮繁華，貿易叢集，不亞於省城」了。由於中國政府與荷蘭並無自由貿易，荷蘭的船隻是不允許停泊在中國的港口的，可是為了感謝荷蘭人為自己在剿滅李魁奇、鍾斌的戰爭中提供援助，鄭芝龍網開一面，讓他們的船可以停泊於廈門與安海。

到了崇禎五年（一六三二年），福建的政局有了大變化。該年二月，熊文燦由於招撫鄭芝龍、剿滅海寇有功，遷升為兵部右侍郎，總督兩廣軍務，福建巡撫一職改由鄒維璉出任。隨後鄭芝龍被調往福建、江西、廣東交界地帶，鎮壓流寇鍾凌秀。這對荷蘭人來說，絕非好消息，後來他們寫道：「我們的盟友一官憑其智慧和勇氣消滅海盜之後，中國皇帝下旨令其由海岸遷入內陸，以武力去懲罰那些造反之徒（**指鍾凌秀**）……從而使我們失去一位可信賴的朋友，造成這種結局的原因或是巧合，或是有人預謀，以削弱我們的力量而對我們施加壓力，最後使我們全面瓦解。」

荷蘭人懷疑鄭芝龍突然被調往內地鎮壓鍾凌秀的叛亂，乃是官方有意找藉口將他從廈門、安海調走，以此來禁止荷蘭船隻進出中國海岸。這個懷疑是有依據的。荷蘭與中國之間發生的貿易，從來都不是正常化的貿易，沒有合約文本，也沒有具體條款，只有福建官員的口頭承諾。鄭芝龍能為荷蘭人打開方便之門，自然是出於熊文燦的默許，如今熊文燦離開福建，換了個巡撫大人，一切規則又要重新制訂了。

在鄒維璉接任福建巡撫後，鄭芝龍苦心經營的關係網由於人事變動而變得不那麼牢固了。新巡撫上任後，先燒了三把火，他對鄭芝龍縱容荷蘭人的行為大加鞭撻，後來鄒維璉在《奉剿紅夷報捷疏》中有這麼一段文字：「迨鄭芝龍之勦鍾斌、李魁奇也，夷頗有力焉！芝龍德之，情緣難割。於是，歲歲泊中左，前撫諸臣以夷未易當，姑以不治治之。而夷益大膽無忌，奸民居停，恬不為怪，甚至酋長乘大輿，常遊安海城中。」

從這段文字中可見，鄒維璉與熊文燦不同，甚至可以說他對鄭芝龍抱著某種敵視的態度，顯然並不信任這位海盜出身的游擊將軍。

鄭芝龍不得不越發小心謹慎，為了避免給自己惹上麻煩，他一再警告荷蘭人「不要再派戎克船去石井，也不要搭快艇來金門沿岸停泊，要在大擔或浯嶼交易，不過最好回大員去，在那裡等候商人運貨去交易，這樣對公司比較好」。

這種表態無疑令荷蘭人十分不滿，可是這還不是問題的全部。荷蘭的競爭對手西班牙又捲進來了。當時福建商船到臺灣大員貿易時，荷蘭人會挑貨品購買，本來作為商業行為這也算正常，但對福建商人來說，勢必有一部分商品是賣不掉的。這時西班牙人開出更為優厚的條件，只要是船上的商品，通通購買，而且開出更好的價錢。商人的本質是逐利，包括鄭芝龍在內的福建商家當然樂得與西班牙人做生意了。開往臺灣大員的中國商船越來越少，荷蘭人氣得吹鬍子瞪眼睛，可愣是一點辦法也沒有。

閩海的平靜只是暫時的。

由於鄭芝龍被調離沿海前往閩贛邊界征剿山寇鍾凌秀，閩海守備空虛，蟄伏已久的海盜劉香突然發難，一時間閩疆告急。

我們來了解一下劉香其人。

劉香是顏思齊武裝集團的重要頭目之一。他與顏思齊、陳衷紀一樣是漳州海澄人，長得五短身材，異常驍勇，在海盜中知名度頗高，被尊稱為「劉香老」。一六二八年，海盜集團內訌，鄭芝龍殺死陳衷紀後，欲除劉香以絕後患。可是劉香卻僥倖逃跑，只是他的祖墳讓鄭芝龍給刨了並灌進糞便，據說這種歪門邪道可以斷了劉香的運氣。

可是在那幾年，劉香運氣並不太壞。據一些史料說，李魁奇叛變後，劉香跟著他合夥，與鄭芝龍纏鬥。李魁奇兵敗被殺後，劉香自立門戶，糾集李魁奇的餘黨，勢力漸大，東山再起，聚眾數千，擁船百餘條，「橫行粵東、碣石、南澳一帶地方」。當時懾於鄭芝龍的海上力量，劉香並沒有貿然擾亂福建，他聰明地避開鄭芝龍的視線並暗中培植勢力。

在得知鄭芝龍、鄭芝虎兄弟前往內地剿殺盜寇後，劉香察覺到殺回福建的時機已經成熟，遂糾集大小船隻一百七十餘艘、部眾數千人離開廣東，擾掠閩海。崇禎五年（一六三二年）九月，劉香給新上臺的福建巡撫鄒維璉一記下馬威。他率眾進攻閩安鎮，閩安為省城福州的門戶，是重要的戰略要地，海盜登陸後，「焚劫搶殺，比舍一空；鎮民逃散，省會震動」。

劉香的這次進攻，對鄭芝龍來說，絕對不是壞事。自從鄒維璉接任福建巡撫後，鄭芝龍的日子並不好過，他與荷蘭人之間的貿易遭到巡撫大人的斥責，並被調離沿海前往江西鎮壓鍾凌秀及其同黨。儘管鄭芝龍剿匪上仍然功勳赫赫，可是他的心思只在做生意發大財上面，當然不願意待在無利可圖的江西。劉香的捲土重來，令鄭芝龍有了留在閩海的理由。事實上，鄒維璉也只能指望鄭芝龍了。

很快鄭芝龍返回福建前線，在他的嚴防下，劉香在福建沿海未能得逞，遂轉掠浙江寧波、台州、溫州。在海盜的打擊下，浙江明軍損失慘重，「總哨被戕，戰艦蕩為灰燼，海濱無復居民」。這位海盜的活動範圍相當大，掃蕩浙江後，又返回福建，擺開與鄭芝龍決戰的架勢。

由於海盜氣焰囂張，勢力猖獗，鄭芝龍並沒有必勝的把握。他故伎重施，找到荷蘭人，給臺灣總督普特曼斯寫了一封信，請求他出兵相助。

普特曼斯才幹非凡卻又傲慢自大，他自認為鄭芝龍能擊敗李魁奇與鍾斌，全得益於荷蘭人的相助。他認為「我們的人對一官的援助無疑保住了其勢力並穩固了他的地位」，可是到頭來，荷蘭人出了力氣卻沒撈到任何好處。因而普特曼斯認為，幫助鄭芝龍除掉劉香「不會帶來什麼好處」。

可是鄭芝龍很快便向普特曼斯證明，即便沒有荷蘭人的援助，他仍然可以擊敗海盜的進犯。一六三二年年底，鄭芝龍在漳州灣一帶與海盜軍展開大戰。據荷蘭人的情報，在此役中，鄭芝龍損失了一千人左右，而海盜軍損失更大，大約有二千人喪生。吃了敗仗後的劉香元氣大傷，向南潰逃，敗往廣東。

閩海戰事又起，這對臺灣總督漢斯・普特曼斯來說是雪上加霜。原本大員就生意慘澹，如今海盜又興起，貿易更加凋零。令荷蘭人感到特別頭疼的是，新任福建巡撫鄒維璉並非一個容易用金錢收買的人，他們對這位新巡撫的描述是：「眼光尖銳，一絲不苟，所有的事情我行我素，毫不退讓。」也就是說，要想通過收買手段來獲得自由貿易權是不可能的事情。

普特曼斯與他的前任納茨是性格截然相反的兩人。納茨為人優柔寡斷，普特曼斯則性格剛強，崇尚武力，心狠手辣，雷厲風行，可以稱為「鐵血總督」。這位鐵血總督絕不願忍受這種貿易上的被動局面，他寧願選擇戰爭，企圖以武力威逼福建當局，以達成自由貿易的目的。

自從荷蘭人越洋東來，從印度洋到西南太平洋，談判不成便動用武力，這招屢試不爽。東印度公司支持普特曼斯的主張，認為要取得中國的自由貿易權，除了武力之外，別無他途。他們還想用歷史來印證這一結論：「西班牙人在獲得從漳州到馬尼拉的自由貿易之前，曾在中國陸地和沿海侵犯數年之久，中國人驚慌失措，被迫准許他們在海上自由通行。葡萄牙人在獲准落腳澳門之前，也是先採用武力行動在中國沿海張揚他們的名聲。東印度公司總督科恩正是借鑒於這些方法，決定在中國沿海先以炮火開路，而後又經佔領澎湖才首次使我們的名字在中國被人所知。」

一六三三年四月三十日，在普特曼斯的鼓動下，東印度公司做出決議：為了獲取對中國的自由貿易，必須發動一場殘酷的戰爭。為此東印度公司集結了一支比十年前雷約茲艦隊更強的兵力，巴達維亞總部調動了十五艘戰船，一千三百人的兵力，這還不包括臺灣大員的船隻與兵力。

包括普特曼斯在內的東印度公司官員顯然對這場戰爭信心十足，這從他們龐大的作戰計畫中可以看出來。他們有條不紊地設想著各種勝利以及下一個目標，雄偉的藍圖似乎觸手可及了。根據其計畫，第一步是挫敗並消滅劉香為首的海盜力量，然後在海上攔截從馬尼拉返航的中國商船，在掠奪中國的船貨後，進攻廈門並佔據鼓浪嶼，摧毀漳州灣所有的中國帆船。第二步是集中兵力攻打福州，一路上燒殺搶掠，毀掉進入視野的一切東西，到時將要求直接與中國皇帝交涉，而不是福建巡撫，以獲取無限制的自由貿易權利。第三步是向南攻掠廣州灣，仍然採用燒殺搶掠的手段，迫使廣州官員同意自由貿易，並對澳門的葡萄牙人發起毀滅性的打擊。

這群強盜把燒殺搶掠當作一種暴力威脅的手段，甚至得意洋洋地把這些惡劣行徑記錄在文字中，正可見殖民者之醜陋本性。

按照荷蘭殖民者的計畫，凡是阻礙通商的一切力量，包括中國海盜在內，都屬於打擊對象。荷蘭艦隊從巴達維亞出發後，於七月五日抵達福建與廣東交界的南澳島附近，並開始實施既定計劃，第一步是打擊中國海盜劉香。他們沿著海岸線搜尋海盜的蹤跡，卻沒能找到劉香，因為在不久前，劉香在一次海戰中又被鄭芝龍擊敗，損失了十三條大型帆船以及二十幾條小船，這位海盜頭頭帶著六十餘條小船逃走了。

普特曼斯發現鄭芝龍的力量遠遠超過他的估計，這位福建海上游擊將軍不僅在對劉香的戰爭中穩佔上風，而且正在廈門島組建一支更為強大的艦隊。鐵血總督意識到，十年來福建水師的力量得到空前的發展，這得益於官府招撫鄭芝龍。鄭芝龍在連續擊破李魁奇、鍾斌等海盜力量後，傲視閩海。

普特曼斯並非是一個莽漢，而是一個聰明的戰術家，他並沒有冒冒失失地與鄭芝龍開戰，而是調整了戰略，做了兩點改變：第一，把截擊中國商船提高到戰略高度，並認為截擊中國商船比與中國水師交戰更重要。從這點看，普特曼斯的確有些本事，福建水師主要依靠鄭芝龍，而鄭芝龍又依靠海上貿易，只要控制海上的中國商船，就點到鄭芝龍的死穴了。第二，放棄攻打海盜，轉而與劉香聯合，共同對付鄭芝龍。普特曼斯給海盜軍首領劉香、李國助等寫信，建議聯合攻打福建沿海。此時劉香被鄭芝龍打得落荒而逃，當然樂得與荷蘭人聯合對付官府。

臺灣海峽的風向總是飄忽不定，同樣，這裡的幾股勢力也是大搞連橫合縱的陰謀。在臺灣與福建的海域，總是上演著群雄爭霸的故事。

此時荷蘭人在福建沿海已經部署二十艘左右的船隻，兵力超過一千五百人，規模已經比十年前的雷約茲艦隊要更加龐大。崇禎六年（一六三三年）六月，荷蘭人與海盜軍聯手進攻南澳島，荷蘭與中國的第二次戰爭爆發。

第六章　決戰料羅灣

南澳之戰拉開了第二次明荷戰爭的序幕。

這是一次試探性的進攻，戰鬥規模並不大。根據荷方資料，南澳水師共有二十六艘大小不等的船隻，由於海域水淺，荷蘭的大戰船無法進入，遂派出五艘小船在大炮的掩護下進入南澳附近海域作戰。荷蘭的小船就是中方所稱的「哨船」或「尖尾船」，分為兩種，一種是導航船，船體略大，配有十八名士兵；另一種是大戰船上的小艇，只有四名士兵。在白天的戰鬥中，荷蘭人的遠端大炮還是發揮了威力，南澳水師被擊沉五艘船，荷蘭人損失小船三艘。

首戰荷蘭人略佔上風，但到了晚上，南澳水師挽回了面子。他們出動五艘戰船，在夜幕的掩護下偷襲荷蘭船隊，焚毀三艘船，己方沒有損失。被南澳水師焚毀的三艘船，當是小船而非大型的夾板船。

南澳海戰的結果勢均力敵，南澳水師官兵陣亡十七人，荷蘭方面傷亡人數大體相當。

荷蘭人在南澳島沒有佔得便宜，連夜北上廈門。此時正值夏季，臺灣海峽盛行南風，荷蘭人的船隻航速又快，很快便在第二天抵達廈門島，出其不意地發動襲擊。這次偷襲堪稱是荷蘭人的得意之筆，廈門水師毫無戒備，「中左（廈門）去南澳數百里，夷船乘風卒至，出於意料所不及」。鄭芝龍想必要捶胸頓足了，這些年來，他默許荷蘭人出入廈門島，這裡的水文條件及航道路線對敵人毫無機密可言，最終是搬起石頭砸了自己的腳。廈門港一役，福建水師損失極其慘重，至少有十五艘戰船被擊沉，其中隸屬於鄭芝龍的有十艘。

以荷蘭人的說法，廈門水師的損失還要更為嚴重，總共有二十五～三十艘大型戰船被擊沉，這些船上配備的大炮分別有十六門、二十門、三十六門之多。倘若這個說法屬實的話，這些裝備精良的船隻無疑是鄭芝龍的看家利器，或許多年來他從荷蘭人手中得到的先進武器在這次突襲戰中損失殆盡。荷蘭人的偷襲非常成功，就像三百年後日本人偷襲珍珠港一樣，他們目標明確、行動果斷、出其不意，將鄭芝龍最精銳的艦隊一次性殲滅了。

其實荷蘭人的勝利也有運氣的成分，此時廈門港雖然有屯兵，卻沒有主將。鄭芝龍剛剛前往廣東會晤老上司、兩廣總督熊文燦，商討打擊海盜劉香的作戰方案；廈門守將張永產則離島前往泉州，準備圍剿劉香行動所需的船隻與器械。無論是鄭芝龍或張永產，都把注意力盯在劉香身上，沒有預料到荷蘭艦隊不宣而戰。廈門港的戰船雖多，既無指揮中樞，也沒有戰鬥準備，群龍無首，一盤散沙，最終導致慘敗。

一個月後，荷蘭人第二次突襲廈門港，但這次不會再那麼幸運了。廈門守將張永產與同安知縣熊汝霖聯合禦敵，以銃炮斃敵十餘人，並焚毀一條荷蘭尖尾小船。荷蘭人見廈門港防守嚴密，心知無利可圖遂離去，在浯嶼一帶逗留。

與前任巡撫熊文燦不同，新任福建巡撫鄒維璉在與荷蘭人「互市」的問題上是持反對的立場。他痛斥荷蘭人：「竊惟紅夷一小丑，狡焉挾市，封豕長蛇，薦食閩疆。」他上臺伊始，就要求鄭芝龍斷絕與荷蘭人的往來。鄭芝龍雖然有所收斂，暗地裡卻仍與荷蘭人來往密切，並不把頂頭上司的命令當回事，鄒維璉對此十分憤怒。當荷蘭人偷襲廈門港後，鄒維璉把過錯歸之於鄭芝龍，批評他與荷蘭人關係曖昧，導致疏於防守，終致廈門港一役慘敗。

作為一省巡撫，卻讓荷蘭人在他的轄區內肆意侵掠，這令鄒維璉忍無可忍，認為這「豈獨八閩一大患，且為中國一大恥。」雖然鄒維璉到福建時日不多，對荷蘭人的實力卻有清醒的認識。他筆下的荷蘭人是這樣的：「其人深目長鼻，赤鬚朱髮，其性賊虐，尚仇殺，諸夷畏之。其舟長五十丈，橫廣六七丈，名曰夾板，內有三層，皆置大銃向外，可以穿裂石城，震數十里，人船當之粉碎，是其流毒海上之長技有如此者。」

身為福建最高級別的官員，鄒維璉對能否擊敗荷蘭人還是心存疑慮。自荷蘭東來，中國軍隊與之交鋒多次，並沒有佔到任何便宜，特別是澎湖一役，「用兵兩載，費餉十八萬，僅能焚夷夾板一隻，雖墮彭城，徙臺灣，而其出沒閩地尚如故，則其強橫可知。」可想而知，要下決心與荷蘭人一決死戰，這需要有極大的勇氣。

可是荷蘭人步步緊逼，得寸進尺，目中無人，開出了令人難以接受的、苛刻的談判條件，主要有如下幾點：

第一，要求在廈門鼓浪嶼上建立一個貿易據點，據荷蘭人的說法是建「很堅固的建築物」，實際上就是軍事化的堡壘，就像他們曾在澎湖與大員島上建的堡壘一樣。

第二，允許荷蘭人能同時在漳州、海澄、安海、泉州以及附近地區毫無阻礙地從事自由貿易。

第三，荷蘭人的船隻能毫不受干擾地停泊在鼓浪嶼、廈門島、烈嶼、浯嶼以及其他優良港灣。

第四，福建商船禁止駛往馬尼拉、雞籠等西班牙人控制的地區，只允許前往東印度公司總部所在地巴達維亞。

第五，要保證荷蘭人在廈門及鄰近地區的法律權益，對所有的欠債者可以提起訴訟，如果欠債者死亡，則對其遺產繼承者、親人或朋友有追債的權利。

第六，要求派遣代理人入駐省城福州。

第七，要求只與擁有決定權的皇帝特使直接談判交涉，對其他官員的談判交涉一律拒絕。

除了上述七個要求之外，荷蘭人還「理直氣壯」地為自己發動戰爭的罪行辯解：「至於中國被我們開戰攻打之事，那完全是他們應得的懲罰，咎由自取，因為他們一年又一年用謊言欺騙我們，搪塞我們，使我們享受不到自由貿易，反而使我們遭受沉重的負擔與龐大的開支。」

事已至此，福建巡撫鄒維璉只有破釜沉舟，他慷慨地說：「臣璉濫叨節鉞，若不堂堂正正，聲罪致討，何以生為！福寧聞報，即已飛諭文武將吏，不許更談『互市』之二字，誓以一身拼死當夷。」其實鄒維璉這個巡撫也挺難當的，他既批評鄭芝龍的縱容導致荷夷為患，同時又不得不倚重鄭芝龍的軍事力量。福建水師已經很久沒有精彩的表現了，以前打荷夷也沒有多少可圈點之處，打海盜更是乏善可陳，最後還得依靠像鄭芝龍這樣改造過來的海盜軍。看看鄒維璉對鄭芝龍的態度，便可看出其無奈，先是「不得不疏責鄭芝龍與夷絕」，後又「不得不參芝龍剿夷以贖罪」，連續用兩個「不得不」，可見巡撫大人有多麼「如履薄冰」的感覺，而事實也是如此，沒有鄭芝龍，鄒維璉的腰桿怎麼可能挺得硬直呢？

崇禎六年（一六三三年）八月十二日，鄒維璉抵達漳州。福建精銳海軍幾乎全部集中於此，編為五個編隊：五虎游擊鄭芝龍為前鋒；南路副總高應岳為左翼；泉南游擊張永產為右翼；澎湖游擊王尚忠為游丘，即機動船隊；另劉應寵、鄧樞為中軍。表面上看，鄭芝龍只是五個編隊之一，其實其他四個編隊只是擺擺樣子，真正有實力與荷蘭人較量的，只有鄭芝龍的前鋒編隊。

令鄒維璉略感欣慰的是，福建水師捷報頻傳。

根據中方史料，福建水師在九月初一、九月十六分別摧毀了一艘荷蘭夾板船。九月一日，鄭芝龍利用間諜的情報，派林顯忠等人駕船潛入澎湖，焚燒一艘荷蘭夾板船，生擒荷蘭官兵七人，斬首三級。九月十六日，兩艘荷蘭戰船出現在銅山以東的洋面，銅山把總黃斌卿以七艘戰船、四艘火船出擊，荷蘭人在撤退時有一艘船隻觸礁，遂解小艇棄大船而逃，交戰過程中，荷蘭人被斬首十三級，大船最後被焚毀。

對照荷方資料，荷蘭人確實損失了二艘夾板船，一艘名為 Catwijck，另一艘名為 Boucaspel。但是時間地點略有差異，時間是西曆十月六日與七日，地點全部是在銅山海域，這二艘船「在銅山灣受強烈的東南風衝擊，船錨被拔起，使船擱淺，結果在敵人面前遇難」。荷方這個紀錄恐怕有誤，如果二船隻是相隔一天同樣在銅山海域沉沒，那麼銅山把總黃斌卿不可能把這樣輝煌的戰果給遺漏了，因為當時荷蘭夾板船被認為是難以戰勝的。

自鄒維璉督師漳州一個月後，取得了焚毀二艘荷蘭夾板船的戰果，這確實是很不錯的戰績。要知道十年前福建水師與荷蘭人交鋒兩年多，也不過才焚毀一艘夾板船。這足見十年來福建水師在鄭芝龍投誠後得到了飛躍式的發展，儘管在武器裝備上仍然遜色於荷蘭人，但是憑藉自己的優勢仍足以阻擊侵略者。

在損失二船後，臺灣總督普特曼斯並不死心，他聯合劉香的海盜軍，組成一支力量頗強的艦隊，進抵金門島附近海域，窺視廈門港。此時鄒維璉也得到情報，敵方艦隊共計有九艘荷蘭夾板船與五十艘海盜船。巡撫大人立即移師圍頭灣，召集諸位將領緊急商討下一步作戰計畫。諸位將領包括高應岳、張永產、王尚忠、劉應寵、鄧樞等人，均紛紛表示「兵貴神速」，應該立即與荷蘭人開戰。可是在這緊要關頭，最重要的一個人——鄭芝龍卻沒有表態。

為什麼鄭芝龍沒有表態呢？實際上鄭芝龍一直無意與荷蘭人交戰，或許他是想保持與對方生意夥伴的關係，發財第一嘛；或許他想保存自己的實力，不願為鄒維璉充當炮灰。鄭芝龍雖然在軍事會議上沒有表態，但這並不意味著他在戰場上不賣力。

這次軍事會議最後決定，在金門海域與荷蘭、海盜聯合艦隊展開決戰。這個決戰的地點是一個不知名的海灣，稱為料羅灣。不過此役之後，料羅灣的大名就可以寫入史冊之中了。

兩天後，即九月二十，福建水師與荷蘭艦隊大戰於料羅灣。

根據荷蘭人《熱蘭遮城日記》的記述，福建水師分兩路出擊，大約有一百四十～一百五十艘戰船，其中有五十艘是比較大的船型，「配備有相當的大炮與士兵，士氣旺盛，躍躍欲試」。這裡荷蘭人所說的一百五十艘左右的戰船，不知有沒有包括火船在內。火船是中國水師對付荷蘭夾板船的利器，數量估計有五十～一百條之多，如果荷蘭人說的一百五十艘船中包括火船，那福建水師優勢並不算明顯。

當時福建水師的戰船擁有為數不少的火炮，但遠不及荷蘭火炮精良，在對付大型戰船上，效果是有限的，最好的戰術仍是火船戰術。在《臺灣外記》中，鄭芝龍對這種戰法有如下表述：

「夾板堅牢難破，須用火攻，方得取勝。汝可選帶慣水者五六十人，小漁船七八隻，將大竹鋸筒，每人腰間帶兩箇，船中麻棕灌油，並硝磺引火之物，船頭以鐵鍊帶釘。他船高炮遠，漁船小而撐快，直衝到彼船邊，將斧釘住發火，人跳下水，浮漾走回。」當時的船隻都為木製，最忌火燒，而且火焰又極易引爆船上的火藥桶，故而這個戰術是相當有效的。

荷蘭人的大型夾板船上還配備有六七隻小艇，這些小船既可充當救生船，也可用於戰鬥。當時荷蘭人的海上戰術是非常厲害的，當遭遇海上戰鬥時，就解下小船，每船可搭載六、七名火槍手，專門負責狙擊。一旦對方的戰鬥人員把頭露出船舷，經常會遭到這些訓練有素的槍手狙殺。福建水師官兵稱他們為「貓兒眼」，遇到這些人得十分小心，不然一不小心就命喪槍下了。

這場海戰可以稱得上是一次頂級交鋒，是遠東最厲害的兩支艦隊強強碰撞。探討福建水師的戰術手段，對我們更全面認識這場影響深遠的海戰有很大的幫助。筆者從福建巡撫鄒維璉事後所寫的《奉剿紅夷報捷疏》（以下省稱「報捷疏」）中，疏理出中國水師的四大海上戰術。

第一種也是最重要的一種，便是火攻戰術，即以火船為攻擊武器。《報捷疏》中述：「首用火舟焚燒大夾板船兩艘。」可見火船是焚毀敵船最有效的手段。火船戰術需要勇敢的精神，這種小船基本上是沒有防護能力的，只要被荷蘭人的大炮擊中必毀無疑。這需要水手冒著很大風險，將船划抵荷蘭戰船下，用釘將小船與大船釘緊，然後放火焚燒，之後水手必須以最快的速度跳入大海逃生。水手要在大海逃生，一靠自救，每人腰間有兩個大竹筒以增加浮力，再者福建水師中也有專門船隻負責撈救。譬如高應岳的左翼艦隊任務之一便是撈救火船點火後跳水逃生的士兵，《報捷疏》有記：「撈救鄭游擊放火燒夷船落水吳義等官兵二十七人。」可見這種戰術並不是自殺性的神風特攻。

第二種是犁沉戰術，即衝撞戰術。衝撞戰術是中國海戰史上最常用的戰術手段，當然這是要有前提的，大船才能把小船撞沉。福建水師的戰船個頭不及荷蘭戰艦，當然無法對其採用衝撞戰術，但對付助戰的海盜船以及荷蘭人的小艇，仍然是十分有效。譬如《報捷疏》所記，哨官方榮「犁沉夷尖船一隻」，「犁沉賊船二隻」；陳璣「犁沉夷尖尾船二隻」；哨官陳招「犁沉賊船二隻」；陳政「犁沉船一隻」；陳奇「犁沉賊船一隻」等，可見在對付荷蘭人的小艇與體積較小的海盜船上，衝撞戰術取得了赫赫戰果。

第三種便是火器。最有效的火器當然是火炮與火槍，當時一般稱為「銃」，炮稱為「大銃」，槍就是「小銃」。火器對攻是海戰中很普遍的戰法，《報捷疏》中有「銃彈如雨」、「銃彈交鋒」、「大銃火器齊發」這樣的紀錄。明軍的火炮儘管難以擊沉荷蘭的夾板船，卻起到有效殺傷的效果，譬如《報捷疏》中提到：「發銃打死夷賊無數。」當然，在槍彈交鋒中，明軍並不佔有優勢，荷蘭人的火力也是極猛烈，明軍把總鄭然便是在交戰中中彈身亡。除了槍炮之外，還有其他類型的火器，如火箭、噴筒等。譬如哨官許輝率三艘船「直衝夷船，我船藥桶火箭噴筒齊發，夷船（指小艇）登時焚毀三隻」。

第四種是接舷戰，便是兩船靠攏時短兵相接，這時冷兵器便派上用場了。比如《報捷疏》中提到的，捕盜葉富「奮勇先跳過船，戰斬夷夥數人，奪回夷王劍一口」；「哨官許輝等縱跳過船，生擒紅夷一名，殺死夷夥不計；鄭兵跳過夷船，殺死夷人甚多。」接舷戰首先要船隻對接，用大鉤子鉤住敵船，兩船靠近後才能跳上敵船上，在料羅灣之役中，接舷戰是鄭芝龍所使用最成功的戰術之一。

料羅灣海戰中，明軍官兵表現得極其勇敢，這點荷蘭人都不能不承認。

關於這次交戰，荷方也有一些記載。《熱蘭遮城日記》記：「有三艘（中國船）同時鉤住快船Brouckersheaven號，其中一艘對他們自己人毫無考慮地立刻點火燃燒起來，像那些丟棄自己生命的人那樣瘋狂、激烈、荒誕、暴怒，對大炮、步槍與火焰都毫不畏懼，立刻把該快艇的船尾燃燒起來……快船Slooterdijck號被四艘他們最大的戎克船鉤住，被他們跳進船來，有兩次把那些中國人打出船外，但最後還是被接著跳進來的人數眾多的中國人所擊破，而被他們奪去了……我們率領Berdam號，Bleyswijck號，Zeeburch號，Wieringer號與Salm號費盡力氣擺脫非常多的火船，向外逃去。」

另《東印度事務報告》中，荷蘭人是這樣記錄的：

「普特斯曼長官率領快船Perdam、Zeeburch、Couckebacker、Salm、Wieringer、Brouwersheaven和Slooterdijck與海盜劉香和李國助的四十至五十條帆船停泊在圍頭灣，下令對一支強大的中國船隊（至少有一百五十條巨大帆船）發起攻擊。但因寡不敵眾，中國人和船毫無損傷，他們在第一次攻擊時嚎叫著爬上我們的幾艘快船，包圍奪取並燒毀快船Brouwersheaven，又搶走Slooterdijck快船，並將上述快船上的約一百名荷蘭人抓獲。」

從荷方的紀錄來看，只損失二艘戰船，其中一艘被焚，一艘被擄獲。可是據中方資料，福建水師總共焚毀了三艘荷蘭夾板船並擄獲一艘。

那麼究竟誰的資料更真實準確呢？

毫無疑問，中方的資料比荷方的資料更準確真實。筆者在網上看了不少關於料羅灣海戰的爭議，貶損中國水師者輕率地引用《熱蘭遮城日記》的說法，認為荷蘭人參戰的船隻是七艘，損失僅僅二艘，並非遭到重創。

這裡遇到的第一個問題是，荷蘭人參戰的船有幾艘呢？目前為止尚未見有人對此問題作深入的研究，筆者認為，荷蘭人參戰的船隻絕不止七艘。其實《熱蘭遮城日記》與《東印度事務報告》中，雖然都記錄了荷蘭七艘戰船的船名，可是並沒有明確地說只有這七艘戰船參戰。我認真對比了兩處紀錄，出於拼寫的差錯，有一些船名在兩書中有細微差別，比如《熱蘭遮城日記》中的 **Berdam** 應該就是《東印度事務報告》的 **Perdam**，這也可能是字跡辨認上的差錯。我將兩書所出現的船名一一對照後，發現了一個有趣的問題，兩書中所出現的六個船名是相同的（**拼寫上有略微差異**），但另有一個船名是不同的。也就是說，兩本書總共記錄了八艘船的船名。這兩艘船，一艘名為 **Bleyswijck**，另一艘名為 **Couckebacker**，這就可以證明荷蘭參戰船是不止七艘，中方資料所說的九艘夾板船，大抵是可信的。

第二個問題，荷蘭人損失了幾艘船呢？在《熱蘭遮城日記》中，荷蘭人這樣記道：「受到這場戰敗，我們的力量已經衰弱到本季在中國沿海不能再有任何作為了。」為發動對中國的戰爭，荷蘭人在中國沿海總計有二十多艘船，倘若僅僅損失二艘，怎麼可能衰弱到如此地步呢？

《東印度事務報告》稱「今年在中國沿海所遭受的損失與打擊相當嚴重」，並羅列了所損失的六艘船，分別是：Brouwersheaven、Catwijck、Boucaspel、Brouckersheaven、Slooterdijck、Kemphaen。對照中方史料，中國軍隊在澎湖、銅山、料羅灣海域焚毀荷夾板船五艘，擒一艘，共計六艘。兩者的資料不謀而合，可見荷蘭人報告料羅灣海戰的損失時參有水分。在荷蘭損失船隻達到六艘時，約佔整個艦隊的三分之一，也正因為如此，他們才會氣餒地說「已經衰弱到本季在中國沿海不能再有任何作為了」。

另外，在鄒維璉的《奉勦紅夷報捷疏》中，焚毀每艘敵船的主要立功將領，都有詳細的名單，共有數十人之多，其中不乏未來叱吒風雲的名將，譬如日後成為鄭成功麾下重要海軍將領的林察、陳豹等。明代在軍功的考核上是比較嚴格的，焚毀荷蘭夾板船是重大勝利，不是隨便可以造假的。

我們再來看看其他資料。

據鄒維璉的報告，中國軍隊總計俘虜荷蘭人八十四名，被燒死、淹死或打死的荷蘭人數量估計為數千人。前一個資料是準確無誤的，荷方資料也承認被俘一百人左右，但後一個資料有水分。荷方戰船配備人數約為每船七十～一百人，以每船一百人計，九艘船總共也才九百人，哪來的數千人呢？荷蘭艦隊的主力是巴達維亞總部派出的十五艘戰船，總共也才一千三百人，加上從臺灣抽調的船隊，也不會超過二千人。假設荷蘭的人員損失與戰船損失比例一致，那麼死亡與被俘人數大約為四百人左右。

除了焚毀三船、擄獲一船，俘敵八十四人外，明軍還繳獲大炮六門，小炮二門，烏銃（槍支）十三門，劍十把，火藥六筒以及其他多種物品。同時明軍還重創與荷蘭人並肩作戰的劉香海盜軍，海盜軍損失多少並不清楚，但至少被擊沉六艘船，被俘一百人以上。

福建水師的損失並不大。據鄭芝龍的報告，總計陣亡八十六人，重傷一百三十八人；荷方沒有詳細數字，但認為中國人和船「毫無損傷」，可見中國軍隊傷亡不多，這是事實。

荷蘭人的堅船利炮一直為明軍所忌憚，自從荷蘭人出現在澎湖列島，他們火力強大的夾板船一直令中國水師憂心忡忡。當年南居益發動澎湖之役，尚且不敢在海上正面交鋒，那麼這次荷蘭人精銳盡出，並且雄心勃勃地想要以武力屈服福建當局，為什麼竟遭致如此慘敗呢？

我分析，主要有以下原因：

首先，荷蘭人遭遇的對手是鄭芝龍。鄭芝龍的軍隊，可以稱為是體制外的軍隊，私人武裝色彩濃厚。這支武裝從實力上講，要遠遠超過體制內的福建水師，這從當年福建水師圍剿鄭芝龍時屢戰屢敗的戰績便可見一斑。鄭芝龍武裝的特點有幾個：一是武器比較先進，其中槍炮有不少是西洋貨，性能上比較好；二是他的手下多出身海盜，好勇鬥狠，在戰鬥時有拼命三郎之精神，這是正規軍所欠缺的；三是鄭芝龍是一名傑出的海軍統帥，有豐富的海戰經驗，而且對荷蘭人的底細、實力都相當了解，可謂是知己知彼。

其次，以鄭芝龍武裝為主的明軍戰術手段靈活，充分地以己之長，攻敵之短，終於收到奇效。荷蘭船隻的優勢在於火炮，不僅火力強且射程遠。鄭芝龍的戰術顯然是以多打少，在近距離以狼群戰術逼迫，讓荷蘭人不能發揮遠端火炮的威力。荷蘭人稱「中國船隊狡猾多端」，「以避免陷入中國人暗設的圈套和受到中國人強大艦隊的攻擊」，這裡用「狡猾多端」、「暗設的圈套」等字眼，正可以看出鄭芝龍的戰術不拘一格，不按常理出牌，非常主動靈活。

其三，荷蘭人的兵力不足。荷印臺灣總督普特曼斯顯然過分高估了自己的力量，對中國的海上力量過於輕視，而輕敵絕對是致命的。荷蘭船與劉香的海盜船加起來也只有六十艘，而福建水師有一百五十艘左右的船隻，在兵力上荷蘭人顯然居於劣勢。普特曼斯還沉浸在偷襲廈門島的勝利之中，試圖再次創造以少勝多的奇蹟，可是奇蹟不會再來了。

其四，海盜軍在戰鬥中不給力。荷蘭人後來這樣寫道：「在上述海戰中，劉香派來的帆船背信棄義，見勢不妙，棄普特曼斯長官於不顧，奪路相逃，這就是普特斯曼長官率領的船隊陷入困境的原因（**一方面未預料到海盜半途而逃，另一方面中國船隊狡猾多端**）。」劉香的海盜軍名義上是荷蘭人的盟友，可是利字當頭，一看到打不贏就溜得無影無蹤了。

其五，福建軍隊自上而下同仇敵愾，眾志成城。荷蘭人突然挑起戰爭，偷襲廈門港，致使福建水師蒙受羞辱，同時也令巡撫鄒維璉無地自容。在這種情況下，中國軍隊鬥志高昂，渴望復仇。實際上，在戰鬥中表現最出色的正是在廈門港被襲中損失最慘重的兩名將領。在那次戰役中，鄭芝龍損失十艘戰船，張永產損失五艘。料羅灣一役，鄭芝龍焚荷艦三艘，擄一艘；張永產犁沉荷蘭尖尾小船三艘，俘十人，同時犁沉海盜船六艘，斬殺海盜頭目一名，生擒六十四人。故而從士氣人心來說，明軍無疑是佔優勢的。

自從八月十二日鄒維璉誓師出征到九月二十日的料羅灣海戰，戰爭持續了大約四十天，主要有三次戰鬥：即九月一日澎湖之役、九月十六日銅山之役以及九月二十日的料羅灣之役。據鄒維璉的報告，戰果如下：「燒沉夷眾數千計，生擒夷眾一百一十八名，馘斬夷級二十顆，焚夷夾板巨艦五隻（**澎湖之戰焚一艘，銅山之戰焚一艘，料羅灣之戰焚三艘**），奪夷夾板巨艦一隻，擊破夷賊小舟五十餘隻，奪獲盔甲、刀劍、羅經、海圖等物皆有籍存。而前後銃死夷屍被夷拖去未割級者累累難數。」

鄒維璉說「燒沉夷眾數千計」，上文已經指出這個數字有水分。明代很注重首功（用敵人首級來計功），因為這樣就難弄虛作假。可是海戰不同於陸戰，海戰以火攻為主，人都燒成黑炭了還怎麼砍首級呢？葬身海底的人，也不可能撈上來砍腦袋，所以「燒沉」的敵人都是死不見屍的，沒法明明白白統計，能多報就多報了。「擊破夷賊小舟五十餘隻」，小舟包括荷蘭小艇與海盜船，荷蘭小艇就是所謂的尖尾船，應該就是荷蘭戰艦上的小艇，一般每艦上掛有六七條，九艘戰艦即有五六十條小艇。這些小艇與海盜船多數是在料羅灣海戰中被擊沉的。

對荷蘭人來說，這絕對是令人沮喪的失敗。反觀中國一方，則是一次偉大的勝利，時人的評價是「閩粵有紅夷來，數十年間，此捷創聞」。儘管臺灣總督普特曼斯並未宣布戰爭結束，但在料羅灣遭遇重創後，荷蘭人已經無力發動新一輪的進攻，雙方進入膠著狀態。明荷戰爭事實上已是告一段落，荷蘭人以武力迫使中國方面完全開放貿易的幻想落空。

料羅灣海戰從規模上來說，並不能算是特別大的戰鬥，卻改寫了歷史，對臺海的未來產生了決定性的影響。主要影響有兩點：第一，自知實力不行的荷蘭人最終放棄了武力進攻中國的做法，其重心轉向開拓臺灣，臺灣由是真正進入到了殖民時代；其二，這場海戰穩固了鄭芝龍的地位，使他最終掃清海域，並成為海上商業帝國的無冕之王。

第七章　海上帝國的無冕之王

一六三三年的料羅灣戰役，鄭芝龍輕而易舉地取得勝利，但他並不打算與荷蘭人長期為敵。對他來說，掙錢才是最重要的。生意場上沒有永久的朋友，也沒有永久的敵人，這一點他心知肚明。事實上，若非迫不得已，鄭芝龍絕不願意選擇戰爭，對荷蘭人如此，後來對滿清也是如此。我們從史料記載中可以分析他的內心，當福建總督鄒維璉決心與荷蘭人決一死戰，其他將領都群情激昂時，只有鄭芝龍是沉默的，沒有表明態度與立場。

普特曼斯狼狽不堪地逃回大員後，鄭芝龍派出三條滿載貨物的帆船前往東印度公司總部巴達維亞，並給巴達維亞的荷蘭總督、商務員還有華商領袖蘇鳴崗各寫一封信。他向荷蘭人伸出和解之手，表達停止戰爭的意願。他向巴達維亞總部表示：雙方的貿易不會中斷，他將往臺灣大員運送大批中國商品，以滿足荷蘭人貿易的需求；只要荷蘭人不再以武力挑釁東南沿海，對於戰爭過程中中國方面損失的二百多條帆船（多為商船），他將既往不咎。

鄭芝龍的身分是很特殊的，他是披著官方袈裟的商人。這個身分決定了他的立場，既不站在政府一邊，也不站在荷蘭一邊，而是在兩個雞蛋上跳舞，大搞平衡。他在遊說巴達維亞當局的同時，也派人前往大員遊說普特曼斯，試圖說服臺灣總督向福建當局提出自由貿易的主張，並認為福建當局迫於戰爭的壓力，一定會做出讓步。

那麼鄭芝龍的腦袋裡究竟在想些什麼呢？取得料羅灣海戰勝利後，他為何不乘勝追擊，反而見好就收，並向荷蘭人拋出和談主張呢？我想他大概有以下幾個考慮：

第一，要徹底擊敗荷蘭人並不容易。儘管自開戰以來，荷方損失了六艘夾板船，這種挫折是東印度公司在遠東戰場上從未曾有過的。然而荷蘭人依然擁有很強的實力，在臺灣海峽仍然有十幾艘戰船在活動，而且還有巴達維亞總部以及劉香海盜軍的援助。

第二，戰爭令鄭芝龍損失慘重。普特曼斯的戰略是相當傑出的，他把打擊中國商船放在首要地位。自戰爭爆發以來，中國損失的船隻超過二百艘，而其中多數是商船，當然也少不了有鄭芝龍自己的船隻。這樣的損失顯然令他難以承受，只有早一天結束戰爭，才能避免更大的損失。

第三，鄭芝龍想通過荷蘭人牽制福建當局，同時對福建巡撫鄒維璉施壓。自鄒維璉上臺以來，極力反對與大員貿易，此人不去，鄭芝龍難有出頭之日。

第四，只要荷蘭人退出戰爭，就可以孤立海盜劉香，到時鄭芝龍便可以一鼓作氣，削平閩、粵一帶的海盜勢力，成為閩粵海域上真正的統治者。

荷印巴達維亞當局與臺灣總督也做出如下判斷：「我們去年（一六三三年）發動的戰爭結果足以表明，自由無限制的中國貿易憑武力和強暴是無法獲得的。」既然用戰爭手段是行不通的，那麼鄭芝龍的貿易承諾能否兌現呢？與福建的貿易關係能否回到熊文燦主政時的水準呢？這關鍵就要看鄭芝龍有沒有能力將現任巡撫鄒維璉拉下臺。

在剛剛上任時，鄒維璉確實是躊躇滿志。他重拳出擊，譴責鄭芝龍與荷蘭人關係曖昧，試圖斬斷兩者之間的利益鏈。明荷戰爭爆發後，他又把廈門被襲的責任推到鄭芝龍頭上。可是他忘了一件事，能阻擋荷蘭人進攻的，只有鄭芝龍一人。料羅灣大捷後，鄒維璉也不得不說鄭芝龍的好話：「芝龍慷慨男兒，幡然悔悟，誓天剿夷，破家賞士，其持久之未發，實圖謀於萬全。雖借力於諸將，已拼死於前衝，勞苦功高，心跡已白。」不過我們應該看到，鄒維璉表面上稱讚鄭芝龍，實則仍壓制他，說他的勝利其實是「借力於諸將」。這固然引起鄭芝龍的不快，但這還不是大問題，大問題是鄒維璉對海上貿易的態度。

在熊文燦主持福建政局時，對鄭芝龍與荷蘭人的貿易持默認的態度。鄒維璉上任後，甚至直言不許談與荷蘭人「互市」二字，這豈非要斷了鄭芝龍的財路？儘管鄭芝龍對荷蘭人並無好感可言，就如他對日本人、西班牙人、葡萄牙人一樣，談不上有好感，但生意貴在和氣生財，講的是利益，有利可圖就算是朋友。

只有扳倒鄒維璉，鄭芝龍才有出頭之日。

在料羅灣之役後，鄒維璉並沒有鴻運當頭，反倒灰頭土臉地下臺了。鄒維璉下臺的原因，《明史》的紀錄是這樣的：「當國者溫體仁輩雅忌維璉，而閩人宦京師者騰謗於朝，竟坐是罷官。」按此看來，一是得罪了朝廷重臣溫體仁，二是福建籍的官員從中作梗，火上添油。按理說，鄒維璉節制諸軍勝荷夷於料羅灣，保閩境免於戰禍，閩人理應擁護他才是，如何反倒中傷陷害他呢？顯然這與他的外貿政策有關。福建是靠海吃海，斷了貿易，就斷了很多人的生路與財路。儘管史書中並沒有明寫鄭芝龍在扳倒鄒維璉中起的作用，但作為福建最大的海商與權力場上呼風喚雨的人物，他必定是鄒維璉下臺的關鍵人物。事實上，自從鄒維璉倒臺後，福建巡撫一職便形同虛設了，在晚明最後十年，鄭芝龍才是福建政壇的龍頭老大。

鄒維璉的下臺令鄭芝龍與荷蘭人之間的矛盾有所緩和。在鄭芝龍的操縱下，福建政府同意派出三艘船前往臺灣大員進行貿易，並給三位船主發放特別許可證。這三位船主還肩負一項使命：作為福建官方代表，與臺灣的荷蘭政權就結束戰爭與恢復貿易進行談判。這三名船主有可能是鄭芝龍安排的，或者是他的手下。新上臺的福建巡撫並不想得罪手握重兵且財傾東南的鄭芝龍，荷蘭人也要重新掂量一下，在戰爭與和平之間，哪種選擇最有利。

這張外交牌打得相當及時，對瓦解海盜集團與荷蘭的聯盟有著積極的意義。在料羅灣之戰中，海盜軍臨陣脫逃，令荷蘭艦隊司令普特曼斯十分不滿。劉香意識到要在海上生存並對抗鄭芝龍，離不開這位盟友。於是他寫信給普特曼斯，表示願意為荷蘭人提供必要的援助，甚至建議聯合荷蘭艦隊，對中國沿海以及澳門，再次發動大規模的打擊。

可是劉香這回總算也明白了，紅夷從來是不講義氣的——普特曼斯明確回覆，他正與中國政府談判，無意再次發動戰爭。

鄭芝龍、普特曼斯與劉香三方大演縱橫捭闔的權謀，這場權謀大戰中，誰能成為贏家，而誰又將成為輸家呢？荷蘭人得掂量一下，在同福建恢復貿易與勾結劉香擾亂沿海這兩個選項上，孰輕孰重，哪個更為有利。事實是很明顯的，荷蘭人發動對中國的戰爭，並沒有撈到好處，在過去一年裡，荷蘭人的船隻「在中國沿海所遭受的損失和打擊相當嚴重」（引自《東印度事務報告》）。與福建恢復貿易關係才是上上之選，可是精明的荷蘭人也不願就此拋棄劉香，因此普特曼斯想要同時在兩顆雞蛋上跳舞。

劉香仍然是鄭芝龍最大的敵人。一六三四年初，劉香的海盜軍在臺灣海峽頻頻出擊，截獲了十幾艘福建商船，其中有三艘開往巴達維亞，一艘開往柬埔寨，其餘的船隻開往馬尼拉。收穫頗豐的劉香得意洋洋開進到澎湖一帶（**此時福建方面實際上已經喪失對澎湖列島的控制**），臺灣總督普特曼斯當然樂得「以合適的價格與劉香交易和購買他截獲的大多數貨物」（**引《東印度事務報告》**）。所謂「合適的價格」，可以理解為遠遠低於市場的價格，荷蘭人的行為顯然是在銷贓。

荷蘭人一邊與福建官府談判，一邊與海盜劉香做私下交易，這引起了福建當局的強烈不滿。福建巡撫、海道包括鄭芝龍在內，已經做出了很大的讓步，既不追究荷蘭人的戰爭責任，又率先表示友好的態度，可還是餵不飽這群紅毛的胃口。荷蘭人不僅默許劉香逗留在澎湖列島，甚至以低價購買海盜搶來的商品，公然為海盜銷贓，這算是有和談的誠意嗎？

憤怒的福建當局將二艘準備開往臺灣大員的商船扣留不發，這是對荷蘭人的嚴重警告。倘若荷蘭人一意孤行，福建當局將不惜代價，再次中斷與臺灣的一切貿易往來。高傲的荷蘭人卻不願意服輸，他們的第一反應就是：「決定繼續以更強大的兵力對中國發起進攻，並予以燒殺搶掠」，迫使中國當局允許「像對馬尼拉那樣自由地對大員貿易」。

可是巴達維亞殖民當局真的有實力再次發動對福建的戰爭嗎？很明顯，他們心有餘卻力不足：「今年我們無能力派出足夠的海船或快船對中國開戰，只能將這一計畫推遲到明年。」實際情況是，所謂對中國全面開戰的計畫，只能是無限制地推遲，遙遙無期。既然無力發動新一輪的戰爭，對荷蘭殖民當局來說，唯有和談才是上策。

荷蘭人要擺明談判的誠意，就必須限制海盜劉香肆無忌憚的海上劫掠。為此，殖民當局做了幾點決定：第一，不與劉香簽訂任何協定；第二，不允許他的海盜船隊駐紮在澎湖；第三，不允許海盜船在漳州到澎湖、大員的海域出沒；第四，不允許海盜劫掠傷害持有荷方許可證的商船。荷蘭人還威脅道，倘若劉香不遵守以上幾條規定，將斷絕雙方的友好關係，並且將聯合中國軍隊剿滅海盜軍。

可想而知，在劉香看來，荷蘭人簡直毫無人性，翻臉不認人。這些歐洲人先是利用海盜攻掠中國沿海，而後又以低價收購海盜搶來的商品，大飽私囊——可是現在不需要了，就無情地一腳踢開。

劉香豈能嚥得下這口氣？

為了出這口惡氣，他不惜鋌而走險。他要讓紅毛看看，中國海盜絕不是好惹的。一六三四年四月七日，荷蘭人發現大員附近海域有八～十艘帆船，當時就有風聲說這是劉香的海盜船。總督普特曼斯為預防萬一，下令熱蘭遮城做好各種防禦準備。次日（八日）夜間，月光皎潔明亮，直到午夜二時，月亮消失了，此時的熱蘭遮城陷入黑暗之中。耐心等待許久的海盜們開始對城堡發起進攻，人數大約有六百人，據說是劉香精心挑選出來的勇士。他們悄悄地接近城堡，豎起梯子，靠在城牆上，攀爬而上。這時荷蘭人已昏昏睡去，對海盜們的行動全無知覺。海盜們摧毀了兩座荷蘭碉堡、破壞了一批火藥，又放火燒了幾個窗子，然後奪路而逃。

劉香還不解氣。

兩天後，即四月十日，劉香的五十條海盜船出現在大員北部的淺海區，其中約有七八艘是巨大的戰艦。當時有一種傳言，稱劉香打算攻陷熱蘭遮城，將荷蘭人的財物洗劫一空。可是很快這位海盜頭頭就洩了氣，因為熱蘭遮城的防禦確實十分堅固，並不是可以輕而易舉地摧毀的。但是普特曼斯被嚇出一身冷汗，這位號稱「最有才幹」的臺灣總督還是有點本事，他臨危不亂，先是在沙丘地帶埋下地雷，又用竹竿加高城牆，荷蘭士兵荷槍實彈，大炮隨時準備開轟。在海上逗留了四天後，面對荷蘭人堅固的堡壘與威力巨大的火炮，劉香終於氣餒了。他放棄了攻打熱蘭遮城的計畫，率船隊駛離大員，在澎湖海域襲擊了一艘荷蘭商船，俘虜了三十名荷蘭人。

劉香與荷蘭殖民當局撕破臉皮，意味著雙方蜜月的終結。他的船隊南下至南澳島，活動於閩粵一帶，之後再也沒有攻打熱蘭遮城，這是劉香由盛而衰的轉捩點。鄭芝龍乘機控制了臺灣海峽的通道，荷蘭人也派出戰船對兩岸貿易船隻提拱護航，海盜劉香越發無可作為。他只能劫掠一些諸如米、稻穀、粗瓷等利潤不高的商品，以至於臺灣總督普特曼斯考慮中止與海盜的交易，一是因為「海盜難以信賴」，再者是因為「對公司來說很少甚至無利可賺」。

在這段時間裡，東印度公司與福建當局的貿易談判取得一些進展。

荷蘭人的立場是這樣的：「只要准許我們在大員享受自由貿易，並能運來各種所需商品，那麼我們可以談和。但要求我們賠償戰爭中遭受的損失是不可能的，因為戰爭是他們（**指中方**）挑起的，而且我們也明顯遭受損失。」

鑒於中國事務的複雜性，荷蘭人沒有堅持原先提出的與皇帝全權代表談判的條件，把標準降低為「至少由巡撫或其他大官授予貿易權」。這裡我們發現一個很有趣的事情，實際上對於福建與荷蘭人貿易的事宜，帝國中央政府是很少插手的，基本上就是地方政府做決定。可是地方政府的許可權究竟有多大，恐怕包括巡撫在內的官員也心裡沒底。帝國中央不願意與荷蘭人談判，因為這樣做有自掉身價的嫌疑，一個堂堂天朝上國，怎麼能被一群蠻夷以武力相要脅呢？朝廷顯然把燙手的山芋扔給了地方當局。地方當局在貿易政策上的不穩定性就顯而易見了。要搞清楚中國政局這麼複雜的方方面面，對荷蘭人來說有點超乎他們的理解能力，他們困惑的問題是，即便是福建當局默認可以通商，可是這種默認式貿易的合法性仍然是值得懷疑的。

在鄭芝龍的推動下，福建當局發放了三張特別許可證（船引），允許三艘商船開往臺灣大員從事貿易。可實際上，前往臺灣貿易的船隻遠遠不止三艘，數量大大超過政府批准的額度。之所以有這麼多私弊，是因為在海上貿易中，有一套潛規則。荷蘭人是這樣記錄的：「在三張臨時許可證的保證下，不但持證者，其他急欲來大員的商人也蜂擁而至。據他們自己聲稱，一旦交納了皇帝的關稅，中國地方官員和其他人不再像從前那樣有意刁難他們，他們甚至被允許公開銷售從大員運回中國（指福建）的貨物，而在此之前，大部分則由一官暗中在安海出售。」

持有貿易許可證的船隻可以出海，沒有許可證的船也照樣出海，前提是「交納皇帝的關稅」。不過我猜測這裡所謂的「稅收」，可能並沒有收到國庫裡，而只是流入某些官吏的口袋，其中想必鄭芝龍的油水最多。很明顯，福建貿易政策由嚴緊轉向寬鬆，這對荷蘭人與鄭芝龍來說都是有利的。荷蘭人獲得足夠的商品來源，而鄭芝龍也不必像以前那樣偷偷摸摸地洗錢，如今可以正大光明地公開賺錢。

在鄒維璉被罷免後，鄭芝龍實際上成為福建最有權勢的人。新任巡撫沈猶龍不願意得罪這個地頭蛇，他不僅批准了由海道發放的三張赴大員貿易許可證（即船引），而且又簽發了第四張許可證。福建政府做出這樣的舉措，背後的推手顯然是鄭芝龍。

荷蘭人對這種結果算是滿意的。比起熊文燦與鄒維璉兩位巡撫時代的「默許式貿易」甚至是斷絕貿易的做法，新一任的巡撫開出四張船引，實際上已是確認與大員貿易的合法性。對此，荷蘭人同意不再騷擾中國沿海，「明年開始停止製造事端」，同時對中國駛往馬尼拉等地的商船不再攔截打擊。

福建當局與荷蘭人的和談大抵順利，這對海盜劉香絕不是好消息。劉香自從被荷蘭人拋棄後，攻打熱蘭遮城未果，只得又回到閩粵沿海，充當江洋大盜。鄭芝龍與荷蘭人的戰爭結束了，可是與劉香的決鬥還沒完。

熊文燦從福建巡撫升任為兩廣總督，官銜大了，可是頭疼的事不少。在他的兩廣轄區，沒有一個像鄭芝龍這樣的英雄，面對劉香海盜集團無休止的劫掠，熊文燦能不頭大嗎？他想故伎重演，祭出「招撫」的法寶，打算收降劉香。可是傲慢的海盜頭頭索性將前來交涉的政府官員扣押，熊文燦偷雞不成反蝕把米，遭到朝廷的嚴厲譴責。他焦頭爛額，最終只得屈尊請自己的老部下鄭芝龍出馬相助。

鄭芝龍也絕不能容忍劉香在海上對自己構成威脅，他答應熊文燦從福建出兵廣東，圍剿劉香。崇禎八年（一六三五年）三月，鄭芝龍的武裝艦隊在廣東境內田尾洋海域與劉香的海盜軍展開了一場殊死搏鬥。這是鄭芝龍靖平海域的最後一場大戰，劉香的海盜全軍覆沒，劉香戰死，他的手下全部投降。在這場大海戰中，鄭芝龍最疼愛的弟弟鄭芝虎也死於非命，可見此役的慘烈程度。

劉香是鄭芝龍剿滅的三大海盜中堅持最久的一人，平定劉香的戰爭從一六三二年持續到一六三五年，前後有四年之久。自此以後，鄭芝龍再無海上的威脅，完全壟斷了東南的對外貿易，據史料的記載：「從此海氛頗息，通販洋貨，內客外商，皆用鄭氏旗號，無儆無虞，商賈有二十倍之利。芝龍盡以海利交通朝貴，浸以大顯。」

雖然鄭芝龍的官職在大明帝國並非躋身於政府高層，但他富可敵國，對於陷入嚴重經濟危機中的帝國，東南沿海仍然因為貿易而成為富庶之地。此時的鄭芝龍擁有雙重身分，既是帝國海軍將領，也是最大的海商巨頭，「自就撫後，凡海舶不得鄭氏令旗者，不能往來。每舶例入三千金，歲入千萬計，芝龍以此富敵國。」

鄭芝龍連續為垂死的明帝國立下奇勳偉業，再加上掌控海上經濟，儼然成為福建的無冕之王，朝廷倚為東南半壁的海上長城。時人評價說：「近者閩中私市甚盛，而鄭帥因收其利。」鄭帥就是指鄭芝龍，正是有風平浪靜的海洋，才有福建貿易的再度繁榮。一個中國歷史上從未有過的海上貿易帝國，悄悄地形成了，而鄭芝龍便是這個帝國的無冕之王。

毫無疑問，鄭芝龍已經是東南沿海的真正統治者，他先後消滅李魁奇、鍾斌、劉香等海盜巨頭，並在料羅灣一役中令荷蘭人元氣大傷，迫使其回到談判桌上。這位海盜出身的大明帝國海軍將領，其勢力如日中天，左右著福建的對外貿易。不要忘了，鑒於福建在中國外貿中不可取代的地位，實際上也可以認為這位海上強人左右著中國的對外貿易。對此，荷蘭人是有清醒認識的，在《東印度事務報告》中，他們寫道：「我們斷定，那個國家的貿易完全由一官控制。」

鄭芝龍是很有心機的一個人，他在壟斷貿易後幾乎成為帝國最富有的人，可是在專制帝國裡這也是一個危險的信號。

他每年都要用一大筆錢打點朝廷及地方大官，即便如此，仍然要小心翼翼，因為他在福建幹的這些事，可不全是合法的，這在朝廷也是公開的秘密。要是有人想置他於死地，只要在皇帝面前捅他一下，那他就玩完了。因此鄭芝龍有一個原則，不管發生什麼事，絕不離開福建，要牢牢地控制自己的軍隊。朝廷幾度召他入京，鄭芝龍無一例外地以種種藉口回絕，理由當然冠冕堂皇：他要保衛東南沿海，還要預防荷蘭人的入侵等等。

儘管鄭芝龍與荷蘭人的海上戰爭停止了，但另一場戰爭卻永無盡頭，這便是貿易戰。東印度公司對鄭芝龍的不滿與日俱增，因為他壟斷了東南貿易，給荷蘭人帶來很多麻煩。他們曾經大為抱怨道：「一官（**鄭芝龍**）獨霸海上貿易，對駛往大員的船隻橫加敲詐勒索。」敲詐勒索的後果是，有些船隻不願意駛往臺灣大員，有些船隻則把增加的成本轉嫁到荷蘭人頭上。

還有一點也令荷蘭人十分惱怒，壟斷貿易的鄭芝龍又不時會銷售一些次品貨給他們，有時則是缺斤短兩。在東印度公司的報告中，我們可以看到這樣的例子：「因為一官的貿易壟斷及其惡劣行徑影響公司購入荷蘭所需要的生絲和綢緞，因此短缺價值三十萬荷蘭盾的船貨，從而使 Breda 號的裝貨不盡令人滿意。」對此，荷印當局希望通過商人們向福建當局的控訴來打破鄭芝龍的壟斷，可是似乎效果不明顯，因為「他（**指鄭芝龍**）通過厚禮賄賂各大官人而使事情化為烏有。」

荷蘭人很快意識到，他們在商場上要打敗鄭芝龍比在戰場上還要困難。

在對鄭芝龍表示憤怒的同時，荷蘭人更多的是無奈。在一六四〇年的一份巴達維亞報告中，荷蘭人這樣寫：「……一官是最主要的障礙，他試圖靠他的勢力控制貿易進而達到他壟斷的目的。他們通過阻止帆船外出，中斷其他貿易活動來威脅我們，迫使我們將每擔生絲的價格提高兩到三兩，並接受一批我們通告禁止輸入的次級貨品。」

當時由於葡萄牙與西班牙的遠東貿易陷入低谷，兩個國家都被德川幕府驅逐出日本市場，馬尼拉的貿易也陷入嚴重的不景氣。荷蘭人原本期望在這樣一種經濟背景下，可以乘機獲得大量廉價的中國商品。不料儘管由於葡萄牙與西班牙採購量的減少導致中國商品過剩，但卻沒有出現荷蘭人預期中的低廉價格。這種反常情況的出現，正是鄭芝龍壟斷的結果，他非但不降價，還要迫使荷蘭人支付更多的銀兩，以及接受更多的次品。對這種結果，荷蘭人氣得吹鬍子瞪眼睛，可也無能為力。

其實鄭芝龍是一個很西洋化的人，他對洋人那一套很熟悉，在逐利這一點上，與荷蘭人毫無二致。鄭芝龍不僅要打荷蘭人的主意，也打其他中國商人的主意。當時中國的對外貿易中，與日本的貿易佔有十分重要的地位，因為日本只允許荷蘭船隻與中國船隻進入長崎港，其他國家的船隻通通被排斥在外。於是鄭芝龍又找到荷蘭人，跟他們談生意，要求荷蘭人每年免費為他向日本運輸價值四萬到四萬五千兩白銀的貨物，作為回報，他將阻攔中國商人前往日本。

荷蘭人一直想把中國人從日本市場趕出去，這樣便可以完全壟斷日本的貿易，對鄭芝龍的條件，他們還是很心動。不過荷蘭人又認為「一官恐怕兩面三刀，今年（即一六四〇年）他仍未放棄派許多帆船前往長崎。」實際上這完全是鄭芝龍忽悠荷蘭人的把戲，他是想阻止其他中國商船去日本，這樣做完全是有理由的：因為當時大明帝國根本沒有與日本有正式的、合法的貿易。鄭芝龍為打擊國內競爭對手，假意對日本實施禁運，而實際上自己的貨物則通過荷蘭人之手流到日本。

鄭芝龍用這種手段很快擠垮了國內的對手。到一六四二年，運抵日本的中國商品中，有三分之二出自鄭芝龍集團，這完全可以稱為壟斷了。到這個時候，他已完全不必借荷蘭人之手，便一腳將曾經的夥伴踢開。荷蘭人如夢初醒：「中國人運往日本的貨物如此之多，以致公司在那裡無立足之地。」

這時，垂死的大明帝國僅僅剩下兩年的生命。激烈的內戰已經使得遠離戰火的福建也深受影響，特別是戰爭使商品的供應出現了緊張局面。連荷蘭人也意識到中國內戰對貿易的巨大破壞性，他們這樣寫道：「中國處於一片混亂之中，各省發動戰爭互相爭鬥，致使通往北方的路途被賊寇和強盜所佔，貨物運輸需大批人馬護衛，商人損失慘重。」

在這種情況下，鄭芝龍為使自己的貿易壟斷地位不動搖，對沿海出入船隻嚴加監視，沒有貿易許可證的商人，連船帶貨一律沒收。國內戰爭的嚴重形勢使得中國商品越發走俏，儘管荷蘭人提出將按品質以優惠的價格購入生絲與瓷器，可是在供應不足的情況下，鄭芝龍想獨吞高額利潤，他不再經荷蘭人之手中轉貨物，而是直接銷往日本與馬尼拉。

當時中國銷往國外的貨物中，以生絲、瓷器最為暢銷，供不應求。中國商品出口到日本、馬尼拉等地，利潤都是很高的，不過路途遙遠，加上海盜（包括荷蘭人）的搶劫，風險也比較高。如果直接賣給臺灣大員的荷蘭人，路途近，風險也較小，但商品利潤也比較低，荷蘭人將這些商品又倒手賣到日本，還可以掙上一筆。可是如今情況發生了變化，絲、瓷等產品供貨量不足，因而鄭芝龍不打算賣給荷蘭人，他打算自己壟斷這些商品，直接銷往日本與馬尼拉，掙取最大的利潤。

當然，鄭芝龍心裡明白，荷蘭人並不是那麼容易就範的，如果他們搞不到需要的貨物，一定會通過種種手段來報復。不能明著跟他們說「我們不把絲、瓷賣給你們」，一定要採取暗算的方法。怎麼暗算呢？鄭芝龍搞陰謀詭計也是有一套的。

他首先把一些不那麼暢銷或有剩餘的貨物運到臺灣大員，並要求荷蘭人以現金交割。這時荷蘭人只有兩種選擇，一是捏著鼻子購入這批次等貨，然後接著等待鄭芝龍把上等好貨運過來；另一種做法是拒絕接收貨物。一旦荷蘭人拒絕接收貨物並將商船遣回福建，鄭芝龍馬上跳出來，批評荷蘭人蠻橫無理，並把兩岸貿易量不足的責任推在荷蘭人頭上——不是我違反協定不提供貨源，而是你們不願意接受！

荷蘭人有苦說不出，只得恨恨地罵道：「一官欲壑難填，居心不良，企圖控制我們的貿易，他在日本享受巨額利潤，不允許我們獲得絲毫的好處。」東印度公司只得費盡心思，計畫「改變這種壟斷局面」，「在盡量避免損失的前提下盡力打擊橫行霸道的一官」。

在一六四三年的一份報告中，荷蘭人氣餒地寫道：「中國人今年運至長崎的絲和極有用處的絲織物，價值四百五十萬荷蘭盾多，其中一官佔三分之二的比例。同時一官還將相當數量的貨物運往馬尼拉。因此，您不難想像，從中國運至大員用於日本和運回荷蘭的貨物為何稀少。」這大概是鄭芝龍與荷蘭人貿易衝突最嚴重的時期。這一段時間裡，荷蘭人的報告中對這位海上巨無霸充滿了詛咒：「那些作惡之徒，特別是貪得無厭的一官，故意以各種藉口不輸出其貨物與黃金，以達到他壟斷貿易的目的，迫使我們出高價購貨。」

面對強勢的鄭芝龍，荷蘭人在貿易上完全居於下風，這些殖民者當然不甘心失敗，於是乎又理所當然地想到了武力解決：「我們決定與中國簽約，強制他們將所需貨物先運往大員，他們若違章行事，我們則應以武力來維護，打擊所有在海上活動的中國人。」

事實上荷蘭人只是雷聲大、雨點小，由於兵力的不足，他們想要以武力手段來迫使鄭芝龍屈服，這是鐵定無法做到的。可是臺海的事務又不是鄭芝龍與荷蘭人所能左右。此時的中國像是一盤大棋，諸多的力量在為權力而角逐，北京的朝廷不僅要面對韃靼人凶狠的進攻，還要面對席捲半個中國的農民起義軍的節節進逼。在這盤棋中，無論是鄭芝龍還是臺灣的荷蘭人，都只不過是邊緣化的小角色。帝國政壇的狂風駭浪終將把貌似波瀾不驚的東南捲入到漩渦之中，一旦帝國垮了，鄭芝龍能力挽狂瀾麼？

這個問題暫時不說，我們且把目光投向臺海對岸的臺灣島，來看看荷蘭人在島上都幹了些什麼事情。

自從料羅灣戰役遇挫後，荷蘭殖民當局對中國的政策也發生了明顯的變化，其重心由武力「開市」轉向經營臺灣島。在普特曼斯的鐵血殖民政策之下，臺灣島一步步地淪落為荷蘭人的殖民地，而臺灣人民也被一點一滴地剝奪自由與土地。

從一六三四年（**料羅灣海戰後第二年**）至一六四五年，荷蘭殖民者對臺灣島上拒絕歸順的原住民發動了一波接一波的進攻。在這段時間裡，由於德川幕府鎖國，日本人的勢力最終在島上絕跡；駐紮在臺灣北部雞籠港的西班牙人最終戰敗被清掃出局。荷蘭人的對手都消失了，由此臺灣島真正進入荷蘭一手遮天的殖民時代。

第八章 血色殖民

荷蘭人在一六二四年從澎湖撤到臺灣大員島後，便宣稱擁有臺灣島的統治權。實際上這時候他們所能控制的不過是大員島及附近一些地方罷了。一六二五年，荷蘭人以十五匹布的代價，從臺灣原住民平埔族新港社手中購買了一塊土地，即位於大員島對岸的赤嵌，建了一個小市鎮，稱為普羅民遮。

在荷蘭人據點附近，分布有原住民四大社，分別是新港、蕭壠、目加溜灣與麻豆。臺灣原住民的社會結構簡單，以部落形式存在，沒有一個統一的政權，民風很淳樸。荷蘭人在《巴達維亞日記》中這樣描寫原住民：「只要一頓飽食，一尋粗棉布和一袋煙草，他們就感到心滿意足。」事實也是這樣，荷蘭人以區區十五匹棉布便換得一大塊土地，形同詐騙。但這並不意味著這些原住民是一群性情溫和、與世無爭的人。事實上，在這些有原始色彩的部落裡，尚武精神是很強的。部落與部落之間爭鬥很多，勇敢善戰的男子很容易贏得他人尊敬並獲得權威。這裡成年男子幾乎都是戰士，他們生活簡單，不喜歡被統治，一般來說，「戰鬥力最強的人有最大的勢力。」

長期以來，臺灣是一塊蠻荒之島，隨著漢人、荷蘭人、日本人、西班牙人的陸續湧入，在這裡生存上千年的原住民的生活開始發生翻天覆地的變化。荷蘭人初來乍到時，致力於與中國、日本的貿易，而且駐軍有限，故而盡力避免與原住民發生衝突。然而時日一久，原住民自然而然地察覺到一種極大的威脅，正悄然改變著他們長期以來一成不變的生活方式。

一六二九年，五十二名荷蘭士兵闖入麻豆社搜捕所謂的「中國海盜」，在返回途中，當地原住民突然發難，將這些士兵全部殺死。

自從荷蘭人佔據臺灣後，作威作福，軍隊每當行經河流時，就勒令當地原住民將他們背過河去。不料這回卻倒了大楣，對荷蘭殖民統治心懷不滿的原住民做了精心的策劃。他們假裝與往常一樣，很順從地背起荷蘭兵，另外有人扛著士兵卸下的火槍。蹚到河中央時，這些原住民心照不宣突然發難，對手無寸鐵的荷蘭人痛下殺手。這些荷蘭士兵豈是身強體壯的原住民的對手，很快被屠殺得乾乾淨淨，一個不留。連與荷蘭兵同行的其他非戰鬥人員，也有十一人被殺，僅有一個奴僕與翻譯僥倖逃跑。

這就是所謂的「麻豆溪事件」。

在被殺死的這些人中，有一些是東印度公司的重要人物，其中包括商務員豪曼、巴勒里爾，軍官潘亞特等。這次襲擊事件，除了麻豆人參與之外，蕭壠社以及其他一些部落也有份。麻豆在四大社中人數最多，約有二千名戰士，蕭壠是第二大社，有戰士一千多人。

此時臺灣總督正是最缺才幹的納茨。在他統治時期，既遭到鄭芝龍的打擊而使海上貿易損失慘重，又爆發「濱田彌兵衛事件」，狼狽不堪、焦頭爛額。不想原住民又一次讓他蒙羞，原本人數不多的駐軍一下子損失五十餘人，這是東印度公司所無法承受的。

納茨被解職後，繼任臺灣總督的普特曼斯採取敲山震虎的策略，沒有直接進攻實力最強的麻豆社，而是打擊較弱的目加溜灣。武器粗劣的原住民很快意識到難以抵擋荷槍實彈的荷蘭殖民軍，目加溜灣與麻豆社先後向荷蘭人請和。普特曼斯無意與原住民糾纏，在他看來，攻擊原住民實在算不上大事業，他的目光瞄準的是彼岸的中國內地。他要以武力敲開中國緊閉的貿易大門，於是便有了聯合劉香攻掠福建沿海的故事以及料羅灣海戰的失敗。

在現實面前，普特曼斯總算清醒過來了。就憑千把人想要撼動大明帝國，真是太荒唐可笑了，就算經營小小的臺灣島也沒那麼容易。一六三五年，普特曼斯得到巴達維亞當局近五百名士兵的增援，補充料羅灣海戰的兵員損失，總算從失利的陰影中緩過神來。實力大增的荷蘭殖民軍要開始其血腥的征服原住民之役。

征服的第一站是麻豆。

臺灣原住民部落林立，相互鬥爭，這給荷蘭人有「以夷制夷」的機會。一場突如其來的傳染病使得麻豆、蕭壠、目加溜灣先後成為疫情區，導致大量人員病死，其中包括不少身強力壯的戰士。這對普特曼斯來說，無疑是一個好消息。

在大員周圍的四大原住民社中，與荷蘭人走得最近的是新港社，這也是四大社中實力最弱的一個社。在荷蘭人征服原住民的戰爭中，新港社充當打手，出力頗多。

一六三五年底，五百名荷蘭士兵會同數量相當的新港社原住民，進攻實力最強的麻豆社。試想想，荷蘭人使用的是十七世紀的火炮長槍，而麻豆社原住民卻是古代的弓箭長矛，武器水準相差十幾個世紀，能是對手嗎？槍聲一響，麻豆的戰士紛紛倒下，這場不對稱的戰鬥沒有懸念可言。普特曼斯終於報了「麻豆溪事件」的一箭之仇，麻豆社被一把大火燒了，二十六人被砍下腦袋。

麻豆人被迫以屈辱的方式投降，將自己擁有的一切都交給荷蘭當局，「包括我們的祖先流傳下來和現在麻豆社以及平原地帶管轄區的所有財產，東至高山，西至大海，南北至我們的轄地。」不僅如此，他們還被迫與荷蘭人簽下協定，一旦荷蘭人發動戰爭，他們必須與之並肩作戰。

原住民部落不團結、一盤散沙，給了荷蘭殖民者各個擊破的機會。

荷蘭人憑藉那麼一丁點兵力，卻能長久統治臺灣島，其手腕與技巧是相當高明的。武力迫服麻豆社後，普特曼斯又南下討伐搭加里揚社。討伐搭加里揚的起因是該社與新港人發生過一次械鬥衝突，造成四名新港人死亡，其中有一人是當地有影響力的基督徒。新港社是荷蘭人的重要盟友，因而普特曼斯總督出兵討伐搭加里揚。搭加里揚社民知道紅毛的厲害，聞風而逃，荷蘭人打死了九個人並割下首級，放火燒毀全部村舍。

一六三六年初，普特曼斯把矛頭對準尚未歸順的蕭壠社。蕭壠社民供出七名所謂的「叛亂者」，估計是參與「麻豆溪事件」的人，或者是反對荷蘭統治的煽動者，荷蘭殖民當局將七人全部逮捕並處死。蕭壠社隨麻豆社之後，被迫與荷蘭人簽訂喪失所有權利的協定。

普特曼斯對麻豆、蕭壠等原住民的征服歷時一個月。殖民者吹噓自己的成果——「處死了所有頑固抵抗的奸民，燒毀了他們的房舍，破壞了他們的種植園，對其在此之前對我們的殘殺成功地進行了報復。」經過此番征服，荷蘭人實際控制下的殖民地大大增加，大致包括大員南、北十五荷里，向東則約有行走一天半路程那麼遠的範圍。

這些被征服的原住民部落，只能完全屈服於荷蘭人的統治。在普特曼斯執掌權柄的時代，荷蘭人盡顯強盜殖民本色，臺灣島上血雨腥風，社會結構出現千年未有的變局。

荷蘭人的累累罪行，以小琉球屠殺事件為最。

小琉球屠殺發生於一六三六年，這個事件是有前因的，要推溯到十四年前。

小琉球是臺灣屏東外海的一個小島。一六二二年時，有一艘荷蘭東印度公司的船隻「金獅號」遭遇沉船海難，約有五十餘人逃生登陸上小琉球。這些荷蘭船員登岸後，與原住民發生衝突，在械鬥過程中全部被殺，當地原住民也死了四十多人。對這件事，被鄭維璉稱為「尚仇殺」的荷蘭人一直耿耿於懷，只是由於兵力十分有限，政策重心又放在打開中國的貿易大門上，所以遲遲未發動對小琉球的報復。

一六三三年，普特曼斯在料羅灣海戰中大敗而歸，痛定思痛，荷蘭的殖民政策發生了巨大的轉變，將經營的重點從中國內地轉向臺灣島內，要全力征服島上原住民。一六三三年底，普特曼斯率料羅灣海戰的殘兵敗將討伐小琉球。當地居民一哄而散，逃入深山老林，島上的屋舍被侵略者全部燒光。即便如此，普特曼斯仍然不解恨。

一六三六年，在陸續征服大員周圍的原住民後，臺灣總督普特曼斯又一次把矛頭對準小琉球。對於小琉球的居民來說，這絕對是一場滅絕性的戰爭。

該年四月，一百名荷蘭士兵以及約八十名歸附荷蘭人的原住民乘船前往小琉球，登陸後抓獲二十名當地原住民。小琉球居民奮起抵抗，然而這是一支近代化的武裝部隊與一群原始部落的較量，力量絕不對等。當地原住民又像上一次一樣逃往山林之中，然而荷蘭人卻要趕盡殺絕。經過兩個月的清剿，「小琉球被我們掃蕩一光，居民全被清除，有五百五十四人被我們運走，三百人拒絕投降，情願在饑餓、疾病、臭氣等惡劣環境中死去。」被俘的五百五十四人中，有一百九十一名男女被運往巴達維亞，剩下來的婦女兒童送給了與荷蘭人關係友好的新港人，男人則戴上鐵鍊在大員等地當奴隸服苦役。

還有極少數的小琉球居民躲過搜捕，亡命於山洞叢林。殖民當局派三十名士兵駐紮島上，不料又有三名士兵被殺。惱羞成怒的殖民當局再次派出三十名士兵以及三百名原住民，對小琉球的倖存者展開拉網式搜捕，抓獲三十人。這三十名島上居民，只有一名小孩幸運地活了下來，其餘二十九人全部被割去腦袋。被屠殺後的小琉球幾乎空無一人，一片蕭瑟荒涼。

征服大員附近的主要原住民部落後，荷蘭人並不滿足，仍然要向更遠處擴張其勢力範圍。虎尾壠是一個大社，約有三千五百人，比麻豆社還要大。對荷蘭人的入侵，虎尾壠社是有所準備的，他們修有簡單的防禦工事。但面對三百名荷蘭士兵以及一千四百名從各部落召來的原住民戰士，他們也僅僅只能做象徵性的抵抗。八百名虎尾壠社戰士在火力猛烈的荷蘭人面前，很快作鳥獸散，其中有二十二人被殺。相比之下，荷蘭一方的損失微乎其微，僅有二名荷蘭士兵受傷，三名原住民兵死亡。

在兵力不足的情況下，荷蘭人對原住民各部落實施各個擊破，而後又以拉攏、恫嚇、威脅等方式用這些原住民兵去攻打不願順從的其他部落。這是荷蘭統治臺灣的有力手段，這種手段在征服諸社的戰爭中，表現出巨大的殺傷力。荷蘭人對虎尾壠社等原住民部落的戰鬥力嗤之以鼻，輕蔑地稱：「這些人是福爾摩沙（臺灣）最易征服的人，他們的武器只有弓和箭。」從這裡也可以看出，在十七世紀，光憑勇敢精神，是絕對無法打贏一場武器懸殊的戰爭。

儘管虎尾壠人在武力的逼迫下，被迫將自己的土地權交給了荷蘭人，但敵視之心並未消失。

虎尾壠人的居住地是野鹿繁衍地之一，狩獵是該區重要的經濟來源。對荷蘭人來說，鹿皮是臺灣最重要的貿易商品之一，他們每年要獵殺大量的野鹿，將鹿皮賣到日本等地。為了獲得更多的鹿皮，殖民當局簽發許可證，允許漢人到虎尾壠去打獵，此舉遭到虎尾壠人的強烈抵制。

一六三八年底，虎尾壠人以武力制止持有打獵許可證的漢人在該地捕鹿，在衝突中有三名漢人被箭射死，另有四人受傷。此舉無疑大大損害了荷蘭的利益，臺灣總督范德堡（**Johan Van der Burg，第五任總督，一六三六—一六四〇年在任**）率領二百名荷蘭士兵與一千四百名原住民士兵，氣勢洶洶地闖入虎尾壠，要求交出凶手與破壞者。虎尾壠人不願交出肇事者，推託凶手已經逃跑。范德堡對這樣勉強的理由毫不理會，決定再次以血腥手段給虎尾壠人一個教訓，讓他們記住敢於反抗荷蘭統治的後果。他下令焚燒掉一百五十座房屋以及二百座米倉。這種暴行激起了一些血性男兒的抵抗，但抵抗者無一例外，全部被處死。

事實上不論漢人還是虎尾壠人，都是荷蘭殖民統治的受害者。荷蘭人此舉絕非是為幾個被殺害的漢人復仇，完全是基於自己的利益，正如《東印度事務報告》中所說的：「這次出征給他們（**虎尾壠人**）以足夠的威嚇，我們相信這些奸民以後不會再給中國人（**指漢人**）狩獵製造麻煩，不然收穫的鹿皮數量將受到嚴重的影響。」

荷蘭人也意識到，僅僅使用武力手段，固然能對原住民起到威懾的作用，但也只是令他們「敢怒而不敢言」罷了。為了加強對原住民的控制，殖民當局推出兩大措施：第一是宣揚基督教，第二是搞南北村社大集會。這兩大措施意在緩和與原住民的對立，消除其不滿情緒與對抗心理，可是這並沒有改變荷蘭殖民者殘忍血腥的本色。

一六四一年荷蘭人開始了新一輪的征服。

事件起因是三名荷蘭人被殺，捲入其中的是虎尾壠社及西螺社。臺灣總督特羅登紐斯（Paulus Traudenius，第六任總督，一六四〇—一六四三年在任）不能容忍這種反叛行為，他派出一支四百人的軍隊前往鎮壓，一同前去的還有一定數量的漢人。與此同時，荷蘭牧師、殖民事業的急先鋒尤紐斯召集十個村社共計一千四百名原住民前來助戰。荷蘭殖民軍發動對西螺社的進攻，儘管村民試圖在田野阻擊敵人，可是終究實力懸殊，在戰鬥中有三十人被殺，其餘的人四散逃走。荷蘭殖民者依舊延續「燒光」的殘酷政策，焚毀西螺社一百五十座屋舍與四百座倉庫，並砍倒村裡的果樹。這種可怕的政策使得逃走的村民即便在戰爭後返回，仍要面臨沒有住所、沒有糧食的惡劣生存環境。

搗毀西螺社後，殖民軍又一次開進虎尾壠社。兩度被征服的虎尾壠人知道抵抗只是徒然，他們承認確有三名荷蘭人被殺，不過卻把責任推到其他村社頭上。荷蘭人對這種搪塞的說辭不以為然，為了嚴懲這個極不順從的村社，他們又一次將虎尾壠的生存空間破壞殆盡，燒毀了四百座房屋與一千六百座倉庫。備受打擊的虎尾壠人不得不又一次屈服，他們將三名被殺死的荷蘭人的頭顱送回大員，並與殖民當局簽下條約，其中有這麼幾條：歸服荷蘭長官與東印度公司；承認對荷蘭人犯下謀殺罪；全力追捕肇事凶手；向荷蘭人提供一切人員、給養和其他方面的援助。

解決了西螺社與虎尾壠社後，臺灣總督特羅登紐斯馬不停蹄，率軍討伐太麻里。

征服太麻里的起因是威瑟領之死。

荷蘭人盤踞臺灣島後，一直試圖在島上尋找金礦，探礦工作主要由威瑟領負責。一六四一年，威瑟領與幾名荷蘭士兵在臺灣東部尋找金礦，途經卑南（今臺東）時，被太麻里社民殺死。據說威瑟領是在被灌醉後殺死的，同時被殺的還有二名荷蘭士兵。一六四二年一月，特羅登紐斯拼湊了一支三百五十三人的武裝討伐太麻里，其中荷蘭士兵二百二十五人，其餘為漢人與爪哇人。

太麻里人埋伏在一條小溪的蘆葦叢中，在荷蘭士兵蹚水過小溪時，發動突然襲擊。儘管這次隱蔽性很強的突襲造成荷蘭士兵一人喪生、五人受傷，但終究是實力懸殊，很快太麻里人的進攻變成潰逃，共有二十七人被打死。荷蘭人跨過小溪後，繼續向太麻里社進軍。太麻里社位於山上，社民們的抵抗頗有悲劇色彩，最後他們的家園遭到了與其他試圖反抗荷蘭統治的村社一樣的下場，被殖民者一把火將房屋燒為灰燼。

然而在一六四三年的十二月，趾高氣揚的荷蘭人在討伐山豬毛社時，卻遭到沉重的打擊。

在此之前，荷蘭人所發動的歷次殖民戰爭，無一不是輕而易舉地取勝，他們有理由認為這一次也不會例外。臺灣總督特羅登紐斯派出一支一百五十人的軍隊攻打山豬毛社，一同前往的還有一些歸順於荷方的原住民、漢人以及爪哇人等。山豬毛社及其他當地住民拼湊起一支三千人的武裝，出其不意地襲擊殖民軍，導致四名荷蘭人喪生。

荷蘭人穩住陣腳後，開始向原住民的村社發起進攻。打頭陣的包括二十一名荷蘭士兵以及盟友搭加里揚人。山豬毛社民在武器居於劣勢的情況下，使用近身肉搏戰的策略，使得荷蘭人的武器未能發揮遠距離射擊的優勢。結果一戰下來，九名荷蘭人被擊斃，搭加里揚人也死了十六人，負責扛運物資的後勤人員全部被山豬毛社民所抓獲。

由於後勤隊伍被抄截，彈藥不足的荷蘭人儘管逼近到村社，卻無力發動一輪大的進攻。這次討伐山豬毛社，荷蘭士兵戰死二十一人，其盟友及後勤人員（主要是臺灣原住民、漢人、爪哇人）死亡約五十人。另外還有三十九名荷蘭士兵負傷。

儘管荷蘭人很快又派出一支六十人的武裝支援，可是山豬毛社的地形對進攻的荷蘭人十分不利，這裡山嶺陡峭，道路難行，最終荷蘭人被迫放棄，撤回大員。這也是荷蘭人在臺灣島內發動殖民戰爭以來，第一次以失敗而結束。

不過在接下來的一六四四年（這一年大明帝國首都被攻陷），荷蘭人收穫不小。

在兩年前，荷蘭人打敗了盤踞在雞籠的西班牙人後，在島內已無強勁的對手，征服北部原住民部落便成為其殖民政策的重點。一六四四年九月，由指揮官布恩將軍（Pieter Boon）率領三百名官兵，前往臺灣島北部，力圖征服這一地區的原住民部落。西班牙人去了，荷蘭人來了，北部原住民部落無法主宰自己的命運，只能將權力拱手讓出。在全副武裝的荷蘭人面前，有三十個村社表示歸服，他們派人進見布恩將軍，獻上大米、獸皮等，並表示將會前往雞籠繳納貢物。此外還有十四個村社雖然沒有派出代表，但也表示願意歸服與進貢。面對強勢的殖民者，弱勢的一方毫無選擇的餘地。

為了確保大員與北部淡水之間道路的暢通，荷蘭殖民者又在一六四五年征服沿途拒絕歸順的村社，總計處死一百二十六名抵抗者，並抓了十六名兒童，押往荷蘭城堡內當奴隸。荷蘭人的武力威懾最終也迫使南部的山豬毛社歸服，儘管他們曾以自己的勇敢無畏讓荷蘭人付出了慘重的代價。

荷蘭人在臺灣島的殖民統治，實際上奠基於第三任臺灣總督普特曼斯，後又經范德堡與特羅登紐斯兩人延續前任的鐵血政策，終於迫使臺灣島原住民屈服於外來殖民政權。臺灣島內千百年來以原始村落為基礎的簡單政治結構，終於被殖民政治體系所取締。一直遲緩發展的臺灣在外力的作用下，進入一個飛速演進的快車軌道。這個演進的過程，少不了血淚交織的悲慘故事。

在荷蘭人以鐵腕統治臺灣的同時，海峽對岸的大明帝國已是風雨飄搖，如泥菩薩過河自身難保，朝廷絕無精力去考慮將荷蘭人驅逐出境。內有李自成與張獻忠兩大農民起義軍的狂飆突進，外有剽悍的後金騎兵虎視眈眈。在內憂外患之中，貌似龐大的大明帝國在一六四四年轟然解體，滿人以迅雷不及掩耳的速度入主北京。幾大力量角力於權力新版圖，而這些巨變自然將深刻地影響臺海的格局。作為荷蘭人在東亞最強大的對手，福建王鄭芝龍在紛繁複雜的局勢中，將會做出怎麼樣的選擇？他的海上商業帝國是在狂風巨浪中屹立不倒呢，還是如同大明江山一樣支離破碎？

第九章　巨變中的福建政局

自一六三五年劉香集團被剿滅以來，福建海域波瀾不驚，海盜銷聲匿跡了，荷夷也忙著殖民臺灣，無暇西顧，福建成為風雨飄搖中的大明帝國的一塊樂土。儘管朝廷委派的巡撫表面上仍是至高無上的地方大吏，但誰都心知肚明，鄭芝龍才是真正的福建王。

這些年來，鄭芝龍在福建一手遮天，壟斷臺海貿易，荷蘭人對他敢怒而不敢言。在國家一天天陷入兵災無可自拔時，他並沒有受到多大的影響，每天都有成堆白花花的銀子流入他的腰包，他毫不吝惜地拿出一部分上下打點。財可通天，這十年來他倒是平安無事。

可是當他積累的家產越多，心裡越發有一種恐懼與不安。

他的貿易所得，多數是非法收入。他跨官、商二界，朝廷允許的貿易，他自然是壟斷者，朝廷不允許的貿易（譬如對日本的貿易），他也是黑老大。在海洋之上，商人們不認得朝廷，只認得鄭芝龍的權杖。他是一個沒有疆界的帝國的統治者，是無冕之王。然而樹大招風，他靠著黑色收入發財致富是人人皆知的事實。朝廷並非不知曉，皇帝（崇禎）也絕非肚量寬廣之人，朝廷之所以沒有拿他開刀，只是因為帝國內外交困，敵人已經夠多了，不能再把鄭芝龍逼良為娼了。

崇禎皇帝自然心裡有數，在兵亂蜂擁而起之際，福建卻能逆勢掃清賊氛，全是鄭芝龍的功勞。翻開功勞簿看看，打從他歸順朝廷以來，剿滅的海盜不計其數。小海盜就甭說了，大海盜李魁奇、鍾斌、劉香都栽在他手上。不僅是海盜，連生性凶殘的紅毛荷夷在料羅灣海戰後，也沒有來搗亂了。不消說，鄭芝龍就是東南的一根擎天大柱，至於他私下做的那些勾當，得了，睜一隻眼閉一隻眼吧，天下事已經夠多夠亂了，皇帝可不想再添亂子了。

但鄭芝龍卻惴惴不安。雖說他花了不少銀兩上下打點，十年來與朝廷相安無事，可是政壇向來是權力與利益的舞臺，難以保證沒有人看上他的萬貫家財。萬一哪天有人想扳倒他，就有可能發生一些不可預測的事情。於是他打定主意，除了窩在自己的地盤外，他哪兒也不去。朝廷多次下令讓他進京面聖，他總是找各種各樣的藉口推託，要麼是防盜，要麼是防夷，反正都是冠冕堂皇的正經事，目的只有一個：我哪也不去。

其實鄭芝龍比誰都明白，他得以渾水摸魚，還能高枕無憂，正是因為帝國危機重重。倘若天下太平，他勢必是朝廷第一個開刀的對象。與鄭芝龍打交道多年的荷蘭人對這個他們恨之入骨的對手有著驚人的準確認識，紅毛雖然沒有學過中國的相人術，卻也看出他有反骨，遲早會背叛帝國的。

可以料想得到，當帝國首都被攻破、皇帝上吊自殺的消息傳來時，鄭芝龍臉上必定會顯露出一絲令人不易察覺的笑容。

一六四四年，被斥為流寇的李自成顛覆了大明帝國。儘管一百多年來，帝國一直風雨飄搖，可是當它真的山崩地裂般垮掉時，多數人仍然無法接受這樣的事實。然而，總有不懷好意者。虎視眈眈的滿人視此為入主中原的良機。事實上他們的反應也相當迅捷，鎮守山海關的明朝大將吳三桂把頭一剃，女真騎兵蜂擁入關，並一鼓作氣將李自成的農民軍趕出北京。

北京，這顆帝國的心臟仍在跳動，只不過已經改旗易幟，「明」的國號被扯去，「清」字旗迎風飄揚。儘管我們不能說明帝國已經煙消雲散，實際上它還存活了十幾年之久，殘缺的帝國（或稱為南明）將在驚濤駭浪中走向自己宿命的結局。

當帝國的中樞崩潰時，原來邊緣的勢力自然水漲船高。福建的草頭王、東南海域的巨無霸鄭芝龍對帝國的噩運甚至有一種幸災樂禍的快感。

滿清軍隊擁有第一流的戰鬥力與奇高無比的效率，他們的騎兵席捲中原，接連打敗李自成、張獻忠的農民軍以及北方的殘明力量，兵鋒已到長江沿岸。南明弘光元年（一六四五年）四月，清軍僅用一天便攻克了重鎮揚州，大開殺戒；五月十七日，又兵不血刃地佔領了南明帝國的首都南京城。幾天後，弘光皇帝被俘，後被押往北京處死，南京小朝廷就這樣完蛋了。

遠在福建的鄭芝龍坐臥不安，他要在混亂的時局中，尋找到自己最合適的位置。顯然，他把明清戰爭也當作生意來看待，要如何把自己的利益最大化呢？他做出了一個大膽的舉措，搶在眾軍閥之前，擁立流亡中的皇親宗室朱聿鍵在福州登基，即南明的第二個皇帝隆武帝。這一政治投機令鄭芝龍的身價扶搖直上，他從地方武官一躍成為南明帝國的頭號權臣，先是封為「平虜伯」，後又升為「平虜公」，還加封了個「太師」的頭銜。

從此，他不再是帝國邊緣化的人物，而是中樞權臣，一人之下，萬人之上。

鄭芝龍投機倒把的成功並不全是僥倖，他擁有許多其他軍閥所不具備的優勢：一、福建是整個中國最穩定的省份之一；二、他擁有一支強大的武裝，歸屬其名下的軍隊有二十萬人，包括中國最精銳的海上武裝；三、他財大氣粗，雄厚的財力可以支撐南明帝國政府龐大的開銷。

皇帝只是擺設的傀儡，鄭芝龍才是擺布木偶的太上皇。打從立了新皇帝後，鄭芝龍成了南明呼風喚雨的人物，可是他並不效忠這個殘缺的帝國。

就在鄭芝龍忙著立隆武皇帝的時候，清廷下達野蠻殘酷的「雉髮令」，對於拒絕執行命令的征服區百姓，採取格殺勿論的鐵血政策。此政策一出，如同引爆了一顆威力巨大的炸彈，迅速點燃了淪陷區反抗的烈焰。豬尾巴的辮子對漢人來說，實是民族歧視與奴役的象徵，江淮一帶的暴動最為激烈。倘若鄭芝龍在這個時候以二十萬大軍，從海陸兩線齊頭並進，配合江淮一帶的抗清力量，或許可以成為拯救南明的英雄、帝國的中流砥柱。

可是他對此無動於衷，他可不想成為像岳飛那樣的英雄，拼了命把女真人打敗了，到頭來卻被政壇上的陰謀份子陷害而死。他按兵不動，鎮定如山。清兵攻入浙江、江西，迫近福建了，可是他還是巋然不動，一兵一卒也沒出福建。

其實他的內心已經在盤計，滿清僅僅用一年多的時間，便從山海關席捲到江南，吞併大半個中國，勢不可當，他何必為南明這個殘缺不全的政權賣命呢？再說了，自己的一生不是一直在變化著角色嗎？當過小跑腿、翻譯、商人、海盜，後又接受朝廷招安成了大明帝國的武將，現在又搖身而為太師，每一次轉變不都使人生更上一層樓嗎？以自己手上的財力與資本，難道就不能博得新興滿清帝國的青睞嗎？何必非要殺個你死我活、拼個魚死網破呢？

說實話，鄭芝龍仍在幻想著他的商業帝國，他並沒有「履至尊而制六合」的雄心，只想積累更多的財富、擁有更多的權勢——他幾乎全做到了！海峽對岸的荷蘭人也密切注視著這位生意場上最大的對手，斷定「中國眼下沒有人比他更有權勢」。當然，荷蘭人所說的「中國」指的是南明帝國。

明清戰爭給臺海貿易造成了很大的負面影響。荷蘭人垂頭喪氣地寫道：「中國的內戰仍持續未止，貨物的外運仍極其有限，大員貿易稀少……貨物積壓賣不出去。而所有運到大員的貨物必須以現金支付，主要因為如中國人所講，各地交通堵塞，貨物因運輸中斷而無法銷售。我們只能耐心等待這個國家恢復和平。」

事實上，內戰似乎並沒有影響鄭芝龍繼續斂積財富，他與荷蘭人在貿易上的衝突更加白熱化了。為了博取最大的利潤，他幾乎完全避開荷蘭這個仲介，直接把貨物銷到日本。對此荷蘭人是很有意見的：「主要是由於一官製造障礙，阻止往大員的貨物運輸，並將所得到的貨物全部運往日本。」

顯然，成為南明帝國最有權勢的人之後，鄭芝龍在貿易上不必像以前那樣畏首畏尾，不必擔心有人拿非法貿易來治罪於他。此時的鄭芝龍把傀儡皇帝捏在手心，任意玩弄，在商業上他更是可以為所欲為。在一六四五年末一份東印度公司的報告中，是這樣描寫這位令荷蘭人恐懼而又痛恨的海上強人：「從中國運往大員的貨物仍寥寥無幾，原因是那個國家戰爭不斷，致使我們必須耐心地等待事情的結果，而且與一官的所作所為緊密相關，因為他一手控制與禁止與大員貿易，並搶劫所有的貨船以運到日本，利用這種辦法排擠我們在那裡的貿易。這種情形令人痛心，使我們感到無法忍受，特別是現在我們的現金儲量充足。上帝保佑，事情在短時間內會有所好轉，並結束作惡的一官的命運。」這簡直是詛咒了，可見荷蘭人被鄭一官（鄭芝龍）坑得多麼慘。

儘管鄭芝龍在掌控著南明小朝廷，可是明眼人都看得出來，在逐鹿中國的各方勢力中，只有滿清是一枝獨秀。滿清騎兵已經征服浙江與江西，下一個目標直指福建。鄭芝龍為所欲為的好日子不多了，他必須要做出一個選擇：抵抗或者投降。

如果抵抗，他或許會成為一位民族英雄，無論贏還是輸；如果投降，他或許會保住自己的地位，繼續在福建當草頭王。可是鄭芝龍偏偏做出第三種選擇：既不抵抗，也不投降。在清軍大兵壓境之時，他竟然把邊界的守軍全部撤下，不僅放棄所有重要的戰略要地，也放棄了包括省城福州在內的重要城市。此時福建境內南明軍隊的分布情況大抵是這樣的：鄭芝龍的嫡系部隊約十二萬人龜縮在老巢安平一帶狹小的空間，除此之外還有約五百條戰船；鄭芝龍的族侄、「永勝伯」鄭彩據守廈門島，約有二萬兵力；分布在其他城市據點的兵力約有七萬人。

鄭芝龍既不抵抗也不投降，卻別有用心地把隆武皇帝當作禮物拋給清軍。被拋棄的隆武皇帝一路狂奔，最終在長汀被清兵追上，他與皇后兩人雙雙遇害。在沒有遇到強有力抵抗的情況下，清軍在極短的時間內攻陷福建絕大部分的城池，南明軍隊有六萬八千五百人投降或被俘。鄭芝龍遲遲不願投降，只是想利用手中的籌碼向清廷爭取到最優厚的待遇——就像當年他與明帝國政府談判一樣，他夢想著清廷也會同意他保留龐大的軍隊，並繼續在福建稱王稱霸。

很顯然，他設想的情形是這樣的：福建清軍統帥、征南大將軍博洛會派出使者到安平，與他商談投降的事宜，屆時他將乘機提出自己的條件，清廷在權衡利弊之後，一定會答應他的。倘若這樣，無疑鄭芝龍在談判時會佔據主動權，可問題是，這只是他自己一廂情願的想法罷了。

確實，博洛在入福建之前，曾兩度派人與鄭芝龍秘密聯繫，勸他投降。可是鄭芝龍搖擺不定，不戰又不降，最後讓博洛輕而易舉地佔領福建。出乎鄭芝龍意料的是，博洛在殲滅七萬南明大軍後，並不主動與他聯絡，似乎壓根沒想要談判——既然贏得那麼輕鬆，為什麼要談判呢？

鄭芝龍自以為有談判的本錢，可是在博洛眼中，他手上的十幾萬軍隊不過是豆腐軍罷了，有什麼資格來討價還價呢？鄭芝龍的經驗還停留在晚明階段，當年的明帝國是江河日下、風雨飄搖，他提出的條件政府一概應允；如今的清帝國卻是乳虎嘯谷、如日中天，明帝國能給予他的，清帝國卻未必會給。

十幾年來憑藉賄賂手段左右逢源的鄭芝龍自以為是官場不倒翁，自以為可立於不敗之地，可是這回他真的失算了。

老謀深算的博洛故意裝聾作啞，他不僅沒有向鄭芝龍揮舞和平的橄欖枝，反而命令清軍繼續向安平挺進。

這下子鄭芝龍慌了。

從一開始，鄭芝龍壓根就沒想過要當民族英雄，要與清軍一決生死。可是畢竟是當過太師的人，在南明帝國好歹也風光過一把，就這樣夾著尾巴乖乖交出十幾萬兵馬投降，臉面上是有點掛不住。他心裡有點瞧不起博洛這個蠻夷，對中華深奧的禮儀也了解太少了，難道就不能給他個臺階下嗎？可是事到如今，火燒眉毛了，他也顧不上許多了，派人送了一封信給博洛大將軍，一方面表示願意投降，另一方面也不得不解釋為何自己遲遲未降——理由是「我懼以立王為罪耳」，就是他擁立唐王朱聿鍵為南明皇帝，擔心清廷會問罪。

鄭芝龍在現實面前低下了高貴的頭顱，可是博洛卻不相信他。

在這位滿清貝勒看來，鄭芝龍這個人絕無忠誠可言。以前不忠於崇禎皇帝，朝廷屢召他入京，他愣是巋然不動，以種種藉口推卻；後來不忠於隆武皇帝，擁立這尊傀儡無非是要自個大權獨攬罷了；如今他會忠於滿清皇帝嗎？那是不可能的。

對博洛來說，鄭芝龍是個十分危險的人物，絕不能讓他擁兵自重，也絕不能讓他留在福建。他在這裡根深葉茂，掌控著一切，無論是官府還是軍隊或是貿易，他明擺著就是一個無冕之王。這個人有可怕的勢力，有翻江倒海的本領，狡詐多端，如果不給他兵權，他絕不會投降，可是如果給他兵權，後患無窮。

對付非常之人，定要用非常之手段。

博洛拿定主意，他要智擒鄭芝龍。他先命令清軍停止向安平進軍，並寫了一封親筆信給鄭芝龍，此信是這樣寫的：「吾所以重將軍者，以將軍能立唐王藩也。人臣事主，苟有可為，必竭其力。力盡不勝天，則投明而事，乘時建功，此豪傑事也。若將軍不輔主，吾何用將軍哉？且兩粵未平，今鑄閩粵總督印以相待。」

這位征南大將軍滿清貝勒看上去相當慷慨，「閩粵總督」四字令鄭芝龍不由得兩眼發亮。儘管這位福建王也曾風光過幾天，當上南明帝國的太師，可是他的勢力從來沒有到過福建之外。鄭芝龍的底限就是保住福建這塊福地，退一步來說，至少要保住泉州、漳州、廈門這幾個舉足輕重的貿易區。只要自己的海外貿易還能夠正常運轉，管他山河易幟，不照樣還是首富麼？博洛給他帶來驚喜，不僅是福建，廣東也要劃給他統治，只要有這兩個省，全國的貿易盡握在他手中矣。

鄭芝龍迫不及待要跑到福州去向博洛謝恩了，趁博洛還未反悔之前趕緊投降，以免到手的東西給溜走了。

對於鄭芝龍的投降主張，有人是不認同的。這位海上霸主尷尬地發現，最強烈的反對者，竟然來自自己最親的兩個人：一個是長子鄭成功，一個是弟弟鄭鴻逵。

鄭成功是我們這本書最重要的主角，他是怎麼樣反對父親投降，理由又是什麼呢？根據《臺灣外記》所述，鄭成功在獲悉父親決意要降清之後，他無法接受這樣的懦弱表現，立即前往勸阻道：「吾父總握重權，未可輕為轉念。以兒細度，閩粵之地，不比北方得任意馳驅。若憑高恃險，設伏以禦，雖有百萬，恐一旦亦難飛過。收拾人心，以固其本，大開海道，興販各港，以足其餉，然後選將練兵，號召天下，進取不難矣。」

可是鄭芝龍壓根就聽不進去，他嚴厲地斥責兒子道：「稚子妄談！不知天時時勢，夫以天塹之隔，四鎮雄兵且不能拒敵，何況偏安一隅。倘畫虎不成，豈不類狗乎？」以南明數十萬精銳部隊、長江天險都擋不住滿清鐵蹄，何況是福建一隅之地。不過後來鄭成功給出最強有力的證據，證明自己是對的，因為在未來十七年裡，他就是以彈丸之地對抗強大的滿清，而且存活了下來。

當然，鄭芝龍有自己的理論：「知時務者為俊傑，今招我重我，就之必禮我。苟與爭鋒，一旦失利，搖尾乞憐，追悔莫及。豎子藐視，懼毋多談。」我們不能不說，長年的富奢生活，已經把這位海盜出身的強人身上的勇氣洗滌得乾乾淨淨了。

同樣，鄭鴻逵也試圖阻止哥哥前往福州，他這樣說道：「夫人生天地間，如朝露耳，能建功立業，垂名異世，則亦時不可失也。吾兄當國難之際，位極人臣，時事不可為，則弟亦不敢虛鼓唇舌。況兄尚帶甲數十萬，舳艫塞海，餉糧充足，輔其君以號召天下，豪傑自當響應，何必委身於人，此弟深為兄長所不取也。」

對此鄭芝龍仍然嗤之以鼻，不以為然：「吾弟所言，眼前之事，非長途計耳。甲申（一六四四年）之變，天下鼎沸，亦秦失其鹿，故大清得而逐之，業已三分有二。若以小丈夫之氣，振一旅之兵而敵天下兵，恐自不量力也。不如乘其招我，全軍歸誠，正棄暗投明，擇主而事。古來豪傑，往往有行之者。大清正未必忍相棄耳。」他把投降看作是「棄暗投明，擇主而事」的豪傑之舉，心中沒有半點愧意。事實上，清政府為了籠絡人心，在對待南明降將上，政策是比較靈活的，不僅委以兵權以示信任，待遇也算比較優厚。

可是對一般的降將可以如此，對鄭芝龍這樣的梟雄卻不能。鄭芝龍不同於其他南明將領，他有權有勢，有財有兵，而且還擁有清兵所欠缺的海上武裝——一支超過五百艘船的艦隊。正所謂臥榻之旁，豈容他人酣睡，對於像鄭芝龍這樣桀驁難馴的人，清廷是絕無法容忍的。因此，博洛打開了納降的大門，鄭芝龍走進去後，就如老虎進了樊籠，這一輩子再也走不出來了。

日後鄭芝龍一定會對他的一意孤行悔恨終生，他滿懷希望與夢想，但很快被現實擊得粉碎。當他剛剛抵達福州時，博洛緊緊握住他的手，大有相見恨晚的感慨。可這只不過是演戲，三天後，一切見分曉了。鄭芝龍被博洛裹挾北上，說好聽點，叫「進京面聖」，說難聽點，叫「綁架」。

「虎不可離山，魚不可脫淵。」這個道理，鄭芝龍再明白不過。

當年明廷多次召他，他都裝聾作啞，死活不離開老巢，便是明白離了老巢，未必可以掌控命運。聰明一世的鄭芝龍也有糊塗一時的時候，他自投羅網，一失足成千古恨了。他鬥得贏老朽帝國的官僚，以往他只要說「福建離了我就玩不動了」，朝廷對他無計可施。可現在呢？

鄭芝龍想重施故伎，他對博洛貝勒說：「北上面君，本芝龍本願，但子弟多不肖，今擁兵海上，倘有不測，奈何？」顯然他的思維還停留在大明帝國的時代，以為沒有自己，博洛玩不動福建，這麼一要脅，又可以像以往那樣穩坐釣魚臺了。

可是博洛對鄭芝龍弱不禁風的威脅投以狡詐的一笑：「此與爾無與，亦非吾所慮也。」在這位努爾哈赤的孫子面前，鄭芝龍喪失了他往日的智力與判斷力，突然間他意識到自己犯下了不可饒恕的錯誤，這將使他一敗塗地。

新興的清帝國顯然比老朽的明帝國更有魄力。鄭芝龍被綁架北上後，事實證明他的要脅一文不值，因為他手下的十一萬三千名官兵沒有給清軍製造任何麻煩，全部放下武器投降了。頭都投降了，誰還會替老東家賣命呢？而鄭芝龍的命運從此陷入萬劫不復之中，這個命運只要是明眼人都看得出來，甚至包括海峽對岸的荷蘭人。

荷蘭人要感謝滿清政府了，因為清政府幫他們除去了心腹之患。在一份荷蘭文書中，他們這樣寫道：「**（一官）**北上與韃靼人簽約，接受韃靼人對他的任命。眾人認為，一官在那裡將被拘捕，因為韃靼人對一官在南方**（一官在那裡一貫橫行霸道）**的統治不夠信任，這對公司極為有利。」過了不久，荷蘭人又聽到了這樣的消息：「一官與其部下在北上途中被隔離起來，他被關在木籠中**（只有頭伸出籠外）**，手腳被捆住，固定其中，而且冒有被斬首的風險。」

這則紀錄並未見於中國史料，正好可以作為補充。按道理說，博洛以「進京面聖」為理由綁架鄭芝龍，不應該用囚車來押送。因此我們可以設想，鄭芝龍必定是在途中做了反抗或者甚至想逃跑，以他的性格來說，完全有可能，他不是那種坐以待斃的人。可是他失敗了，終於淪為囚犯，被用囚車押送，但這僅僅是他苦難的開始，而非終結。

從此，鄭芝龍墜入深淵，失去權勢、失去財富、失去自由。幸災樂禍的荷蘭人對此歡欣鼓舞，然而由於戰爭的巨大破壞，臺灣貿易不可避免地陷入最低谷。東印度公司對中國局勢的評斷是：「在韃靼人被驅逐出去或完全佔領中國之前，那個國家不會有什麼持久的和平和繁盛的貿易，局勢仍然不明顯，結果難以斷定，特別是中國人不會輕易屈服於韃靼人，正如以往的朝代一樣。在這期間，美麗富饒、產絲豐富的地區已被人們糟蹋殆盡，貿易停頓，於公司和日本的貿易危害嚴重。」

正如俗話所說的：「當局者迷，旁觀者清。」袖手旁觀中國戰事的荷蘭人顯然比身處其中的鄭芝龍判斷更加準確，中國的戰爭並不會那麼容易結束，最頑強的抵抗才剛剛開始。反觀鄭芝龍所說的「夫以天塹之隔，四鎮雄兵且不能拒敵，何況偏安一隅」。這位海上霸主對局勢的估計過於悲觀。

雖然博洛綁架了鄭芝龍，並迫降了其十一萬三千的部眾（合計在整個福建戰役中，共有十八萬的南明軍隊投降或被俘），但是滿清人並未能控制福建的貿易。廈門島、金門島並未落入滿清之手，廈門島的守將鄭彩是鄭芝龍的族侄，金門島則由鄭鴻逵佔據（**鄭成功也寄居金門**）。他們保留了鄭芝龍的海上武裝，盤踞在海島上，與滿清對峙，並且對海上貿易仍有相當的控制力。除此之外，鄭氏武裝的殘餘力量還包括南澳島的陳豹以及遠走廣東的林察。對於這些小角色，滿清政府根本未正視一眼，在新朝廷看來，鄭芝龍的海上帝國已經與大明帝國一樣，沉入到浩瀚的太平洋中了。

然而誰也不會想到，這個海上貿易帝國會有死而復生的一天。當滿清鐵騎一統中國的洪流洶湧澎湃地滾滾而來時，一支又一支的南明抵抗力量被驚濤駭浪捲走，卻有一個人迎著巨浪，無畏地揮舞刀劍，逆流而上，毫無懼色。他以令人不可思議的堅強意志力挽狂瀾，以粗壯有力的臂膀，支撐著搖搖欲墜的南明帝國的一簇江山。

他就是被稱為「國姓爺」的鄭成功。

第十章 中流砥柱

鄭成功一生有很多稱謂，他使用過許多名字，小時候在日本叫「福松」，回國後改名為「鄭森」，在南京求學時，老師錢謙益給他起名「大木」。可是最廣為人知的名字還是「鄭成功」，這是南明隆武皇帝為他起的名字，同時還把皇室的「朱」姓賜給他，故而他又以「國姓爺」這個稱呼聞名天下。

在荷蘭文獻中，鄭芝龍被稱為「一官」，鄭成功則被稱為「國姓爺」。在南明時代，「國姓爺」這個稱呼是相當有號召力的，有國姓爺在，大明遺民對光復漢室總還抱有一線希望。南明帝國從一開始就是苟延殘喘，短暫的南明史多的是淚與血，卻沒有多少值得一提的豐功偉績。唯一的例外便是國姓爺鄭成功，他在短暫的一生中，做出了令人難以想像的偉大事業：他建立的抗清政權一直堅持了三代人之久；他是世界海上貿易的巨頭；他驅逐荷夷、收復臺灣，是中國歷史上最偉大的民族英雄。

這位民族英雄實際上是中日混血兒，父親是大名鼎鼎的海盜鄭芝龍，母親是日本女子田川氏。一六二三年，十七歲的田川氏嫁給鄭芝龍，據說她是華人冶劍師翁翊皇的養女，因而又被稱為「翁氏」。婚後一年，田川氏產下鄭成功。他出生還未滿月，父親鄭芝龍參與顏思齊的倒幕計畫，陰謀敗露後受到牽連，被迫遠走臺灣。田川氏一個人肩負起養育嬰兒的家庭重任，在後來的幾年裡，鄭芝龍可能曾經潛回日本看望母子，因為後來田川氏又懷胎產下一子，名為七左衛門，但有人懷疑七左衛門並非鄭芝龍的親生子。

鄭成功年齡稍長，田川氏把他送往武士花房權右衛門處，接受嚴格的武士道訓練。武士道訓練向來以苛刻甚至殘忍而聞名，可以想像這位英雄的童年絕無輕鬆可言，不過這種男子漢的訓練有苦盡甘來的一天。鄭成功身上的許多優點，如意志剛強、百折不撓、果斷勇猛、堅忍不拔等品質與高傲的性格，都可以追溯到早年的武士道教育。

數年後，投靠官府的鄭芝龍在國內混得有模有樣，遂將長子鄭成功接回中國。此時的鄭成功七歲，對父親幾乎沒有印象。他見到了久別的父親，卻又與母親遠隔重洋，直到十四年後，田川氏才得到幕府的批准前往中國與丈夫、兒子團聚。

回國後的鄭成功開始系統地學習中國的儒學典籍，兼學兵法與騎射。他身上有父親的遺傳，有著極高的學習天賦，他能寫出優美的文章與華麗的詩章，並練有一手好書法。他體魄強健，武藝高強，這對其未來的事業至關重要。只要看看他的傳記就會知道，他一生經歷無數次的戰鬥，而且幾乎每次都是親臨前線，像一個鐵人永不疲憊。

一六四四年，二十歲的鄭成功前往南京求學，入國子監，拜大儒錢謙益為師。

這一年，李自成攻破北京，崇禎皇帝自縊，繼而韃靼人入關，弘光皇帝在南京登基，南明與滿清南北對峙，一連串的事件預示著一個混亂時代的來臨。弘光朝廷毫無中興氣象，鄭成功對南京政權的腐敗深感失望，他向自己的老師、時任禮部尚書的錢謙益進言當「知人善任，招攜懷遠，練武備，足糧貯，決壅蔽，掃門戶」。世故而怯懦的錢謙益無力改變小朝廷醉生夢死的局面，鄭成功遂決意離開南京，返回福建。

南京的弘光小朝廷在滿清的打擊下覆亡，鄭芝龍立隆武皇帝於福州，大權獨攬。鄭成功的主張與父親完全不同，他力主抗清，這使得鄭芝龍對他大為不滿，並拒絕為其提供軍餉，以此削去長子的兵權。隆武皇帝對鄭成功的忠誠心懷感激，賜皇家「朱」姓，又賜名「成功」，封「招討大將軍」。儘管這些都是虛銜，但影響深遠——在此之前他叫「鄭森」，此後便沿用「鄭成功」之名，又打起「國姓爺」的金字招牌，名聞天下，在他起兵抗清後又一直打著「招討大將軍」的旗號。

在接下來的日子裡，有三件事成為鄭成功一生之痛。

第一件事，隆武皇帝之死。隆武皇帝對鄭成功有知遇之恩，可是在關鍵時候，這位有名無實的傀儡皇帝被鄭芝龍拋棄，成為名副其實的孤家寡人。幾乎所有人對這位可憐的皇帝袖手冷眼旁觀時，只有忠誠的鄭成功義無反顧地拼湊了一支烏合之眾的義軍，企圖解救皇帝於危難之中，但這支弱小的軍隊最終被清軍打敗了。

第二件事，鄭芝龍被劫持。鄭成功未能阻止父親的投降，斷然與之劃清界限、分道揚鑣，秘密出走金門島。當父親終於身陷虎穴、失去自由後，鄭成功寫下一封信：「今既不能匡君於難，致宗社墮地，何忍背恩求生，反顏他事乎？大人不顧大義，不念宗祠，投身虎口，事未可知。趙武、伍員之事，古人每圖其大者，唯大人努力自愛，勿以成功為念。」

第三件事，母親受辱自殺。由於日本幕府奉行鎖國政策，田川氏前往中國的請求屢屢遭拒。

直到一六四五年鄭芝龍立隆武皇帝，成為南明頭號權臣後，日本幕府怕得罪這位大人物，遂同意她離開日本。不料此行厄運重重，中國戰亂方興，一向平靜的福建也未能例外。鄭芝龍降清後，安平十一萬軍隊投降，清軍入安平後大肆劫掠。鄭芝龍的夫人、鄭成功的生母田川氏為避免遭到野蠻清軍的凌辱強姦，憤而自殺身亡。鄭成功聞噩耗後，自金門返安平，收斂母親的屍體，用倭刀切開母腹，清洗穢物後下葬。

國破家亡！

是直面慘澹的人生，或是逃避？是正視淋漓的鮮血，或是屈服？是拔刀而戰，或是苟全性命於亂世？他選擇了一條英雄之路，充滿荊棘，但他義無反顧。

隆武二年（一六四六年），鄭成功與隆武朝廷殘餘臣僚九十餘人共祭隆武皇帝，誓師起兵，他宣讀祭詞：「本藩乃明朝之臣子，縞素應然，實中興之將佐，披肝無地，冀諸英傑共伸大義。」此時的他只有數百名士兵，沒有一塊穩定的根據地，甚至軍費也沒有，山窮水盡，只有一塊「國姓爺」與「招討大將軍」的招牌。

鄭芝龍被綁架北上造成一個很嚴重的問題，他留下的軍隊與龐大的商船隊到底是屬於誰的呢？軍隊自不必說，十一萬人投降後，鄭彩與鄭鴻逵分據廈門、金門二島，擁兵自重。原本就沒有兵權的鄭成功空空如也，只有區區數百人的衛隊罷了。那麼鄭氏龐大的商船隊呢？也沒有落到鄭成功手上。這個問題誰也說不清，最終只能按照「誰的地盤誰作主」的原則。當時鄭芝龍最主要的貿易港有廈門與安平（即安海），廈門的商船無疑就成了鄭彩的資本，安平則比較複雜。由於安平本是鄭芝龍的老巢，他雖然被劫持，可是並沒有死，還談不上繼承呢，因此鄭氏家族的幾個重要人物完全把持了財政，一個是鄭芝龍的生母、鄭成功的祖母黃氏，另一個是鄭芝龍的弟弟鄭芝豹。

我們可以通過一個例子來看看當時鄭成功是何等的窘迫。他剛起兵時，苦於軍費短缺，正好有一艘商船從日本返航，便立即派兩名鄭家僕人前去打探商船帶回多少銀兩。當得知這艘船所帶回的銀兩有十萬之多，鄭成功如久旱逢甘霖，馬上要求將這筆錢充當軍費。可是鄭氏家僕堅持要得到主母的命令才可以動用這筆錢，主母應該指的是鄭芝龍的母親黃氏夫人。鄭成功勃然大怒道：「汝視我為主母何人？敢抗焉？」遂殺家僕，將十萬銀兩取走，用以招兵買馬，製造器械。

這個例子說明當時鄭氏家族上下並沒有把鄭成功當作新主人看待，因為他一直沒有兵權，也沒有財權。作為鄭芝龍的大公子，他在鄭氏集團中卻沒有任何根基，父親並沒打算把他培養為武將或商人，而是讓他去南京最高學府國子監讀書，顯然希望兒子走的是一條科舉仕途。可是計畫趕不上變化，他不僅脫去儒服換上戰袍，而且還要走父親的老路：致力於海外貿易。

起兵之初，舉步維艱。鄭成功不能指望叔父鄭鴻逵把軍隊交給他，也不能指望族兄鄭彩拱手讓出廈門島，但有一個人是可以爭取的，他是鄭芝龍的老部下、駐守南澳島的陳豹。陳豹是少數沒有降清的福建將領，他對鄭成功的事業有著至關重要的影響，不但宣布效忠年輕的國姓爺，還招募了一支幾千人的部隊，這成了鄭成功發跡的家底。陳豹是南安石井人，與鄭芝龍同鄉，人長得又矮又肥，江湖綽號「三尺六」。這個其貌不揚的人勇猛異常，在之後的十六年裡，陳豹與粵東清軍在海上多次交鋒，粵人懼之如虎，南澳島從來沒有被清軍攻陷過，成為東南抗清基地的堅固屏障。

儘管有了一支基本部隊，鄭成功仍然太弱小了，這是他一生中最困難的階段。他能生存下來，只是因為敵人完全忽視了他的存在。福建的清軍迫不及待傾巢而出，南下攻打廣東，這才使他有喘息之機。

在這段時間裡，他發動了一些規模不大的進攻，但多以失敗告終。永曆元年（一六四七年）七月，與鄭彩聯合進攻海澄失利；同年八月，與鄭鴻逵聯手進攻泉州，仍顆粒無收；只是在次年（一六四八年）四月攻克同安，才勉強挽回些士氣，可是三個月後在清軍的反撲之下，同安又再次淪陷。

儘管遭遇到很多挫折，年輕的國姓爺對抗清事業仍保持著樂觀的信心，這種信心來自於他明確的戰略。他的戰略可以表述為「依託海洋，生存第一」。

他生長於一個商業之家，自小對海外貿易耳聞目睹，對其重要性的認識程度要遠遠高於其他南明將領。自清兵南略後，鄭成功的戰略思路愈發明確，他曾向隆武皇帝建議：「據險控扼，揀將進取，航船合攻，通洋裕國。」後來又向父親鄭芝龍分析：「閩粵之地，不比北方得任意馳驅。若憑高恃險，設伏以禦，雖有百萬，恐一旦亦難飛過。收拾人心，以固其本，大開海道，興販各港，以足其餉，然後選將練兵，號召天下，進取不難矣。」

他的戰略綜合而言，最重要的有兩點：第一，福建地形複雜，多山地，不利於清軍騎兵作戰，只要能據險控扼，完全可以與清軍對峙。第二，必須要掌握海上優勢，從海上發動攻勢，同時以海外貿易支撐軍隊的高額費用。他一生對此兩個基本點毫不動搖，這也是他能在南明武裝一個接一個被消滅的時候頑強生存下來的原因。

他的運氣不算太壞，一六四八年（起兵的第三年），南明的抗清形勢忽然好轉了。這倒不是因為南明的軍隊打了勝仗，而是一些降清的將領對清廷授予的官銜不滿意，一怒之下搖身一變又打起南明的旗號。投降滿清政府的明朝將領金聲桓與李成棟分別在江西與廣東宣布脫離清政府，重新回歸南明朝廷。這一重大事件導致了閩、粵、贛戰場格局出現重大變化，南明帝國第一次看到了復興的希望。正是在這樣的背景下，鄭成功果斷抓住轉瞬即逝的機會，大力招攬反清歸明的鄭芝龍舊部，包括施琅、黃廷等將領紛紛投奔其麾下。這是鄭成功在南澳募兵之後，又一次大大擴張了自己的力量，儘管在南明的抗清武裝中，他仍然只是微不足道的一支。

此時海峽對岸的荷蘭人還完全沒有意識到，「一官的兒子」將來會成為他們最恐怖的敵人。在此期的荷蘭文獻中，「國姓爺」的字眼還沒有出現在古老的書卷中。但是荷蘭人也很關注這場戰爭，他們會時不時點評一下，譬如他們這樣寫道：「中國人究竟能否擺脫韃靼人的統治，我們仍認為難以斷定。無論如何，中國人不會輕易屈服韃靼人的統治，而且不會甘心受其壓迫，正如在此前所發生的事情，他們曾多次遭到韃靼人的掃蕩與打擊。」作為一個曾遭到西班牙統治並經過長期抗爭而獲得獨立的國家，荷蘭人顯然比較理解南明英勇反抗滿清統治的努力，但這絕不表明他們同情南明。事實上，他們認為「中國人對荷蘭人恨之入骨」，但商人們有一點精神是一致的，那就是不以好惡心來看待一件事，而是以利益來作為衡量的標準。儘管漢人痛恨紅毛，但生意可以照做不誤，可是滿清政府在對外貿易上是持何立場，這對荷蘭人來說，是未知數。

自從南京淪陷後，由於戰爭的巨大破壞，不少沿海居民湧入臺灣島。一六四八年至一六四九年，福建爆發饑荒，「因米價上漲，饑荒隨之加劇，數千人在那個國家死於饑餓，有些人則四處流亡以免喪命，也有大批中國人攜妻兒逃至福爾摩沙（即臺灣）。」這場饑荒令臺灣的荷蘭殖民者受益匪淺，他們寫道：「中國人還會不斷湧入以擺脫饑荒，這對福爾摩沙的稻米種植將極為有利。」

對於苦苦支撐的鄭成功來說，在饑荒與滿清軍隊反撲的雙重壓力下，他被迫退出福建，進入廣東。此時的國姓爺兵力仍然弱小，沒有穩固的根據地，這也是他軍事生涯中最尷尬的一段時期，他的理想與雄心壯志被壓制了。為了生存，他攻掠的對象並非清軍，而是所謂「不清不明」的土匪、山賊、海盜等。儘管在剿匪戰中，他的軍隊得到鍛鍊，戰鬥力也在提升，但如果不能改變這種局面，長此以往，他將無法在抗清事業上有更大的突破。

要突破困境，他必須要做到兩點：第一，要有一個可靠而穩固的根據地。第二，必須要掌控海上貿易，以商養戰。如果以這兩點來衡量，只有一個地方是理想的根據地：廈門島。要知道中國的對外貿易只是集中在少數幾個港口，廈門就是其一，而且它又是一個海島，波濤足以阻擋清軍凶猛的鐵騎。只要國姓爺想要有更大的發展，奪取廈門島是必然的選擇。

對鄭成功來說，奪取廈門島最困難之處是內心的交戰。

佔據廈門島的鄭彩、鄭聯兄弟是鄭成功的族兄，其中鄭彩是隆武時代福建三大巨頭之一（其他兩人是鄭芝龍與鄭鴻逵）。他是一位出色的海軍將領，曾在料羅灣海戰中俘獲過一艘荷蘭戰艦。鄭芝龍降清後，他據守廈門島，聯合浙東魯王朱以海，在福建中北部沿海對清軍發動反攻，幾乎光復閩東閩北。後鄭彩與魯王交惡，所佔領之地又多為清軍所奪。一六五〇年，鄭彩率領一支艦隊北上巡航，廈門島守備較弱，對鄭成功來說，這是奪取該島的最佳時機。

可是國姓爺要跨過一道良心之坎。儘管鄭彩曾是鄭芝龍的部下，廈門也曾是鄭芝龍的地盤，可是俱往矣。鄭芝龍投降已是叛國之罪，鄭彩據島抗清，可謂是正氣凜然、無過有功，鄭成功並沒有理由來討回這塊原本屬於父親的地盤。況且鄭彩對族弟也並沒有拒之千里，他允許鄭成功的商船停泊並儲藏糧食貨品，雖然稱不上仁至義盡，也算是得體了。顯然，如今鄭成功要乘人之危，奪人地盤，這確實問心有愧。可是他沒有更好的選擇，只能以「大義」來說服自己，為了抗清事業，為了南明，有些事不得不做。

他使用下三濫的手段奪取了廈門島——把戰船偽裝為商船，悄悄開進廈門港，乘鄭聯沒有戒備心時，將其刺死，一舉控制全島。這場政變十分成功，沒有大規模流血。鄭成功不僅得到了夢寐以求的根據地，佔據了海上貿易的制高點，而且還吞併了比自己更強大的武裝，他掌握的兵力一下子膨脹到六萬之眾。

毫無疑問，這次政變是鄭成功軍事生涯的轉捩點，是他崛起的象徵，也是他重建海上帝國的關鍵一步。

儘管受到戰爭的嚴重影響，福建仍然是中國對外貿易的重鎮，我們可以透過一些資料來進一步了解。在鄭成功奪取廈門島的一六五〇年，中國有七十艘商船前往日本做生意，其中有五十九艘是從福州、漳州、安海（安平）發出的（當時廈門港與漳州港常混為一談），可見福建作為中國對外貿易的門戶，並沒有因為滿人入主而有所改變。

有些人會問，中國的海岸線那麼長，北方沿海離日本也近，為什麼不能開闢新航線呢？這裡的原因是很多的。首先，滿清政府在對外貿易上的態度，與大明政府一樣是比較保守的，事實上到一六五六年時，清政府發布禁海令，又回到明朝開放海禁前的老路了。其次，滿清政府在控制區強制推行「雉髮令」，當時日本人推行鎖國政策，貿易只對中國與荷蘭開放，對於剃了豬尾巴辮子的人一概視為韃靼人，而當時日本並不承認韃靼為中國的合法政權。其三，福建作為中國的對外貿易基地時日已久，其海外關係盤根錯節，在華僑中閩粵人也極多，北方諸省的商人要插進一腿是有困難的。其四，當時的貿易環境並不太平，包括海盜、荷蘭人、西班牙人、葡萄牙人等等都常幹打劫商船的事，因而商船要是沒有特殊的背景，那多半要倒大霉的。福建的「鄭氏商號」聞名已久，一般人是不敢輕易打劫的，否則將受到嚴厲的報復。

如今廈門島落入鄭成功之手，這位鐵腕人物一步步地把父親的貿易帝國重新建造起來。在吞併廈門島之前，鄭成功的貿易船隊規模是很小的，不到廈門的十分之一，在當時外貿比重中份額也很有限，這就是為什麼荷蘭人在這段時間壓根沒有提及他的原因。可是我們不要忘了，海上貿易僅僅是鄭成功事業的一部分，他最重要的事業仍然是抗清。

在鄭成功奪取廈門島的第二年，福建的對外貿易量出現大幅下挫。以日本航線為例，一六五一年航往日本的商船是四十艘，比起一六五〇年的七十艘縮水了百分之四十以上，這次貿易量的銳減與當年的政局及軍事行動密切相關。

一六五〇年底，南明最重要的軍事重鎮廣州城在被清軍圍困十個月後終於淪陷，南明永曆朝廷的軍事力量幾乎完全被打垮，永曆皇帝鼠竄廣西。就在南明的命運即將終結之時，盤踞雲南的大西軍（**張獻忠的農民軍殘部**）伸出救援之手，而東南的鄭成功也在一六五一年初幾乎傾巢而出，南下勤王。福建清軍乘廈門防守空虛之機，渡海出擊，廈門守將鄭芝莞臨陣逃跑，致使中左所淪陷。清軍劫掠廈門島，劫走黃金九十餘萬兩，珠寶數百鎰，米粟數十萬斛，鄭氏在廈門島數十年的積累毀於一旦。

這次廈門島被劫事件，不僅嚴重影響了廈門港正常的對外貿易，也影響到另一個重要的貿易港：安海（即安平）。在進攻廈門島之前，清軍將領以鄭芝龍的性命威脅在安海經商的鄭芝豹（鄭成功之叔），勒令他提供八艘商船以供渡海，這也嚴重影響了安海商船出航的數量。廈門島被偷襲，迫使鄭成功不得不提前結束勤王軍事行動，匆匆返回基地。清軍也很識相，自知在海上無法與鄭氏對抗，早就逃出廈門島。這對鄭成功來說是一次刻骨銘心之痛，但並非全無益處，此後他牢牢記住「生存第一」的原則，要在一場望不到盡頭的戰爭中不被消滅，首先必須要保全自己，要「先為不可勝」。如果不能在東南沿海穩住腳跟，那麼勤王乃至驅逐韃虜都將成為空談。

截至一六五二年，鄭成功的軍隊有過六次較大的擴張：第一次是一六四六年起兵時，在南澳招募數千人，這成為其早期基本武裝；第二次是一六四八年李成棟脫清歸明後，其部下原鄭芝龍系的福建籍將領受到排擠，返回福建歸附鄭成功；第三次是一六四九年入粵東後，陸續收降不少當地山寇海盜；第四次是一六五〇年吞併鄭彩、鄭聯部後，軍隊擴張到六萬人；第五次是一六五一年鄭成功的叔父鄭鴻逵淡出政壇，將自己的軍隊交給侄兒，至此鄭氏集團的武裝全部統一在鄭成功名下；第六次是一六五二年初，魯王朱以海、定西侯張名振領導的浙東抗清武裝在丟失舟山根據地後，南下廈門投靠鄭成功，至此浙東與福建的兩大抗清力量合二為一。

國姓爺名下的這支抗清武裝，來源五花八門，有鄭氏集團的元老與舊將，有山寇土匪改造過來的，有南明不同派系的武裝，也有清軍投降歸順的。這不是一支容易管理的軍隊，南明軍隊的傳統是武人自雄、一盤散沙，這是南明武裝不堪一擊的原因所在，土匪改造過來的人，紀律也好不到哪去。為了嚴肅軍紀，鄭成功砍下三板斧。

第一板斧砍倒自己的族叔，鄭氏集團元老鄭芝莞。清軍進攻廈門島時，他作為鎮守將領率先逃跑，罪不容赦，被判死刑；第二板斧砍向悍將施琅。施琅家族在軍隊中地位顯赫，勢力盤根錯節，而他本人又飛揚跋扈，目空一切，終令國姓爺痛下殺手，然而施琅還是僥倖逃脫，最後投奔清軍；第三板斧是頒布賞罰令，並嚴格依法令實施。這些舉措最終促成了鄭成功對軍隊的絕對掌控與獨裁權，杜絕了南明武裝派系內鬥傳統，這是他得以同清軍頑抗到底的根本原因。

儘管此時鄭成功擁有數萬人的武裝，已經發展為一支不容忽視的力量，可是他仍然面臨三大難題：地方狹窄、器械未備、糧餉不足。

第一個難題是地方狹窄。鄭成功所能控制的根據地，僅是廈門、金門、銅山、南澳等幾個小島，在陸地上的據點都難以持久。儘管在他最強盛的時候，幾乎控制了福建沿海平原區，可是難以保衛戰鬥成果，旋得旋失。鄭氏武裝之所以在陸地上難以有大的作為，跟第二個難題有關：器械未備。

鄭氏武裝在陸戰上的表現不如海戰，在陸地上最大的問題是缺乏馬匹，其次是缺乏火炮。由於福建並非一個牧馬區，馬匹數量稀少，鄭成功在與清軍對抗中，以步兵迎戰騎兵，顯然要吃很大的虧。在戰爭早期，清軍對鄭軍擁有火炮上的絕對優勢，後來鄭成功從日本進口大量的銅、鉛以製造火炮，火炮數量的不足才得到一定程度的彌補。然而由於缺乏馬匹牽引，這些火炮只能用於海戰或城防，難以大量運抵陸戰前線，因而在攻城戰中，鄭軍的火炮仍是不足的。武器的落後還可以從另一個方面看出來，一六五一年，鄭成功在廈門組建了一個武器製造局，生產藤牌、滾被、火筒、火罐等武器，這些基本上都是很原始的武器，很有「土法煉鋼」的味道。

第三個難題是糧餉不足。在國姓爺起兵初期，由於軍隊數量並不多，糧食問題還不算太突出。可是在吞併廈門島後，他的軍隊數量開始急劇膨脹，這時糧餉便成為大問題了。一六五一年清軍劫掠廈門島時，奪走米粟數十萬斛，這幾乎要了鄭成功的命，因而從該年下半年始，鄭氏軍隊頻頻主動出擊，其中一個目的便是略地取糧。除了略地取糧之外，解決的另一個措施是商業購糧，譬如在一六四八年至一六四九年的福建大饑荒中，鄭成功曾往廣東高州購糧。一六五一年，參軍馮澄世建議向日本購糧，這個建議得到鄭成功的認可，在很大程度上解決了鄭軍缺糧的問題，然而由於鄭成功軍隊多、地盤少的格局長期存在，因而糧食問題幾乎伴隨他整個軍旅生涯。

為了鞏固廈門根據地，鄭成功制訂了如下戰略：「欲圖進取，先從漳、泉起手。此番殺他一陣，則漳虜懾服，集兵裕餉，恢復有基矣。」從永曆五年（一六五一年）始，國姓爺在福建南部發動了一系列的攻勢，主要的戰役如下：

永曆五年（一六五一年）十一月，鄭成功率部在同安小盈嶺取得對清戰爭的第一場大勝，殲滅清軍數千人。次年（一六五二年）正月至三月，圍困長泰，清閩浙總督陳錦數萬人馳援，國姓爺回師戰清援軍於江東橋，大破清軍。陳錦幾乎全軍覆沒，後被其僕刺死，持首級獻國姓爺。江東橋之戰是國姓爺起兵以來所贏得的最偉大的勝利，此役殲滅清軍數萬人，這也是南明抗清史上屈指可數的重大勝利之一。

清軍在江東橋遭重創後，漳州已成孤城。鄭成功以重兵包圍漳州達半年之久。清廷兩度從江浙調精銳騎兵入援，至十月漳州解圍。這場曠日持久的圍城戰並沒有取得預期的勝利，但是國姓爺在東南的崛起已成為不爭的事實。在漳州之役進行的同時，清軍動用水師一百條船進攻廈門島，為鄭成功部將陳輝所破，被擄獲大船十餘艘；不久後，清水師二度攻廈門島，再為陳輝所破，清水師副將斃命。儘管廈門與大陸之間僅有狹窄的海峽，但這道海峽卻成為滿清軍隊難以逾越的鴻溝。在鄭成功去世之前，清軍多次越海攻擊廈門島，但無一成功，這也可以看出鄭氏海上力量的強大。

就在鄭成功圍困漳州之際，在臺灣海峽對岸，爆發了荷蘭人殖民統治以來的最大規模的一次漢人暴動，史稱「郭懷一起義」。這次起義是臺灣漢人自發組織的，還是得到了鄭成功的支持呢？歷史上眾說紛紜。我們暫且將眼光從福建轉向臺灣，來看看這次大暴動是如何爆發的。

第十一章　郭懷一起義

一六五二年九月，臺灣爆發了荷蘭人殖民統治以來最大規模的一次起義，這次起義主要是由當地漢人發動的，起義的領導人是郭懷一。這是一次準備不充分的倉促起義，因而很快便被荷蘭殖民者鎮壓並導致了數千人的死亡。可這是臺灣史上一次十分重大的事件，起因是漢人對荷蘭當局殖民暴政的痛恨，表面上是一次突發性的事件，實際上是蟄伏十幾年的仇恨與怨氣的總爆發，反抗的洪流終於如熾熱的岩漿一般從火山口噴湧而出。

晚明時期的中國，國內動盪不安，貧富嚴重分化，農民起義如洪水一般衝擊著大明帝國大廈裡搖搖欲墜的支柱。為了生存，有些人落草為寇，有些人入海為盜，有些人冒著巨大風險走私貨物，還有一些人渡海前往臺灣島。當時的臺灣島還是一塊尚未開發的處女地，荷蘭人是這樣寫道：「那裡有適宜的氣候，潔淨健康的空氣，以及肥沃的土地。」那麼這些土地誰來開發呢？正是不斷湧入的內地漢人。對此荷蘭殖民者是樂於看到的，因為漢人的數量完全可以滿足他們的需求。

當地原住民在荷蘭人的眼中是「愚昧無知」的一群人，「貧窮、懶惰、無所奢求」；而前來拓荒的漢人則是「勤勉、認真、耐勞、好勝」的。漢人成為開發寶島的主力軍，他們在一六三五年的上半年便生產了三千擔糖。荷蘭人將這些糖賣到日本與波斯，此時臺灣島不僅是商品中轉基地，同時也成為一個商品生產基地。

漢人絡繹不絕地湧入臺灣從事農業生產，一方面給荷蘭殖民者帶來巨大的經濟利益，另一方面又令殖民當局有強烈的防患心，擔心兵力不足而無法控制漢人日益增長的勢力。當時的臺灣總督普特曼斯向巴達維亞當局提出增兵的請求，要求增派更強的力量，以確保東印度公司在臺灣的地位不受動搖，並能維持殖民地的統治。

一六四〇年八月一日，東印度公司巴達維亞總部決定對在臺的所有漢人徵收人頭稅，每人每月〇·二五里爾。這是一項負擔沉重的稅，從九月份起正式徵收。除此之外，漢人從事獵鹿、伐竹、釀酒、燒磚、網魚等經濟活動，也必須要向荷蘭人繳納稅款。東印度公司這樣說：「盡量不影響中國人（指漢人）在大員居住，另一方面又可補充我們在大員的費用。」換言之，既要壓榨漢人，又不至於讓他們無法生存。在最初的兩個月（九月、十月），居住在大員、赤嵌及周圍地區的漢人共計三千五百六十八人，儘管心裡極度不滿，但還是被迫繳納了一千八百八十五·五里爾的人頭稅。由於此時中國內亂嚴重，從內地居民移居臺灣的人數還在不斷增加，人頭稅的稅款也隨之增加，這成為荷蘭人在臺灣殖民統治最重要的一筆固定收入來源。

中國的動亂在一六四四年最終導致巨變，北京城被農民軍攻破後，滿人乘機南下並席捲中原。一六四五年滿清軍隊跨過長江，一六四六年福建幾乎全部落入其手。戰爭導致前往臺灣避難的內地漢人激增，這對臺灣的農業及其他經濟的發展起到了推波助瀾的作用。除了開拓較早的大員、赤嵌周邊的種植區外，荷蘭殖民者又大力開拓島上其他墾殖區。此間臺灣的農業發展迅猛，耕地面積由三千摩肯增加到一萬摩肯，增長了二·三倍。糖的產量達到五萬擔，比一六三五年時增長了將近十倍。

勤勞的漢人成為荷蘭殖民者的搖錢樹，他們將土地、河流、湖泊等自然資源以競價的方式出租給漢人經營農業、貿易、漁業、狩獵等。儘管此間由於中國國內戰爭加劇而導致商品緊張，荷蘭人在外貿上也受到很大影響，但他們在內地移民身上榨取了許多稅款或租金，使其收入大大增長。

由於福建日益成為明清戰爭的主戰場，逃避戰爭災難的人不斷增加。一六四七年，包括鄭彩、鄭鴻逵、鄭成功等人在內的鄭氏武裝在福建省內發動對滿清的反擊戰，密切注視福建戰局的荷蘭人這樣寫道：「那些地區再次捲入戰亂……致使可憐的中國難民蜂擁而至，促使福爾摩沙的種蔗和種稻大幅增長。」由於逃難至臺灣的內地漢人太多，荷蘭人就可以使用狡詐手段將自己的利益最大化。比如說，他們將赤嵌附近的耕地分為十二塊，出租給出價最高的人。試想想，這些落難的中國人只為求生存而已，在競標後最高價租得土地者，辛辛苦苦耕作一年，所得也不過等同為荷蘭人打工罷了。

漢人數量的增加，既給荷蘭人帶來豐厚的經濟效益，同時也令他們心有餘悸。據《東印度事務報告》，到一六四八年三月，移居臺灣的漢人有一萬四千人，而且人數還在繼續增加。而荷蘭東印度公司在臺灣島上的駐軍僅有七百人，這樣的兵力顯然過於單薄，故而巴達維亞當局決定要增兵到一千一百～一千二百人，即增加百分之五十的兵力，以「確保這一美麗、富饒的殖民地萬無一失」。

漢人的勤奮創業不僅沒有引起荷蘭人的感激，反而處處提防，想方設法離間漢人與臺灣原住民的關係。為了盈利，荷蘭人將原住民村社租給漢人，租借者可以到村社內與原住民做小買賣，可是只能在離村社有一定距離的地方聚居，進出村社時要佩戴一枚銀章，上面刻有該村社的名字以作為通行證。沒有銀章的漢人（**即非租借者**）嚴禁進入該村社，也不允許與原住民有任何交易。在一六四二年，荷蘭人出租第一批村社時，租金為一千六百里爾，之後租金連年上漲，到一六四七年時已漲到一萬四千二百五十萬里爾，一六四八年超過二萬三千萬里爾。在短短的六年時間裡，荷蘭人通過出租村社所獲得的租金上漲了十幾倍以上。如此高的租金，令承租的漢人已完全沒有利潤的空間。譬如說，僅虎尾壠社的租金就達二千六百里爾，漢人用如此高的價格競得該村舍的貿易權，連荷蘭人都出乎意料，他們說：「整個虎尾壠社財物的總價值也沒有租金那麼多。」換句話說，該村社能與漢人貿易的錢還不夠二千六百里爾呢，那高價承租的漢人哪有盈利呢？貿易所得根本不足以支付租金，只能靠獵鹿來彌補。這也說明飽受饑荒的漢人為了填飽肚子，不惜受荷蘭人最大限度的剝削，他們一年的辛苦，到頭來油水都落到荷蘭人手中。當一個國家陷入天災人禍與戰亂中時，百姓是何等的無奈！

在剝削的同時，荷蘭人又極度醜化漢人。他們向臺灣原住民宣傳漢人「訛詐欺騙」，會將「他們的妻子女兒引入歧途，導致通姦與成為娼妓」。

一六四八年至一六四九年，福建遭遇罕見的饑荒，連鄭成功、鄭鴻逵等軍隊也不得不轉移到了粵東潮州一帶略地取糧，以度過災年。與此相對應的是，流落到臺灣的內地漢人超過二萬人。荷蘭殖民者大發戰爭財，漢人繳交的人頭稅增多，農業稅也隨著種植面積的擴大而增加，村社的租金到一六四九年時達到四萬六千萬里爾，為上一年的兩倍。

在一六五一年的一份東印度公司報告中，提到了漢人對繳納人頭稅的嚴重不滿：「在收稅過程中常發生一些不快的事情，士兵們在巡訪中國人時，不可避免地要動用武力。」顯然在荷蘭人的壓迫之下，忍無可忍的漢人的抵抗情緒一日日地高漲。顯然荷蘭人也發現苗頭不對，東印度公司在臺灣的軍隊增加到將近一千人，而且還準備「再派一批士兵，以防備日益增多的中國人」。

表面平靜的臺灣島，實際上已經是暗流湧動，一場大風暴隨時會降臨。

一六五一年，一則謠言令荷蘭人感覺到一絲不安。這則謠言是由兩名剃了豬尾巴辮子的漢人在蕭壠社散布的，聲稱中國人將組織龐大的艦隊，在當地居民的幫助下攻佔大員。在這則謠言中，毫無疑問中國人指的是南明而非滿清，儘管傳播者剃了一個滿清的髮型，但滿清在海上是沒有實力可言，顯然只有一個人有能力渡海征臺，這個人就是鄭成功。

荷蘭人逮捕了這兩名造謠者，嚴加審查，最後斷定二人完全是憑空捏造以蠱惑大眾。儘管謠言平息了，但謠言傳播的背後卻是漢人與荷蘭人之間矛盾的激化，顯然大家翹首以盼，希望海峽對岸的國姓爺能渡海東征，趕走這些殖民者，以一掃漢人們心中的怨氣。倘若我們跟蹤鄭成功的行跡，便會發現這一年（一六五一年）他絕無跨海征東的徵兆，因為他正在福建南部頻頻發動進攻，而且得心應手，連續取得幾場勝利。對國姓爺來說，抗清的事業是排在第一位的，很難想像他會在大好時局下去攻打臺灣島。可是如果說國姓爺對臺灣島沒有絲毫興趣，那則大錯特錯，有很多證據表明，儘管他不能分兵東渡臺灣島，可是對漢人反抗荷夷的鬥爭，他是支持的。

這次謠言風波令荷蘭人提高了警惕，「時刻準備抵禦各種不測攻擊」。在接下來的一段時間裡，臺灣的漢人並沒有過激的反應，似乎一切歸於平靜，可是在平靜的表面之下，卻湧動著一股暗流。

一六五二年，連遠在巴達維亞的東印度公司總部也隱隱察覺到不安的氣氛。當時前往巴達維亞的中國商人傳出一個消息：國姓爺鄭成功在與滿清的戰爭中遇到挫折，因而有攻打臺灣島的可能性。這裡說的挫折，應該是鄭成功在進攻漳州時受阻，而與此同時，清軍出動水面部隊兩度進攻廈門島，形勢對國姓爺不利。儘管鄭成功並未遭到重創，但向內地拓展徒勞無功，這時轉而考慮攻佔臺灣以作為海外基地，這是完全有可能的。正因為如此，東印度公司總部憂心忡忡，便在七月二十五日寫了一封信，由一艘開往臺灣大員的商船送交給臺灣總督費爾勃格（Nicolaas Verburg），要求他警惕中國人的進攻。

無獨有偶，這一年有一名耶穌會教士從中國返回荷蘭時，途經巴達維亞，他給東印度公司總部發出警告：「國姓爺由於處境不利，正在窺視福爾摩沙，也在當地居民中進行煽動。」這個警告指出荷蘭人面臨的危險，不全是來自外部，也包括本島的中國人有可能發生暴動。

來自巴達維亞的信件漂洋過海，直到一個多月後的九月七日，才落到臺灣總督費爾勃格之手。費爾勃格剛讀完信件後三小時，漢人的暴動爆發了！

這次暴動的組織者是赤嵌的一個農民，此人叫郭懷一，有人稱他曾是鄭芝龍的部下，這種說法估計是牽強附會。郭懷一顯然與其他漢人一樣，對荷蘭人的壓迫剝削深為不滿，他暗地裡聯繫了許多漢人，密謀在九月七日夜晚舉事，對荷蘭人發起攻擊。然而，與歷史上許多不成功的起義一樣，計畫在開始前洩漏了。

九月七日下午，有七位得知暴動計畫的中國人前往熱蘭遮城向費爾勃格總督告密，這七個人都是居住在大員有頭有臉的漢人，顯然，他們被郭懷一的冒險計畫嚇壞了，在經歷了一番思想鬥爭後，最後決定出賣自己的同胞。費爾勃格聽罷大吃一驚，他怎麼也沒想到一群一貫忍氣吞聲的漢人竟然要拿起武器造反，對於大員的安全，他向來認為威脅只可能來自海峽對岸的鄭成功，卻忽略了自己眼皮底下這群勤勞而又任勞任怨的農民也會暴動。

費爾勃格當即下令，加強熱蘭遮城的防禦，並派專人率四名士兵前往赤嵌，通知赤嵌的指揮官阿德爾卓帕（Balliuw van Adeldorp）。此時赤嵌（即普羅民遮）內的荷蘭人對中國人的暴動全無知曉，阿德爾卓帕得到消息後，不敢怠慢，立即派人前往郭懷一所在的村落偵察詳情。事實證明漢人的暴動屬實，因為荷蘭探子發現數千名中國人已經整裝待發了，他們手上的武器簡陋得不能再簡陋，多數人的武器就是農具，鐮刀或鋤頭，還有人拿著尾端削尖的竹竿，甚至手持船槳作為武器。

顯然這是一次精心策劃的起義，想必醞釀的時間頗長，直到起義前幾個小時才被告密。可問題是儘管郭懷一的組織能力堪稱一流，但是要憑藉如此粗劣的武器戰勝擁有槍炮的荷蘭殖民軍，難度顯然很大。起義軍發現了荷蘭探子的活動，立即發起攻擊，但荷蘭探子還是騎著馬逃走了。赤嵌地區的荷蘭人驚恐不安，紛紛收拾貴重物品攜妻帶子躲進普羅民遮市鎮內，同時火速向大員荷蘭總督確認中國人正在組織一場規模空前的暴動。

九月八日凌晨，大批的起義軍手持棍棒鐮刀，口中大聲叫喊著「打死荷蘭狗」，開始對普羅民遮發起進攻。東印度公司的大馬棚成為荷蘭人抵抗的一個重要據點，此時起義軍暴露出一個弱點：這群揭竿而起的農夫沒有明確的戰略意圖。在攻打大馬棚遇阻後，起義軍轉而去焚燒荷蘭人的房屋，並打死了八名荷蘭人，當壓抑的激情被釋放出來時，報復的怒火便熊熊燃燒。可是在這個時候，大員熱蘭遮城的荷蘭軍隊開始增援赤嵌了。

荷印臺灣總督費爾勃格派遣上尉夏弗萊率領一百六十名火槍手緊急增援普羅民遮。由於大員是一個沙洲，荷蘭人必須要搭船過海，為了阻止來自熱蘭遮城援軍的登陸，郭懷一的起義軍有數千人湧向海邊，試圖把荷蘭人趕入大海。可是起義軍的武器太差了，連可以遠端射擊的弓箭也沒有，而荷蘭人根本不用肉搏戰，就可以輕鬆用火槍製造大量的傷亡。儘管起義軍人數眾多，但人多並沒有演變為一種優勢，在荷蘭火槍的猛烈反擊下，傷亡慘重的起義軍最後被迫從海邊撤向街區。

毫無戰鬥經驗的郭懷一起義軍想不出更好的防禦辦法，只是用竹竿圍起最簡單的防禦工事，這種防禦陣地的效率幾乎為零，根本無法擋住荷蘭人的槍炮。在荷蘭人強大火力的壓迫下，起義軍無法堅持，只得落荒而逃，撤出街區。荷蘭人在戰鬥經驗上顯然比較老到，打退起義農民的圍攻後，並沒有冒失地追擊，這是害怕遭到伏擊。

經此一役，起義軍損失了約五百人。郭懷一將軍隊撤往離普羅民遮約五荷里的一個山麓，這裡有一個水泊，他把糧食物資都送往此地，打算建立一個根據地，據險抗拒荷蘭殖民軍。義軍的人數有四千～五千人，如果加上婦女與兒童，數量還要更多，當時在臺灣的漢人總共也不過一萬多人，可見郭懷一確實有組織天才，差不多有一半的漢人投入到了這場起義的洪流之中。

可是形勢十分嚴峻。

荷蘭人不僅出動殖民軍鎮壓起義，同時迫使附近原住民村社出動武裝人員圍剿義軍。臺灣總督費爾勃格下令新港、蕭壠、麻豆、大目降、目加溜灣諸社村民武裝起來，組成一支約三百四十人的部隊配合荷蘭殖民軍出征，同時下令南部村社組織一千人的武裝人員以備戰。費爾勃格絕不可能讓郭懷一的起義軍在他眼皮底下割據一方，他要血洗義軍山寨。

郭懷一的部隊都由對荷蘭人恨之入骨的農夫組成，既沒有武器，也缺乏基本軍事訓練。他所選擇的根據地位置是不錯的，這裡地勢險要，水泊的入口處有又深又急的水流，荷蘭人如果要從水路進擊並不容易。顯然這個地點是郭懷一花費很多精力才尋找到的一個可靠的根據地，一旦攻擊普羅民遮失手，他可以像當年梁山泊的英雄好漢那樣，佔山為王，割據一方。可惜的是，郭懷一犯下了一個不可挽回的大錯。

這個水泊山寨與外界有一條小路相通，這條路可以通車輛，由於山寨內的物資儲備比較多，要阻止荷蘭人進攻的最好辦法，莫過於將這條道路阻斷。可是郭懷一過於大意了，或許他認為荷蘭人不可能那麼快發起進攻。當荷蘭人發現還有這麼一條通道可以進出時，興奮地寫道：「如果他們將這一通道堵死，我們的人將無法接近他們。」不僅如此，這麼一條重要的通道，甚至沒有一個人守衛。

荷蘭殖民軍不費吹灰之力就輕而易舉地通過這個咽喉小道，沒有遭遇一丁點的抵抗。郭懷一要為自己軍事才能的缺乏付出慘重代價，荷蘭人通過小道後，進入到開闊的平地。從地形上看，起義軍居高臨下，可是地形上的優勢遠遠不能抵消武器上的劣勢。狡詐的荷蘭人要把原住民武裝作為替死鬼開路，可是當看到起義軍揮舞棍棒與形形色色的旗幟衝下山時，原住民嚇壞了，沒有人敢往前衝。這時荷蘭殖民軍的火槍手開始射擊，火槍的威力很快形成巨大的威懾力，在四輪射擊後，起初勇敢無懼的起義軍終於喪失了信心，因為戰友的血肉之軀根本無法抵禦子彈的穿透力。

進攻變成一場大潰敗，這是郭懷一沒有料到的結果。其實他是一個很有本事的人，在荷蘭人的眼皮底下能秘密發動一場大規模的暴動，說明領導力是很強的。從他進攻普羅民遮失利後撤退到此山寨，在很短時間內能運進各種生活物資，說明他是有長期抗戰的準備。但問題是他低估了荷蘭人的軍事打擊能力，在武器上連弓箭都沒有，怎麼與槍炮對壘呢？最終只是成為荷蘭殖民者屠戮的對象。

從荷蘭人進攻山寨的這一天，起義軍被屠殺了二千多人。山寨內的糧食物資、車輛、帳篷等全部被燒毀，起義軍被打散了，四處逃逸。到了九月十八日，即郭懷一起義後的第十二天，荷蘭人宣布暴動被鎮壓。起義軍的領袖郭懷一在一次交戰中，被一名原住民戰士用箭射死，另有六名義軍頭目被俘。整個起義過程共有三千～四千名漢人死亡，除了郭懷一之外，其他大多數人都沒有留下姓名，不過這些勇敢的人證明了中國人的血性尚在。郭懷一起義這個事件，最為撲朔迷離的一個疑問是，起義有沒有得到國姓爺鄭成功的支持呢？

荷印臺灣總督費爾勃格剛剛接到巴達維亞總部關於國姓爺可能出兵攻佔大員的警告，便爆發了郭懷一起義，他不能不將這兩件事聯繫在一起。為了查明暴動的原因，荷蘭殖民者對被俘虜的六名義軍頭目嚴刑拷打，企圖弄明白起義的來龍去脈與背景。這六名義軍頭目中的三人堅貞不屈，面對酷刑未吐露半個字，可惜的是此三名英雄好漢只留下荷文記錄的名字，他們的中文姓名已經很難查明了。荷蘭人是這樣寫道：「他們不肯做出任何妥協，隻字不講，恰似被愚蠢的魔鬼附身一樣，其中的兩名因用刑過度而死去，第三名被折磨得半死，又被搶救過來。其他三名似乎經不住百般痛苦而招供。」

荷蘭人毫無人道地折磨這些義軍首領，終於得到如下的說法：郭懷一起義前，許諾一旦舉事成功，打敗荷蘭人，將與所有人平分荷蘭人的財物，到時都不必繳納人頭稅。這裡可以看出，荷蘭人的殖民壓迫與經濟剝削正是造成大起義的原因。值得注意的是，在三名提供證詞的義軍頭目的供述中，提到國姓爺會派出三千艘船與三萬名士兵，在八月十五（西曆九月十七日）在打狗仔登陸，並攻佔大員的熱蘭遮城，最終奪取整個臺灣島。

對於這種說法，荷蘭人覺得難以相信。因為直到戰爭結束（九月十八日），傳說中的國姓爺的軍隊並未出現在大員灣，連個影子也沒有。實際上這段時間鄭成功一直在漳州前線指揮作戰，根本是不可能分兵到臺灣，更談何派遣三萬大軍與三千艘戰船渡海征臺呢？但為什麼起義軍內部會有這樣的傳言呢？鄭成功與郭懷一起義之間難道真的一點關係也沒有嗎？

在十年後的一六六二年，鄭成功趕走了荷蘭殖民者，收復臺灣。他寫下一首詩，其中兩句是：「開闢荊榛逐荷夷，十年始克復先基。」這是一首值得注意的詩，請注意「十年始克復先基」之句，從一六六二年往前推算十年，就是一六五二年，正是郭懷一起義的這年。鄭成功詩中明明白白地表明，收復臺灣、驅逐荷蘭人總計是花費了十年工夫，從這點看，鄭成功與郭懷一起義之間必然有某種關聯。或許郭懷一起義之前，曾經前往福建拜見過鄭成功，並得到某些支援，但這種支援肯定不會是軍事上的支持，更可能是經濟上的支持。為什麼呢？首先，這一年鄭成功的進攻重點仍是閩南地區，不可能分兵到臺灣；其次，荷蘭人對前往臺灣的大陸商船盤查得十分嚴格，凡船上有武器的，均需上繳方可上岸，直到商船離開時才發還。因此即便鄭成功想提供武器給郭懷一，也是難以運往臺灣島的。

當然，以上的分析只是猜測。事實上，荷蘭人並不認為國姓爺會貿然攻打臺灣，因為他們對自己堅不可摧的城堡有很強的自信，認為「國姓爺明白攻取大員的城堡並非輕而易舉」，「他不能保證可以攻克城堡，即使他能佔領福島的平原地區，結果也將是搬起石頭砸自己的腳，自討與荷蘭人的戰爭之苦，長時間不得安寧。」對於郭懷一起義的原因，臺灣殖民當局認為是中國人「因輕微的不滿或要求公司給予他們更多的自由，而自發地組織這次叛亂。」這種說法無異於強盜的邏輯，中國人的忍耐力天下無雙，若非忍無可忍，手無寸鐵的農民何以會用生命的代價去對抗一群武裝到牙齒的強盜呢？

在以武力鎮壓中國人的暴動後，荷蘭人的殖民統治變本加厲。他們對島上的漢人有了更嚴厲的盤查，特別是對於私藏武器者嚴懲不貸。在郭懷一起義之前，荷蘭人向漢人徵收人頭稅，並不包括婦女，但是起義之後，婦女也被列入徵收人頭稅的名單，無疑使漢人的負擔更為沉重。儘管漢人為荷蘭殖民者帶來了大量的財富，但殖民者認為「減少福島的中國人的數量對公司更有利，不必滿懷希望生活在不安之中」。同時他們決定「把更多的中國人趕出村社，以免他們煽動原住民反抗公司」。

實際上反抗荷蘭人的遠不止漢人，臺灣原住民與荷蘭殖民者之間也時常爆發流血衝突事件。荷蘭人也承認，「福島原住民對荷蘭人的兇殺案均為我們的恐嚇與武力所致，使他們無法忍耐而奮起反抗」，因此制止漢人在原住民區進行反荷宣傳，便成為殖民者要謹慎對待的大事。

為了預防漢人再次暴動，荷蘭人加強了普羅民遮的防禦，修築了一座炮臺，並加派士兵把守。儘管漢人反抗的怒火暫時被壓制，可是仇恨並沒有熄滅，只是他們還要耐心地等待，等到十年後終於盼到國姓爺率領漢家男兒趕跑荷蘭人，收復臺灣島。

郭懷一的起義並沒有給荷蘭人予致命的打擊，但是還是令東印度公司蒙受巨大的損失。臺灣島上的重要商品，糖與稻穀多數毀於戰火，普羅民遮的許多房屋被義軍搗毀或焚燒，荷蘭人的貿易也一度停頓。儘管在這一次暴動中，國姓爺的軍隊並未捲入，可是荷蘭人已經不能忽視這位崛起中的海上巨人。繼鄭芝龍之後，又一位令他們頭疼的商業對手出現了。

在講述鄭成功與荷蘭人的貿易戰之前，我們還是先來了解下在郭懷一起義之後，國姓爺在福建都做了哪些事，他的海上力量是如何發展起來的。

第十二章　國姓爺的奮鬥：一六五二—一六五七年

一六五二年的下半年，鄭成功就算有心要支援臺灣島上的郭懷一起義，也無法派出軍隊橫渡臺灣海峽，因為他自己的處境也開始變得艱難了。

持續半年之久的漳州圍困戰最終功敗垂成，滿清政府先後派浙江金衢總兵馬進寶與平南將軍金礪馳援漳州城。鄭成功被迫放棄圍城，退守古縣。清平南將軍金礪以二萬名騎兵與國姓爺的軍隊決戰於古縣，鄭成功以火炮還擊。然而有一個因素最終影響了戰局。鄭軍逆風作戰，強風將硝煙倒吹回自己的陣地，導致一片迷霧，而滿清騎兵乘機發起進攻，導致鄭軍防線崩潰。此役是國姓爺自一六五一年以來遭遇的最大失利，左提督及三員鎮將戰死。

古縣之戰後，鄭成功在閩南所佔領的城池幾乎全部被清軍奪回，只有海澄仍巋然挺立。鑒於海澄在戰略上與貿易上具有雙重重要性，鄭成功絕不肯輕易放棄這一陸上的據點，海澄也成為鄭、清大決戰的焦點所在。永曆七年（一六五三年）四月，清平南將軍金礪以數萬馬步兵、數百門火炮進攻海澄，持續炮擊兩晝夜，幾乎毀壞了海澄所有的工事。國姓爺以堅韌的意志，決意與海澄城共存亡，他親臨一線以穩定軍心，險被清軍大炮擊中。這幾乎是一次必敗無疑的戰鬥，可是鄭軍在最後關頭上演了一出大逆轉的好戲。鄭成功秘密派人冒著被清軍火炮擊中的危險，連夜在城外護城河畔埋下大量的火藥。次日清軍對海澄發起總攻，關鍵時刻，火藥被引爆，攻城的清軍傷亡慘重，英勇的鄭軍絕地反擊，死地求生，反敗為勝，最終贏得了海澄保衛戰的勝利，保住了這一重要的軍事堡壘。

海澄之役令滿清政府意識到要消滅鄭成功的勢力並不容易，他們想到一張制勝的王牌，這張王牌就是鄭成功的父親、被軟禁於北京的鄭芝龍。清廷顯然想通過低成本的手段，不戰而招撫鄭成功，就像當年招撫鄭芝龍一樣。可是他們似乎忘了一件事，招撫鄭芝龍時他們的手段並不光明：事實上那不是招撫，而是綁架。但不管怎麼說，清廷還是帶著一絲僥倖的心理，萬一鄭成功也像鄭芝龍一樣落入圈套，那就可不戰而勝矣。

清廷叫「招撫」，鄭成功則稱為「議和」，議和表示雙方是完全對等的地位。要不要與滿清議和呢？鄭成功的說法是：「清朝亦欲紿我乎？將計就計，權借糧餉，以裕兵食也。」對他來說，議和是一種手段，正好可以藉此停戰之機，擴充實力。

這次議和注定是不可能有結果的，因為從一開始鄭成功便以生平最狡詐的表演投入到這場縱橫捭闔的遊戲之中。他一會兒漫天要價，要求割據閩、粵、浙三省；一會兒提出至少要有四府（泉州、漳州、潮州、惠州）為安插之地；一會兒又說兵馬繁多，至少要割據福建全省與浙江的五個府。鄭成功東一槍西一炮，把清廷耍得一愣一愣的。實際上他只是使出拖刀計，利用「議和」的有利條件，肆無忌憚地前往清軍控制區徵收餉銀與糧食，擴充兵力。最終的結果沒有絲毫意外——和談最終破滅了。

即便在和談期間，鄭成功也沒有放棄對清廷發動進攻。

鄭清議和前，國姓爺便派出著名海軍將領張名振率二百艘戰船北上經略浙江。張名振不負眾望，攻崇明、入吳淞，掠清船六百餘艘。一六五三年底，張名振攻崇明平洋沙洲，敗清軍萬餘人，全殲清軍騎兵。而後入長江，過京口，掠儀真，直抵瓜州，於次年（一六五四年）正月登陸金山，奪取清軍大炮十尊。四月，張名振的海軍又殺回鎮江、儀真，焚毀鹽船六百艘，使清廷「折耗課賦商本數十萬」。五月，張名振率軍進逼吳淞關，擊斃清軍四百餘人，奪取各種船隻三百七十艘，牢牢地控制了東南的制海權。為了對清廷施加更大的壓力，鄭成功遣部將陳輝率海陸軍一萬五千人，戰船百艘北上支援張名振。九月，張名振師抵上海縣城，上海震動；十二月，張名振再一次溯長江而上，在朱家嘴劫持並焚毀江西的糧船，深入到南京郊外的燕子磯，不僅南京震動，東南半壁亦為之震動。

張名振從一六五三年至一六五四年連連從江海發起攻勢，而這也是鄭成功與清廷所謂「談和」的時期。顯然鄭成功醉翁之意不在酒，他以這種咄咄逼人的態度向清政府暗示：在無邊的海洋上，他才是真正的統治者。

永曆八年（一六五四年）九月底，鄭、清議局完全破裂，這預示著新一輪戰爭的開始。十月十九日，鄭成功派遣林察為南征軍統帥，轄一百艘戰船、數萬人，南下馳援在廣東新會作戰的大西軍將領李定國，然而這次南征最後無果而終，當林察等人抵達新會時，李定國已被清軍擊敗，會師行動宣布失敗。

救援廣東的軍事行動失利，但鄭成功在福建沿海攻城掠地，勢如破竹。永曆八年十一月，鎮守漳州的清軍將領劉國軒獻城投降，拉開了福建攻勢的序幕。在之後不到兩個月的時間裡，在

「議和」過程中變得更加強大的鄭軍有如神助，連下漳州十座縣城、泉州六座縣城以及莆田一座縣城，將十七座城池收入囊中。與此同時，清軍的兵力也在不斷地增強，清世子達度被任命為定遠大將軍，統領三萬名精銳的滿漢騎兵，南下福建，擺開進攻的架勢。

令人吃驚的是，鄭成功並沒有採取固守的戰術，而是放棄了所攻佔的十幾座城池，將防禦圈縮小到以廈門島為中心、直徑約五十公里的狹小地帶。他似乎從來不願意在陸上與清軍騎兵血拼，而是更樂意以神出鬼沒的海軍發動意想不到的攻擊。在清軍大兵壓境之時，他竟然出乎意料地動用海軍在南、北兩翼同時展開進攻，一路向北進攻浙江，另一路則南下進攻廣東。

北征兵團在洪旭的指揮下，於永曆九年（一六五五年）七月出征，十月十七日發動舟山戰役，經過十天的戰鬥，於十月二十八日攻克舟山，在浙江外海建立了一個軍事據點。南征兵團由黃廷指揮，九月七日佔領揭陽，之後又攻陷普寧與澄海。

面對滿清的重裝騎兵，鄭成功在福建採取守勢，而對浙江、廣東採取攻勢，這種戰法擺明是對定遠大將軍達度的蔑視。達度抵達福建前線後碌碌無為，他希望能與鄭成功擺開決戰的架勢，堂堂正正地打上一仗，可是狡詐的國姓爺只守不攻，並不想以己之短戰敵之長。眼看著時間一天天過去，達度南下福建已有一年之久，師久無功，他臉上無光。既然鄭成功將精銳部隊調往南、北兩條戰線，那索性就直接攻打其老巢廈門島，只要拔除了廈門島，鄭氏集團的武裝即刻就瓦解了。

海上決戰，這也正是鄭成功所期待的。打陸戰，優勢在清軍一方，打海戰，優勢在鄭軍一方，事實證明清軍在海洋上完全不是鄭軍的對手。永曆十年（一六五六年）三月，經過數個月的精心準備後，定遠大將軍達度拼湊起一支水師，兵分三路發動進攻。水師總指揮韓尚亮並非一名優秀的海軍將領，但他有一名得力的助手，這名助手便是鄭軍的叛將、海軍名將施琅。這是清鄭之戰中的一場重要的海戰。鄭軍海軍的強大可不是吹牛皮吹出來的，在戰鬥中，清水師遭到慘敗，有十艘大船被鄭軍繳獲，三十艘被犁沉或焚毀，另有十餘艘被暴風吹往外洋無法返回。清水師總指揮韓尚亮本人在這場戰役中葬身海底，被俘虜的清兵被割掉鼻子與耳朵後放回。

海洋是鄭成功最堅強的長城，這位無邊海洋的統治者警告達度「毋得輕為動兵」，在滿清鐵騎席捲中國大地後，面對狹窄的廈門海峽與小小的廈門島，定遠大將軍達度第一次有了望洋興嘆、力不從心的感覺。

廈門之役證明了鄭成功精心設置的防線無懈可擊。可是不要忘了，最堅固的堡壘，往往不是被外力摧毀的，而是毀於內部力量。三個月後，即永曆十年（一六五六年）六月，一起叛變事件令鄭成功目瞪口呆，他的部將黃梧投降清軍，並將海澄拱手讓出。這大概是鄭成功一生中最受挫折與打擊的一件事了。

海澄既是國姓爺在陸地上最重要的戰略支撐點，又是著名的貿易港，當年鄭成功抱著「不成功即成仁」的信念，在海澄保衛中險勝對手，保住了這個重要的基地。為了使海澄成為「關中河內」，成為一座永不陷落的堡壘，鄭成功大費苦心。海澄的守備強到什麼程度呢？在防禦工事上可謂是堅不可摧，城牆高二丈，環城牆共配置大小火銃三千餘具，城外引河水環繞，固若金湯，可以抵擋任何軍隊的進攻。即便清軍採取圍困戰術，也無法攻陷這座堡壘，因為城內儲備有穀粟二十五萬石，足夠守軍三十年之用，還有十萬副鐵甲，藤牌、滾被、銃炮、火藥數萬計。

可以說，這是鄭成功頗為得意的一件傑作。可是令他沒能想到的是，這座堅固的城堡卻被自己人給出賣了。不僅如此，黃梧對鄭氏集團的秘密知道得太多，他的叛逃產生的後果，比當年施琅叛逃要嚴重得多。黃梧為討好新主子，獻上「平海五策」，對鄭成功的事業產生了巨大的破壞力。平海五策的內容如下：一、遷徙沿海居民於內地，距海三十里，不令居住。二、鄭氏祖墳風水甚美，當令發掘。三、鄭氏有五大商，在京師、蘇、杭、山東等處，經營財貨，以濟其用，當察出收拿。四、鄭氏雖居海中，而其田產財賄，皆在漳泉等處，當察出收官。五、造八槳小船數十隻，無風時出海以取廈門，四面環攻，令彼疲於奔命。

「平海五策」後幾乎被清廷全部採納，這些所謂的計策中有些是十分歹毒的。譬如說遷海主張，後來導致上百萬人流離失所；再如挖掘祖墳這一策，實可稱為陰招。在鄭氏集團中，先後有不少人降清叛逃，但這些人中屬黃梧人格最為惡劣，為了對付鄭成功，他幾乎是無所不用其極，這也導致鄭、黃兩家的仇恨數十年不能消解。十九年後，鄭成功的兒子鄭經再奪海澄後，黃梧的兒子黃芳度投井而死，鄭經砍下黃芳度的腦袋懸掛於竹竿示眾，並剖開黃梧的棺材，戮屍斬首，以解心頭之恨。

海澄的丟失只是國姓爺遭遇嚴重困難的開始。在這一年（一六五六年，南明永曆十年，清順治十三年），清廷出臺禁海令，重申「片帆不許下海」的禁令。該年六月，朝廷下達諭令稱：「鄭成功竄伏海隅，至今未剿滅，必有奸人暗通線索，食圖厚利，貿易往來，資以糧餉。若不立法嚴禁，海氛何由廓清？自今以後，各該督、撫、鎮，著申飭沿海一帶文武各官，嚴禁商民船隻私自出海。」

禁令的規定是相當嚴苛的，「今後凡有商民船隻私自下海，將糧食貨物等項與逆賊貿易者，不論官民，俱奏聞處斬，貨物入官。」這裡所說的「逆賊」，指的便是鄭成功。不僅如此，違禁商人的家產全部賞給告發者，地方文武官員一律革職，從重治罪。

清廷意識到自己的統治範圍僅限於陸地，廣闊的海洋是鄭成功的天下，可是鄭成功有一個致命的弱點：他以幾個小島的彈丸之地要養活十萬以上的軍隊，貿易是其生命線，只要把這條生命線掐斷了，他那些龐大的武裝就癱瘓了。

清廷祭出「海禁」的法寶，直捅向鄭成功的死穴。試想想，鄭成功的固定據點只有廈門、金門等幾個小島，靠這幾個小島的物產去出口掙銀子，顯然是不可能的。他的商品瓷器、絲物、茶葉等都要嚴重依賴內地，倘若從內地到廈門的運輸線被完全切斷，那麼鄭成功的貿易帝國的大廈便會倒塌。清廷實施「海禁」的另一個嚴重後果，是打擊鄭成功的糧食貿易，可想而知，鄭成功絕不可能依靠幾個小島的種植業來養活這麼多的軍隊。

這是滿清「貿易封鎖」戰略的開始，這一招是非常厲害的。在南明諸勢力中，鄭成功之所以能頑強生存下來，就在於他深知經濟的重要性。他每一次的軍事出擊都有十分明確的目的，要麼是取糧，要麼是取餉。譬如說，在一六五五年佔領漳州城後，他徵收了一〇八萬的餉銀，佔領泉州六座縣城後，又徵收餉銀七十五萬。可以說，鄭成功的戰略基本上都是以經濟為導向，這是他成為不死鳥的原因所在。

滿清的海禁政策當然是開歷史的倒車，但就清鄭戰爭而言，這卻是迄今為止最高明的一步棋。既然無法在海洋上征服敵人，就在陸地上掐斷敵人的供養。自此清鄭戰爭從單純的軍事戰上升到經濟戰。在資源上居於絕對劣勢的國姓爺又要如何出招，來破解滿清帝國的重重堵截呢？

對鄭成功來說，要打破敵人「海禁」的封鎖，必須要做到以下幾點：第一，要盡可能多地控制沿海重要地區；第二，要開闢新的取糧區，以避免糧食的匱乏。他不能坐以待斃，必須時時刻刻主動出擊，因為稍有疏忽，他的事業隨時可能被劃上一個終止符。

永曆十年（一六五六年）七月，即黃梧叛變後的第二個月，一支強大的艦隊從廈門島啟程，這支艦隊包括一千一百艘的船隻與十五個鎮的兵力（約三萬人）。出發時，沒有人知道要駛向哪裡，連總指揮中提督甘輝也不知道。鄭成功絕不肯在事先洩露一丁點的機密，直到航至料羅灣時，按照鄭成功的囑咐，甘輝才當眾拆開密信，北征的目標是在福州附近沿海地區建立一個軍事據點，將楔子插入敵人的心臟。

鄭成功此時的戰略已經是非常明確：第一要在沿海建立據點，第二要在敵佔區掠奪經濟資源。甘輝的艦隊北上至閩江口，登陸後迅速佔領了距離福州僅有八十里的閩安鎮，隨後水師逆流而上，直逼省城福州。反應遲鈍的清軍統帥、定遠大將軍達度還遠在泉州，他沒有料到鄭成功在清軍重兵圍困的情況下，竟然兵行險招，直接攻打省城，趕忙率軍馳援福州城。甘輝的軍隊在敵佔區大肆掠奪，所奪的輜重寶物竟然多達好幾船，這在一定程度上彌補了丟失海澄帶來的巨大損失。

閩安根據地的建立，是打破清軍封鎖的重要一步。九月，鄭成功抵達閩安。為將閩安建為長期威脅福州城的軍事基地，他下令修築土堡城寨，同時以水師扼守出海口，以斷絕清軍的水上通道。十二月，鄭成功親率主力部隊繼續向北挺進，在羅源與寧德之間的護國嶺全殲福建清軍的王牌部隊阿格商的重裝步兵數千人。不過對鄭成功來說，戰爭的首先目的是為了保全自己，與殲滅敵人相比，更重要的事情是要掠取糧食。他在寧德地區徵收大量的糧食，足以供軍隊吃上三個月。

轉眼已是一六五七年（永曆十一年），清政府的「海禁」政策發揮了巨大的威力，糧食問題無時無刻不成為懸掛在鄭成功頭頂的達摩克利斯之劍。在過去十年裡，鄭成功的取糧地主要集中在閩南與粵東，即泉州、漳州、潮州地界，然而自從達度以重兵集團屯駐泉州、漳州後，取糧的難度大大增強。經過一六五六年下半年的經營，鄭成功已經成功地在福州與寧德開闢了新的取糧區。可是這些還遠遠滿足不了十幾萬軍隊的需求，必須要開闢新的糧食來源。於是新年伊始，鄭成功派遣部將張英率艦隊北上攻略浙江。張英揮師北上，攻克溫州金鄉衛，徵收大量的糧食以及三百擔生絲，用船運回福建。

浙江在鄭成功戰略規劃中的地位不斷上升，這裡還有一個特殊的原因。鄭成功在內地曾設有五大商行，然而由於黃梧的叛變，向滿清供出五大商行的情況，導致這些秘密據點幾乎被破壞殆盡，只有浙江的商行基本保存下來，這與浙江抗清勢力比較強有著直接的關係。浙江是重要產絲區，如今又成為鄭氏集團獲得內地商品的一個重要來源，因此鄭成功必須在這一地區維持一定的軍事力量，才能有效地保護貿易管道的暢通。

在一六五七年的下半年，鄭成功加大了攻略浙江的力度。七月，他親自率領一支艦隊北上，在海門港附近登陸後攻佔黃岩縣城。八月十八日，圍困台州城，在接下來的半個月時間裡，連下台州及太平縣、天台縣及仙居縣。九月八日進攻海門衛所，並在幾天後佔領該據點。正當浙江形勢一片大好時，鄭成功位於福州附近的閩安據點卻岌岌可危了。

當滿清祭出「海禁」的法寶後，鄭成功以頻繁的外線出擊令清政府顏面全失。在福建坐鎮指揮的清世子、定遠大將軍達度黯然神傷地離場，在兩年時間裡他幾乎顆粒無收，唯一可值得一提的只有黃梧獻海澄來降。清廷調沙場悍將李率泰任閩浙總督，全權負責浙江、福建的戰事。李率泰身經百戰，早年追隨皇太極征察哈爾、朝鮮、錦州，清軍入關後，參加過平李自成及平定江南的戰爭。他對浙閩一帶相當熟悉，曾追隨博洛征浙江、福建，後來擔任兩廣總督，在廣東與李定國交過手，挫敗李定國在粵西的進攻。

李率泰乘鄭成功主力轉戰浙江，福建閩安防禦薄弱之際，制訂了一個極為縝密的進攻計畫，在九月十四日兵分水陸兩路，以密集的火炮向閩安發動強攻。在這種情況下，駐守閩安的鄭軍總指揮黃廷在指揮作戰上犯下嚴重的錯誤，終於導致滿盤皆輸。

閩安是鄭成功向浙江發展的一個跳板，這個重要根據地的淪落令他陷入極為被動的局面，被迫從浙江返回福建，北進計畫遭到嚴重的挫折。隨著冬季的到來，前往北方取糧已是不可能了，只得選擇南下粵東。鄭軍向來視粵東為自家糧倉，幾乎每年都會派軍隊南下。不過在粵東有一夥強人聚集於鷗汀寨，時常劫持鄭軍的糧船，與鄭氏武裝對峙六七年之久。在北進遭到挫折後，鄭成功決心掃蕩鷗汀寨的強人。

這一年（一六五七年）冬季，他親率艦隊南下討伐鷗汀寨，這股「不清不明」的粵東勢力在鄭成功的水陸夾擊下，山寨被攻破並遭到血洗。鷗汀寨被擊破後，鄭軍在粵東的交通運輸得到保障，確保了廈門島基地的糧食來源。

鄭成功在一六五二年到一六五七年的軍事活動，表明他不僅是一個非凡的統帥，也是一位偉大的商人。他創基業於山窮水盡，幾乎是白手起家，憑藉自己堅忍不拔的意志，把鄭芝龍倒塌了的海上帝國重新建起。

第十三章　新的商業帝國

抗清的事業並非全靠軍事，倘若沒有任何經濟基礎，就算打再多的勝仗最後也會功虧一簣。鄭成功明白這個道理，特別是他那麼一丁點地盤，要養活十數萬名戰士談何容易？必須要廣開財路。在鄭氏集團所有的收入中，所佔比重最大的一塊便是海上貿易。

在後鄭芝龍時代，原本龐大的鄭氏商業帝國四分五裂，其殘餘勢力各自為戰。鄭彩由於佔據廈門港，在貿易上居最有利的地位，但他並沒能壟斷臺灣貿易。鄭成功與兩個叔父鄭鴻逵、鄭芝豹也從事海外貿易，其中鄭芝豹已淡出政壇，專營商業。在鄭成功奪廈門島後，鄭彩遂一蹶不振，而鄭鴻逵也淡出政壇，把戰船改造為漁船與商船。除了鄭氏集團外，魯王朱以海、定西侯張名振的浙東武裝也以商養戰，從事海外貿易，不過到一六五二年，由於遭到清軍圍剿而被迫投奔鄭成功，因此閩浙沿海的抗清武裝幾乎都歸於鄭成功旗下，一個新的商業帝國又在廢墟中重生了。

國姓爺佔據廈門島，將福建最大的商船隊收為己有，這為商業帝國的重建奠下基石。鄭成功是個非常複雜的人，他的民族英雄的光輝形象掩蓋了他其他方面的豐功偉績，他不僅將父親創建的貿易帝國重新樹起，而且比父親更加積極進取，因而其事業也更加偉大。

儘管近幾十年，人們對鄭成功的貿易帝國越發感興趣，在研究上也取得很多成果，但受限於史料，總是無法窺其全貌。正是這樣一種朦朧感，更加使得這個商業帝國變得神秘莫測。究竟全能的國姓爺如何一邊與滿清血戰，一邊還能像公司總裁一樣從容不迫地組建起龐大的商業運營網路呢？這個商業網絡規模之龐大，十分令人震驚。

我們把這個網路細分為國內網路與海外網路。

無論是國內網路還是海外網路，其管理總部都是設在廈門，主要負責人是鄭泰。他是鄭芝龍的堂侄，鄭成功的堂兄。在鄭成功設立六官後，他出任「戶官」，主要掌管財務與對外貿易，是鄭氏集團中舉足輕重的人物之一。鄭泰總理兩個機構，分別稱為「裕國庫」與「利民庫」，關於這兩個庫史書所記很簡略，在《從征實錄》一書中簡單記錄了兩庫的職能：「稽算東西二洋船本利息，並仁義禮智信金木水火土各行出入銀兩。」據此記載，則兩庫兼有銀行與會計事務所的職能，鄭氏商業集團的購買貨物銀兩與貿易所得的銀兩，都要從兩庫出入。「裕國庫」可能是管理海外貿易，因為鄭成功曾有「通洋裕國」的說法，可見主要是對外貿易；「利民庫」可能是管理國內的十大商行，即山五路與海五路。

先來看看國內網路。鄭成功的勢力一直局限於福建東部沿海，最多延伸到粵東與浙江沿海。在他佔據廈門時，中國絕大部分土地已經被滿清控制，主要絲織業發達區及產瓷地都被滿清佔領，那麼這些商品，為什麼又可以源源不斷地通過鄭氏集團的船隻銷往海外呢？這就不能不提到鄭成功在全國鋪設的巨大的商業網絡。

這個網路包括「山五路」與「海五路」。山五路指的是金行、木行、水行、火行、土行五大商行，海五路是仁行、義行、禮行、智行、信行五大商行。這十大商行是什麼時候建立的並沒有史料可以佐證，事實上它的存在並不為人所知。

在一六五六年黃梧叛變後，向滿清政府供出山五路：「鄭氏有五大商，在京師、蘇、杭、山東等處，經營財貨，以濟其用，當察出收拿。」由此可見鄭成功的商業網絡幾乎遍及中國沿海，福建以北的浙江、江蘇、山東一直到北京城，都有他的秘密據點。這些秘密據點不僅是商業網絡的節點，也是鄭成功軍事情報的重要來源，有點類似於諜戰片中的「地下交通站」。黃梧的告密令清廷大為震驚，當時蘇州、杭州乃至山東都在清政府的轄區，而北京更是天子腳下，居然有鄭成功的秘密商業網點與諜報網。儘管黃梧只知道個大概，並不曉得這些網點的具體位置，但「山五路」仍然遭到空前的破壞。「山五路」遭到破壞也牽連到「海五路」，在《福建巡撫許世昌殘題本》中，有這樣的記載：「成功山海兩路，各設五大商，行財射利，黨羽多至五六十人，泉州之曾定老、伍乞娘、龔孫觀、龔妹娘等為五商領袖。」在清廷的嚴查之下，這個秘密的商業管道曝光了，這帶來了很嚴重的後果。我們可以從一個側面來看，在黃梧叛變的這年（一六五六年），中國駛往日本的商船數是五十七艘，次年降到五十一艘，到一六五七年又降到四十三艘，雖然這兩年商艘數的銳減有很多原因，但「山五路」遭到破壞，應該算其中一個重要因素。

「山五路」作為商業網絡，很顯然主要是國內貿易，就是黃梧說的「經營財貨，以濟其用」。「海五路」的作用，可能是通過種種管道，將國內物資輸送到廈門出口，再把進口的物資分銷到全國各地。這裡有一個佐證，譬如五大商領袖之一的曾定老，曾向鄭成功的堂兄鄭祚領取二十五萬兩白銀，前往蘇州、杭州購買綾綢、湖絲等，然後把到手的貨交給國姓爺，這些貨物顯然是用於出口的。

儘管鄭成功的十大商行遭到清政府的嚴厲打擊，但並沒有全面癱瘓，特別是杭州一帶的商行，並沒有遭到很大損失，這也許與浙江反清力量比較強大有密切的關係。

再來說說鄭氏商業帝國的海外網路。先看看海外貿易船隊，可以細分為三類：第一類是鄭成功的直轄船隊；第二類是鄭氏集團其他成員的船隊；第三類是其他商船。

鄭成功自己所擁有的商船數量有多少，這個沒有很明確的紀錄，而且所謂的商船也不是絕對的，兵船用於商品運輸是很常見的。據一些學者的估算，鄭成功每年駛往日本的船隻平均約有四十艘，駛往東南亞的船隻約十六～二十艘。考慮到有些船隻從事三角貿易（**即從中國先駛往東南亞，然後再由東南亞駛往日本**），兩條航線的船隻有部分重疊，扣除這部分船隻數量，則平均大約有四十～五十艘船。這個數字還不包括前往臺灣的船隻與國內貿易的船隻數量，如果再加上這部分，那麼每年航行在外的商船應該超過六七十艘。

除了鄭成功之外，他的兩位叔叔也擁有不少船隻。鄭芝豹似乎比較早就淡出政壇，專營貿易。早年鄭芝龍平定海盜的戰爭中，鄭芝豹是一員主要將領，在與劉香的戰爭中有不錯的表現。到鄭芝龍立隆武帝時，鄭芝豹被封為澄濟伯，但似乎很少干預政事。鄭芝龍降清後，安平的貿易就由鄭芝豹掌控。鄭芝豹財力相當雄厚，據《從征實錄》記，一六五〇年，鄭成功殺鄭聯奪廈門島後，驚動祖母黃氏，老夫人親自到廈門島。鄭芝豹出手闊綽，提供二艘船與十萬洋銀給老夫人，其財力可見一斑。一六五一年，福建清軍攻打廈門島，強迫鄭芝豹提供八艘船隻，可見他最少擁有十幾條船。鄭成功的另一位叔叔鄭鴻逵本是鄭氏集團三大巨頭之一，後來也淡出政壇，將一部分兵力交給鄭成功，並把戰船改造為漁船與商船，專營漁業與貿易。

至於鄭氏集團之外的船隻，則要向鄭氏集團繳納一定的稅收。向海船徵稅在鄭芝龍時就開始了，史料載：「凡海舶不得鄭氏令旗者，不能往來。每舶例入三千金，歲入千萬計，芝龍以此富敵國。」這則史料在不同的地方資料有所差異，譬如《明季遺聞》中所記是「二千金」，《明季北略》則記為「三千金」。不管是哪個資料，鄭芝龍靠這筆收入富甲全國。鄭成功重新壟斷東南沿海貿易後，將這種徵稅制度改為「牌餉」。

東洋航線徵收牌餉的工作，鄭成功交給自己的同母弟弟七左衛門（**七左衛門沒有隨母親回中國，留在日本**）。在一封寫給七左衛門的信中，鄭成功對牌餉的徵收有比較詳細的說明：「東洋牌船應納餉銀，大者二千一百兩，小者亦納餉銀五百兩，具有定例，周年一換。其發牌之商，須察船之大小，照例納銀與弟，切不可為賣聽其短少！」由此可見，非鄭氏商船前往日本營商，須向鄭氏繳納五百兩或二千一百兩的銀子。如果不繳會怎麼樣呢？繼續看鄭成功寫的信：「著汛守兵丁、地方官盤驗，遇有無牌及舊牌之船、貨，船沒官，船主、舵工拿解。」這是非常嚴厲的懲罰，沒有牌票或是牌票沒有年檢換新，商船沒收還不夠，還要追究船東與船員的責任。

這裡必須說明的是，發放貿易牌票並非只有鄭成功一家。據清廷查獲的一起違禁走私案中，查到有同安侯鄭府在一六五四年（順治十一年）發放的牌票，這是允許往暹羅經商的牌票。同安侯鄭府就是鄭芝龍在安平的府第，清廷軟禁鄭芝龍，給了個「同安侯」的虛銜，此時在安平打點貿易的，是他的弟弟鄭芝豹。可見除廈門外，安平也可以發放牌票的。在另一起走私案中，出現有「國姓票」、「左協票」，國姓票顯然是鄭成功發放的牌票，而左協票指的是什麼，就搞不清了。

在清政府幾乎征服整個中國的背景下，龜縮在東南一隅的鄭成功卻統治著無邊的海洋，這真是令人匪夷所思的事情。

鄭氏重要史料之一，郁永河寫的《偽鄭逸事》中，對鄭成功有如下的評價：「成功以海外彈丸地，養兵十餘萬，甲冑戈矢，罔不堅利，戰艦以數千計；又交通內地，遍買人心，而財用不匱者，以有通洋之利也。我朝嚴禁通洋，片板不得入海，而商賈壟斷，厚賂守口官兵，潛通鄭氏以達廈門，然後通販各國。凡中國各貨，海外人皆仰資鄭氏；於是通洋之利，惟鄭氏獨操之，財用益饒。」這則資料可見鄭氏當年的海上雄風。

鄭成功的海上貿易，可以分為東洋航線與西洋航線。東洋航線即日本航線，西洋航線即東南亞航線，其中東洋航線與日本的貿易有著舉足輕重的地位。

事實上，日本一直是中國對外貿易的大頭，主要原因是日本對中國商品需求量很大，而且價格比較好。對鄭成功來說，對日貿易不僅僅是獲得巨額利潤，還有非常重要的一點，就是可以從日本獲得大量的戰略物資。

在清鄭戰爭中，鄭成功是處於弱小、不利的一方，在陸上的劣勢更加明顯。缺少騎兵，缺少攻城武器，糧食問題很嚴峻，缺少銅、鉛等戰略物資。一六五一年，參軍馮澄世建議通好日本，因為日本「糧餉充足，鉛銅廣多」，如果能「借彼地彼糧以濟吾用，然後下販呂宋、暹羅、交趾等國，則糧餉足而進取易矣」。

鄭成功也確實與日本關係不錯，《偽鄭逸事》記：「海外諸國，惟日本最富強，而需中國百貨尤多，聞鄭氏兵精，頗憚之；又成功為日本婦所出，因以渭陽誼相親，有求必與，故鄭氏府藏日盈。」這裡可以概括為三個方面的原因：第一，日本對中國商品需求量很大；第二，鄭成功的兵力強大，日本政府顯然不願得罪他，以免他走投無路時率軍隊攻打日本，稱霸海外；第三，鄭成功的母親是日本人，身上有一些日本血統，日本政府也比較願意支持他。

再來看看西洋航線，即東南亞航線。

鄭成功的商船隊在東南亞的貿易範圍很廣，綜合中外史料，至少同八個地區有貿易關係。這八個地區分別是巴達維亞、東京（非日本東京，而是在越南北部）、暹羅、廣南（越南中部）、馬尼拉（呂宋）、柬埔寨、柔佛（馬來西亞南部）、北大年（大泥）。這基本上涵蓋了東南亞主要的商業中心。除此之外，他與臺灣大員的荷蘭人也有貿易往來。

為了斬斷鄭成功的海外貿易鏈，清政府也是費盡苦心。在滿清入主中原之初，並沒有實行海禁政策，清轄區的商人仍然可以出海營商，清廷也不干涉，只是加強管理與徵稅：「往來洋船，俱著管理，稽查奸宄，輸納稅課。」一六五三年，隨著鄭成功在東南的崛起，清廷又一次重申洋船的管理：「洋船往來，加緊稽查，防範奸宄，收取洋船課稅，仍交布政使解京。」可是江湖有江湖的規矩，出了陸地，就不是清政府能管得了的，而是由鄭成功接手。如果沒有鄭成功發放的牌票，想要自由自在地前往東、西洋貿易，那是不可能的。出海就得聽國姓爺的，這就是當時海上貿易的潛規則。

滿清政府懊惱地發現，自己管轄著中國大部，可是治下的商人卻源源不斷地把銀兩交到敵人國姓爺的手中，這怎麼行呢？一六五六年的「禁海令」終於出臺，這對鄭成功來說，是一大生死考驗。

我們以日本航線為例來說明。從中國駛往日本的商船，一六五六年為五十七艘，一六五七年為五十一艘，一六五八年為四十三艘，呈現持續下滑的局面。但是事實證明清廷要困死鄭成功並非那麼容易，因為鄭成功使用了很多方法來打破清廷的「禁海令」的封鎖。

最重要的手段就是用軍事手段佔領盡可能多的沿海地區，把清佔區變為鄭佔區，禁令自然便成一張廢紙了。從一六五六年下半年到一六五七年上半年，鄭成功連續主動出擊，佔領閩安及閩東沿海，之後又在浙江南部攻城掠地。因而東洋航線的船隻數量一六五七年只比一六五六年減少約百分之十，可見鄭成功的反擊意義是很大的。一六五七年下半年，閩安失守後，鄭成功被迫放棄浙江與福建北部沿海，這又導致了次年貿易規模的大幅下降。

打破「禁海令」封鎖的第二個方法，是販賣東南亞貨物到日本。禁海令的實施，令鄭成功獲得國內商品的難度大大增加，倘若沒有商品，如何出口盈利呢？這裡有一個潛在的巨大商機，即日本政府只允許中國商船與荷蘭商船前去貿易，對其他一切船隻一概拒絕。這意味著東南亞的商品，也只能通過鄭成功或荷蘭人才能進入到日本。

在《東印度事務報告》中，記錄有從一六五四年十一月三日到一六五五年九月十六日間，共有五十七艘中國帆船駛往日本長崎，其中四十一艘發自安海，多屬國姓爺，三艘發自福州，三艘發自大泥（**北大年**），二艘發自廣南，二艘發自南京。

在《巴達維亞日記》中，記錄有一六五六年到一六五七年間：「駛入長崎的四十七艘中國帆船，全部屬於國姓爺及其一夥。其中自安海發航的佔首位，達二十八艘，柬埔寨十一艘，暹羅三艘，廣南二艘，北大年二艘，東京一艘。」

我們從這兩則史料中可以看出在一六五六年後，鄭成功對日貿易的一個重大變化。在前一則史料中，從安海發至日本的船隻佔總數的百分之七十二，而在後一則史料中，則下降至百分之五十九。這裡的安海並非指鄭芝龍經營的安平城，而應該泛指廈門至白沙這一區域。當初鄭鴻逵將兵權交給鄭成功後，剩餘船隻改裝為漁船與商船，在廈門與安平之間的白沙築城。鄭鴻逵於一六五七年去世，在他人生的最後幾年裡，病魔纏身，癱瘓在床，因而白沙城及其船隊實際上已被鄭成功接管，清軍曾幾次進攻白沙城，均以失敗告終。自一六五六年，由安海直接駛往日本的船隻大大減少，可見此時鄭成功的商船在國內貨源上相當不足，商船不得不先到東南亞購買當地商品，然後再航向日本。這種航線固然成本較高，但也是不得已而為之的權宜之計。

「禁海令」沒能起到清廷預想的結果，還有一個重要原因，就是執行不力。滿清入主中原後，實行「以漢制漢」的政策，在廣大的清佔區中，多數官吏都是從南明陣營中投降過來的，這些人也很難談得上對朝廷有一種忠誠，只是權衡自己的利益罷了。「海禁」雖然表面上嚴厲，實際實行過程中漏洞百出：「我朝嚴禁通洋，片板不得入海，而商賈壟斷，厚賂守口官兵，潛通鄭氏，於是海洋之利，惟鄭氏獨操之，財用益饒。」從鄭氏集團叛降的黃梧後來也說：「今雖禁止沿海接濟，而不得其要領，猶弗禁也。」

清政府也意識到「禁海令」並不能從根本上打擊鄭成功的海上貿易，到一六六一年，終於採納了黃梧的「沿海遷界」政策，這個政策的出臺與影響，後文再詳說。

第十四章　臺海貿易戰

滿清並非是鄭成功的唯一敵人，據守臺灣島的荷蘭人也是一大威脅。

自從滿清入主中原以後，荷蘭人一直對中國政局作出評估，以判斷清政府在開放貿易一事上的態度。一六五〇年底，南明控制下的廣州城在經歷十個月的保衛戰之後，這個南方重要的港口城市終於落入清軍之手。荷蘭人準備前往廣州去碰碰運氣，看看究竟能否與新的滿清政府進行貿易。

一六五二年，巴達維亞總部指示臺灣總督費爾勃格及評議會，派一艘商船前往廣州試探風聲。這一年的九月，臺灣爆發了郭懷一大起義，儘管荷蘭人十分懷疑起義參與者的供詞，不相信國姓爺鄭成功暗中策劃了這次暴動，可是他們也不能不對國姓爺保持高度的警戒心。鑒於鄭成功幾乎控制了臺灣海峽的貿易，荷蘭人更加迫切想同新興的滿清帝國通商。在摸清廣州的情況後，一六五三年初，在商務員施合德爾的率領下，荷蘭的一艘商船駛向廣州，停泊在虎頭門島。

施合德爾花了不少銀子上下打點，見到了平南王尚可喜與靖南王耿繼茂，獻上厚禮並提出貿易的請求。對於重要的官員，荷蘭人全部進行賄賂，因而貿易一事很快就搞定了，廣州方面允許荷蘭商船入城貿易。儘管花在賄賂上的錢不少，荷蘭人仍獲利頗多，賣出貨物後，純利是賄款的三倍（賄款約一百萬盾，純利近三百萬盾）。

有錢能使鬼推磨，廣州政府允許荷蘭在此從事貿易，並准許他們設立固定商館。施合德爾打算留下五個人，長期駐在廣州商館，負責了解市場行情與貿易。眼看一切都非常順利，可是當施合德爾即將離開廣州時，事情出現了變數。

原來就在這個時候，滿清朝廷派遣的一位欽差大臣抵達廣州。該欽差對荷蘭人前來請求自由貿易的事情很重視，他對靖南王耿繼茂說，由於這件事沒有上報朝廷，廣州方面不宜擅作主張設立荷蘭商館並駐留人員。於是耿繼茂派人通知施合德爾，荷蘭方面不得有人員駐留在廣州城內，同時善意地提醒說，倘若要與帝國有長期持久的貿易，必須要派人攜帶厚禮前往北京覲見皇帝。

建立商館的事情最後不了了之，但荷蘭人還是滿懷信心。他們打算分兩步走：第一步，再派兩艘商船前往廣州貿易，同時進一步了解清帝國的一些情況；第二步，如果貿易進行順利的話，就考慮派一支較大規模的使團前往北京覲見皇帝。

一六五三年七月二十九日，東印度巴達維亞總部發二艘商船，由瓦赫納爾與施合德爾率領前往廣州。曾經會見過平南王尚可喜與靖南王耿繼茂的施合德爾顯然認為這次貿易會進展得很順利，可是結果卻令他大跌眼鏡。從八月三十一日抵達廣州城外後，荷蘭人開始了漫長的等待，必須要有廣州官員的許可，他們才可以把船開入城內。

可是等待卻遙遙無期。

施合德爾心裡很納悶，為什麼他第一次到廣州時順順利利，這一次卻如此撲朔迷離呢？主要原因是葡萄牙人在背後搞破壞。葡萄牙人佔據的澳門是中國南方重要的外貿中轉地，中國許多商品經此轉運往歐洲。雖然廣州政府改旗易幟，由明入清，可是葡萄牙人在貿易上的影響力並沒受影響。他們與廣州官員關係密切，當然不願意讓荷蘭人插手廣州貿易，故而對荷蘭人大加詆毀，還寫信給平南王尚可喜與靖南王耿繼茂，背後說荷蘭的壞話。

在這裡，施合德爾也見識了滿清治下廣州官員的腐敗。由於廣州政府遲遲不發通行令，荷蘭人心急如焚。這時就有一些官員前來活動，稱荷蘭人只要掏五千兩銀子，他們就可以打點上下官員，幫忙弄到許可證。在此之前，施合德爾已經為獲得許可證花費了不少銀子，他顯然認為這純粹是敲詐勒索，遂拒絕了。結果第二天廣州官方就派二條小船停靠在荷蘭二艘商船邊，不許其他中國船隻靠近，並張貼布告，禁止中國人私下與他們貿易。

荷蘭商船在廣州城外大約逗留了四十天，最後只得兩手空空地回去，這次貿易最終顆粒無收。可是在這一次出行中，荷蘭商船遇到了一艘國姓爺的商船，這次偶然的相遇，引發了荷蘭人與國姓爺的第一次衝突。

事情的經過是這樣的：荷蘭的二艘商船駛至澳門附近時，遇到一艘中國帆船。因為澳門是葡萄牙人的地盤，荷蘭人認定這艘中國商船與葡萄牙人有貿易往來，便對其進行攔截並繳獲。經過盤問後，才發現這艘帆船其實是從廣南（越南中部）駛往廈門的，而且是屬於國姓爺的船隊。當時荷蘭人與廣南有軍事衝突，故而把這艘船的貨物強行扣押。這些貨物包括沉香一百六十九筐外加六箱，胡椒七十四包，牛皮二十六張，此外還有一些零散的商品。搶奪敵對國或是運往敵對國的商船，這是荷蘭人一貫的做法。只是這次搶到了國姓爺的頭上，荷蘭人也知道國姓爺的勢力，所以有所顧忌，搶了貨品，但把船上的七十多人全放走了。

荷蘭人扮演強盜的角色，極不厚道。同樣是在這一年（一六五三年），荷蘭的一艘貨船「de

Koe號」在海上遇難，船身破裂，連人帶貨沉入海底。可是卻有八個人幸運地在中國海岸獲救，而拯救這八名荷蘭人的，正是國姓爺鄭成功手下的一條帆船。這八名荷蘭人後來輾轉回到了巴達維亞，荷印當局稱之為「難以置信」。

鄭成功的商船在救人，而荷蘭人卻劫船劫財，這人格一高一低正好形成了鮮明對照。此時鄭成功尚不知道商船被劫的事件，他正在與滿清玩一場「議和」的遊戲，假惺惺地對清廷示好，同時也對荷蘭人示好。儘管荷蘭人沒有證據表明鄭成功與前一年郭懷一起義有關聯，但他們對這位國姓爺顯然有很強的提防心。鄭成功有意要消除荷蘭人的懷疑，他顯然是有深遠打算的，決不能讓荷蘭人輕易看穿自己的企圖。其實在這個時候，跨海征臺的想法可能已開始醞釀了。

為了向荷蘭人表示「友好」，鄭成功與叔父鄭鴻逵分別給臺灣總督費爾勃格寫了一封信。在信中，鄭成功大談要與東印度公司保持友好關係，並聲稱將派出十艘大帆船前往大員貿易。但是荷蘭人顯然對鄭成功並不信任，他們仍然擔心臺灣漢人與國姓爺之間有某種秘密的關聯。可是經過一番調查後，仍然沒有發現任何蛛絲馬跡，他們這樣寫道：「……國姓爺東渡大員，不再有人提起，也沒有聽說平原地區中國人有任何起義的跡象。」

不久，那艘自廣南駛出的商船回到廈門島，向國姓爺彙報，他們的貨物被荷蘭人搶劫了。這下子國姓爺勃然大怒了。自從佔據廈門島以來，鄭成功與臺灣的荷蘭政府之間還沒有正面的衝突。雖然我們不能排除鄭成功暗中支持郭懷一的暴動，但這也是暗地裡的事，在公開場合尚沒有明顯的糾紛發生。鄭成功要跟滿清這個強大的敵人戰鬥，還要靠海上貿易來維持龐大的開支，在這個時候，與荷蘭人相安無事是一個好的選擇。可是傲慢的荷蘭人竟然欺負到自己的頭上，這可不能睜一隻眼閉一隻眼。

國姓爺立刻反擊，他寫了一封嚴厲的信給臺灣總督費爾勃格，強烈抗議荷蘭商船無故攔截他的帆船並搶走了船上的貨物，並且要求荷蘭人照價賠償。這件事令荷蘭人頗為尷尬，同樣是在海上相遇，國姓爺的船救了八名荷蘭人，而荷蘭人卻是充當搶劫者。為了報答國姓爺對荷蘭遇難船員的救助，臺灣荷蘭政府還贈送了十件黑色緞子及十件絲絨以作答謝。現在面對國姓爺嚴厲的斥責，荷蘭人絲毫不敢怠慢：「我們認為應償還他的貨物，以免與國姓爺產生摩擦，因為他在中國人與大員的貿易中可起決定性作用。」

因為搶劫鄭氏商船的那二艘荷蘭商船是從巴達維亞開出的，國姓爺同時也給東印度公司總督寫了一封信，由開往巴達維亞的中國商船隨船帶去，要求荷方歸還所搶劫的貨物。巴達維亞當局討論的結果是：「此人現在也是海上一大權勢，完全有可能對我們造成危害。」息事寧人是最佳選擇，於是巴達維亞東印度公司決定賠償國姓爺商船的損失，評估後以一百擔胡椒以及毛織物等一些貨品作為賠償。

像這樣的賠償，對東印度公司來說真是太罕見了。荷蘭人早已習慣在海上搶劫，特別以前對中國帆船的搶劫，大明帝國很少有保護中國商人的措施，中國商人被搶就只得自認倒楣。有時候不僅是搶貨物，連船帶人都搶了，把人給賣到東南亞當奴隸。可見那個時代奮鬥在海外的中國商人是多麼艱難。如今終於有一個人跟荷蘭人使上勁了，這個人便是國姓爺鄭成功，這對所有在外貿易的中國船隻及商人來說，無疑是大大的好消息。從這點也可以看出，為什麼鄭成功只是佔據了那麼一丁點的地盤，卻可以掌控著幾乎整個中國的海上貿易，因為他是海上的保護神。即使不是國姓爺的船隊，花點錢買了國姓爺發放的牌票，就相當於買了一份保險，出了事有國姓爺出面。荷蘭人搶了船貨都得照樣賠償，試想想從東亞到東南亞，還有誰敢不賠呢？「民族英雄」的稱號不是吹出來的，也不光是打下臺灣，從這件微不足道的小事便可以看出國姓爺維護海外華人利益的英雄本色。

在清鄭戰爭如火如荼展開之際，鄭成功與荷蘭、西班牙等殖民者之間，也展開了一場貿易戰爭。在貿易競爭上，荷蘭人遠遠不是國姓爺的對手。對此，他們選擇了兩個貿易點研究：東京與日本長崎。這裡的東京並不是日本的東京，而是在越南北部。對於鄭成功與荷蘭人，對日貿易都是最重要的利潤來源，這兩大勢力完全壟斷了日本的外貿。由於清鄭戰爭以及一六五六年的海禁，要獲得中國內地商品的難度大大增加，為此鄭成功與荷蘭人都更多地從東南亞購買商品，運往日本銷售，其中東京便是商品貿易的一大中樞。

可是令荷蘭人不解的是，他們從東京購入商品運往日本，結果往往是虧損，而國姓爺的船隊卻盈利豐厚，這是怎麼回事呢？為此荷蘭人做了進一步的研究。

荷蘭人從東京購買商品銷往日本，綜合毛利率可達百分之三十四，可是在扣除職員的薪金、商船的破損、可能遇到的災難以及種種其他費用後，往往是虧損。那麼國姓爺盈利的秘密在哪裡呢？研究後荷蘭人得出結論，國姓爺在運輸成本上要遠低於荷蘭人，他是怎麼做到的呢？

中國、日本、東京三地所需的商品是不同的。中國由於戰爭，需求量大的是糧食、銅、鉛等戰略物質，日本需求量大的是中國生絲、茶、瓷器等，而東京需要的是一般性的生活用品。鄭成功之所以成本低，在於在三個地點循環貿易：從中國運輸鐵鍋、藥材、生活用的雜物到東京，然後從東京購入商品運往日本，再從日本購入商品回到中國銷售。這種貿易可以稱為三角貿易，這種貿易方式無疑大大降低了成本，提高了效益。另外，鄭成功商船的物流成本也應該比荷蘭人要低得多，他的商船不像荷蘭商船是全副武裝的軍商兩用，因此船的成本低，一旦出現損壞甚至沉沒，損失都要小於荷蘭商船。

在這裡，鄭成功所擁有的巨大優勢是荷蘭人所不具備的，這個優勢就是背靠中國這個巨大的生產基地與市場，但是不要忘了，這個巨大的商業網絡，是在滿清全面封鎖的情況下艱難拓展與生存的。

鄭成功在歷史上總是以南明將領的形象出現，其實他的才華遠不止於是一名武將，他還是極為出色的政治家與商人。在鄭成功時代，他咄咄逼人的氣勢使得東南亞曾經不可一世的荷蘭人或西班牙人都對他深懷恐懼。

大約在一六五四年，西班牙人對華人的虐待終於激起了國姓爺的憤怒。數十年來，是中國商人撐起了馬尼拉的繁榮，可是卻被迫交納沉重的關稅，特別在明帝國崩潰後，西班牙對華商更是強取豪奪，甚至沒有付錢就把貨物搶走了。這一時間段由於中國戰亂不止，華人為了生存，也只能忍受西班牙人的虐待，結果許多商人在馬尼拉殖民者的壓榨之下最後破產。這些商人出海經商，多數持有國姓爺的牌票，商人利益受損，最終也會損及國姓爺的利益與信譽，於是鄭成功發布了一條極為嚴厲的禁商令。

該法令明確宣布，凡是鄭氏控制下的商船，均不得載貨前往馬尼拉貿易，違反法令者，沒收其財產甚至處以死刑。這道法令極其嚴厲，不僅禁止從中國沿海出發的商船駛往馬尼拉，從其他地區轉航也不被允許。鄭成功曾致信臺灣總督西撒爾（Cornelis Caesar，一六五三－一六五六年，第十一任臺灣總督），要求荷蘭一旦發現有中國船隻駛往馬尼拉，不予放行，甚至要求荷方將他的禁令內容在大員地區張貼。

若是在早幾年，鄭成功提出禁航馬尼拉的法令，荷蘭人必定是手舞足蹈、拍案叫好，但是如今荷蘭與西班牙的關係已經有了明顯的改善。一六四八年，隨著歐洲「三十年戰爭」的結束，西班牙與荷蘭之間也簽訂了「荷西條約」。自此，西班牙正式承認荷蘭的獨立，兩國結束了長期的敵對。儘管對峙結束了，荷蘭人也未必把西班牙當作盟友。可是在遠東，倘若要在鄭成功與西班牙中選擇一方為盟友，荷蘭人無疑會選擇同為歐洲人的西班牙。對於國姓爺提出在大員張貼禁令的要求，臺灣的荷蘭殖民當局當然嗤之以鼻，不予理會。西撒爾回信鄭成功，十分冷淡地拒絕了他的要求，並強調西班牙是荷蘭的盟友，荷蘭沒有理由損害西班牙的利益。

這只是荷蘭人與國姓爺衝突的開始。

荷蘭人控制了東亞、東南亞三個至關重要的地方：臺灣大員、巴達維亞與滿剌加（即麻六甲，一五一一年被葡萄牙佔據，一六四一年荷蘭人奪取該戰略要地），可是無論在日本貿易或東南亞貿易上，荷蘭人均遭到國姓爺的迎頭痛擊。

巴達維亞是荷蘭東印度公司的總部，自荷蘭人從葡萄牙手中奪得滿剌加後，更是雄視南洋，西班牙與葡萄牙都無法與之較量，此時荷蘭在亞洲的勢力可謂是如日中天。顯然，荷蘭人早視東南亞為自家的後花園，可是沒料到的是，國姓爺的船隊卻在這裡大展拳腳。往常馬尼拉是最繁忙的貿易港，可是國姓爺出於對西班牙人殘害華人的痛恨，對馬尼拉發出「禁商令」。這個禁令是冒著很大的風險，不要忘了，國姓爺軍隊最重要的供給來源便是海上貿易，而他竟然把最重要的一條航線給禁絕了。

為了彌補馬尼拉禁令的損失，國姓爺必須要開拓更多的貿易點，於是他的商船開往暹羅、柔佛、孫姑那（今泰國宋卡）、大泥等地，與東印度公司搶佔當地的市場。荷蘭人對此大驚失色，他們驚呼道：「他（國姓爺）可在這些地區進行貿易，並將貿易獨攬手中……而且不給我們留下任何貿易。」

為此巴達維亞當局做了兩手準備：第一，將限制國姓爺的商船最遠只能航行到暹羅。可是即便是這個計畫，荷蘭人也覺得很吃虧。因為荷蘭長期壟斷錫與胡椒，在暹羅可以得到巨額利潤，由於國姓爺也運送錫與胡椒，自然讓荷蘭人的利益大大受損了。因此東印度公司打算使用第二個計畫，即對中國商船進行攔截，迫使這些商船只能航往巴達維亞城。這個計畫說白了，就是強盜行徑。但是與以往不同的是，荷蘭人現在不敢明目張膽地搶劫，只是給中國商船製造人為的麻煩罷了。可見到了鄭成功時代，中國商人的安全還是得到了較大的保障，強橫的西班牙人已經遭到貿易制裁，荷蘭人自然也要小心點了。

其實荷蘭人心裡也明白，他們如此限制中國船隊的航線，勢必要引起國姓爺的憤怒與不滿。事實也是如此，當鄭成功得知消息後，他寫了一封信，在一六五五年初送達巴達維亞當局，在信裡提出強烈抗議，並且強調其帆船的航行無人有權禁止。這時的鄭成功尚未與東印度公司撕破臉皮，他表示願意與荷方商量解決，達成協議。

一向強硬的鄭成功為什麼沒有與荷蘭人翻臉呢？我們在研究鄭成功時，一定不能將軍事與貿易分割開來。在一六五四年，他與滿清議和，有喘息之機，因而可藉此時機對西班牙展開貿易制裁。可是到了年底，鄭清議和失敗，戰爭重新爆發。鄭成功派張名振向北攻略長江，派林察南下廣東馳援李定國，自己則在福建攻城掠地。此時對鄭成功來說，軍事進攻是重中之重，與荷蘭人的貿易衝突，可以先緩一緩。

精明的荷蘭人當然也看到了國姓爺的兩大無奈：第一，以海上貿易來養一支龐大的軍隊，這並非一件容易的事；第二，中國許多地區的交通要道被滿清士兵把守堵塞，貿易遭到破壞。正是在這樣的背景下，荷蘭人傲慢地要求把國姓爺的船隊限制在巴達維亞城貿易，顯然是想要獨吞東南亞貿易之利。

基於以上的判斷，荷蘭人認為國姓爺必須以貿易手段來維持他龐大的軍事開銷，在這種情況下，他不可能與東印度公司反目成仇，自找麻煩。於是乎巴達維亞當局把國姓爺的抗議拋諸腦後，大約在一六五四年底或一六五五初，荷蘭商船攔截一艘從廣南駛出的中國商船，並把船上的貨物，包括胡椒、沉香、鉛、明礬、硝等搶奪一空。荷蘭人之所以敢大肆搶劫，是因為這艘船乃是屬於一名私商。然而鄭成功並不這樣認為，這艘船雖是私人船隻，但是持有鄭氏牌票，出了事情，作為鄭氏集團的大首領，他自然是責無旁貸了。故而國姓爺又一次向荷蘭東印度公司發難，要求殖民當局賠償損失。

荷蘭人抱怨說：「國姓爺又將要求償還（**船上貨品**），並就此事大做文章，儘管這條船並非屬於他。」

荷蘭東印度公司意識到遇上一位難纏的對手。鄭成功在確保對日貿易優勢的前提下，不斷地蠶食東南亞的貿易市場，令荷蘭人憂心忡忡，他們對華人商船的態度也越來越敵視了。精力充沛的國姓爺不僅在清鄭戰爭中日理萬機、運籌帷幄，對貿易的細節仍然可以明察秋毫，他察覺到了來自巴達維亞的敵意。

我們倘若去追蹤國姓爺的奮鬥史，便可發現他性格中有一種先發制人的果敢，在戰場上即便面對強敵，他仍毫不手軟地主動進攻。在商場同樣如此，他要以先發制人的勇氣震懾對手。國姓爺通過臺灣大員的中國人告知總督西撒爾，對東印度公司提出三項抗議：第一，前往巴達維亞的中國商船所受到的待遇不如從前，沒有得到應有的尊重；第二，他的商船在舊港被搶走了四百擔胡椒；第三，他的商船受到威脅，被禁止前往滿剌加、柔佛、大泥、孫姑那等地。

最後，鄭成功嚴厲地警告荷蘭當局，要求巴達維亞優待中國商人，中國商船前往上述各地區時，不得設置任何障礙。他威脅道，如果荷蘭人一意孤行，他將採取報復措施，禁止中國商船前往臺灣與巴達維亞貿易。國姓爺還補充說，他的話都是金玉良言，完全有能力做到的。

在荷蘭人看來，國姓爺若一意孤行，固然會令東印度公司損失慘重。可是他們分析後認為，國姓爺已經停止與馬尼拉的貿易，要是再中止與臺灣及巴達維亞的貿易，那麼就會失去財源，失去財源則意味著會輸掉與滿清的戰爭。因此荷蘭人判斷，國姓爺的威脅不過是為了施加壓力，製造恐懼的氛圍，目的是為了要脅公司。

然而國姓爺的可怕之處，就在於你即便想了一百個他不會做的理由，但還是不能制止他去做。儘管國姓爺還沒有正式發布告示中斷與大員的貿易，可是荷蘭人在臺灣的貿易也已經不容樂觀了。

荷蘭東印度公司貿易有兩大利潤來源，一是與日本的貿易，二是與中國的貿易。這兩大貿易都離不開臺灣這個貿易基地。

由於日本人只允許中國人與荷蘭人前往貿易，對日貿易是由國姓爺與荷蘭東印度公司雙寡頭壟斷，沒有協力廠商競爭。即便如此，荷蘭人仍然感覺相當吃力。在一六五五年，他們寫道：「中國人運往日本的貨物數量巨大，只要國姓爺壟斷日本貿易，我們就難以從中獲利。」據荷蘭人統計，在一六五四年十一月到一六五五年九月，十個月裡有五十七艘中國商船前往日本，多數屬國姓爺，大約每隔五天便發二艘商船，這個頻率無疑是相當高的。難怪荷蘭人哀歎道：「國姓爺將公司排擠出去，一人獨攬日本貿易……使公司在大員的貨物銷路堵塞。」

不僅如此，國姓爺開始有意識地控制對臺灣大員的貿易。雖然還沒有正式出臺禁運措施，但在一般情況下，不允許他的人到大員貿易。即便有時允許商船前往臺灣大員貿易，售出什麼貨物，購買什麼貨物，都要由他親自把關，目的是為了維持壟斷。

為了打破國姓爺壟斷臺海貿易的局面，巴達維亞當局派一支使團前往北京覲見皇帝，試圖與滿清帝國建立自由貿易，這樣就可以輕而易舉地避開國姓爺的圍剿，取得中國內地的商品。荷蘭人對這次進京滿懷信心，因為他們發現滿清帝國儘管在陸地上佔領了中國的大部分土地，卻無法打敗海上的國姓爺的勢力。他們打算給滿清皇帝獻上一個見面禮：荷蘭人願意在海上提供軍事援助，與滿清帝國共同剿滅國姓爺。

儘管荷蘭人如願以償地見到了滿清皇帝（順治皇帝），可是他們最終氣餒地發現，要打開天朝帝國的貿易大門，絕不會比登天容易多少，主要原因在於文化上的差異。滿清政府完全照搬大明政府的朝貢貿易，首先審核荷蘭是否合乎朝貢國的標準。當時朝中大員對荷蘭人的普遍看法是：這群人並沒有一個國家，只是在海上行盜為業。荷蘭使團耐心地作出各種解釋，然而在得知這個來自歐洲的國家居然沒有一個皇帝或國王領導時，中國官員目瞪口呆，無法想像這樣的國家將如何統治。荷蘭人不得不使詐捏造出一位有統治權的王子，這些中國官員方才似懂非懂地點點頭。

可是對荷蘭人來說，想要達成與清帝國的貿易困難重重。朝中有人攻擊荷蘭是個掠奪成性的民族，曾在澳門與福建發動過戰爭，而且這個蠻夷之國從來未曾在古籍中出現過，中國對其底細完全不清楚。鑒於以上幾點，朝臣們認為有必要暫時拒絕荷蘭人的請求，得先花幾年的時間對其所述的真偽進行考察。

不過，考慮到荷蘭人千里迢迢跑來朝貢，順治皇帝總算給了些面子。畢竟滿清剛剛統治中國，還遠未有「萬國來朝」的盛況，於是批給荷蘭「八年一貢」的指標。順治皇帝的敕諭是這樣寫的：「若貢期頻數，猥煩多人，朕皆不忍。著八年來朝一次，員役不過百人，止令二十人進京。所攜貨物，在館交易，不得於廣東海上私自貨賣。」這又回到了朝貢貿易，也就意味著荷蘭人必須要等上八年才有一次朝貢貿易的機會。荷蘭人對此自然氣餒得很，他們寫道：「若等待信中規定的八年，公司的貿易將不會取得任何進展，也不會有什麼意義。」

這樣，荷蘭人試圖打開滿清帝國貿易大門的努力化為泡影。在荷蘭使團北上覲見皇帝期間，國姓爺正式對臺灣大員實施貿易禁運令。

國姓爺在一六五六年的六月二十七日於廈門島頒布對臺貿易禁令。這個禁令發布的時間十分耐人尋味，因為在這一年他的事業險象環生：首先是在農曆三月，清軍動用水師力量對廈門島發動開戰以來最猛烈的一次進攻。儘管這次進攻被擊敗，可是滿清士兵不再以旱鴨子的形象出現，特別是在招降施琅等一批南明降將後，清軍的水師力量在悄悄地增長。其次是黃梧獻海澄降清，不僅將這座堅強的堡壘拱手讓出，而且城內雄厚的物資儲備也悉數落入清軍之手。第三，滿清政府推出「禁海令」，使鄭成功從內地獲取商品的難度大大增加。

在這種情況下，國姓爺更需大力開拓海外貿易以彌補國內的損失，可是偏偏他又頒布對臺灣的禁運令，這種做法顯然對自己也沒有好處，那麼究竟他有什麼考慮呢？

單從「禁運令」的內容來看，國姓爺對臺灣荷蘭殖民政權實施貿易制裁主要是基於以下兩點：第一，在臺灣大員的中國人受到荷方不公正的待遇，他們強迫中國商人低價出售商品。第二，荷蘭人無視國姓爺發布的對呂宋（**馬尼拉**）的禁運令，准許幾條中國商船駛往馬尼拉。另據《先王實錄》所記，國姓爺對臺禁運是「因先年我船到彼，紅夷每多留難」，仍把原因歸結為華人在貿易中受到不公正的待遇。

國姓爺捍衛華人在海外的利益與地位，這一點是令人尊敬與景仰的，但這也許並不是全部的原因。一六五六年對鄭成功來說是十分艱難的一年，他最急迫的事情，是能否在滿清的重壓之下頑強生存。倘若他的政權覆滅了，保護海外華人只能成為一句空話。繼馬尼拉禁運後，國姓爺又對臺灣禁運，這不僅僅是打擊商業對手，同時自己也要蒙受很大的損失。荷蘭人對此倒是看得很明白，他們分析說：「國姓爺這樣做，對自己與對公司（**指東印度公司**）一樣不利……因為他維持戰爭的財力，大部分來自於航海和貿易。」

很明顯，在國姓爺的「禁運令」下，沒有贏家，絕對是雙輸的選擇。因此，僅從經濟角度來看，鄭成功在最困難的一段時期對臺灣展開禁運，無疑不是明智之舉。但如果他考量的角度並非是經濟利益，那又會是什麼呢？

我的分析是，鄭成功對荷蘭人實施禁運，目的是在必要的時候渡海東征，奪取臺灣。儘管他擁有強大的海軍艦隊可以阻擊清軍的進攻，可是廈門島與大陸之間的海峽太狹窄了，不要說渡船，水性好的人都可以遊過去。況且在黃梧降清後，廈門島的處境惡劣，互為犄角的海澄落入敵手，清廷對廈門的防務已經是瞭若指掌。鄭成功心裡十分明白，廈門的守備並非固若金湯，他必須未雨綢繆。萬一清軍對廈門島發動瘋狂的進攻，一旦頂不住，必要的時候必須有一個可以撤退的地盤。

仔細地分析鄭成功做的每一件事，可以發現這個智力超群的人物有著異乎尋常的遠見卓識。他總是小心翼翼地掩蓋自己的真實想法，讓別人猜不透想不明白。儘管攻臺之役直到一六六一年才發動，但對鄭成功來說，收復臺灣絕非只是一時興起的念頭，而是至少醞釀了十年之久，即他後來詩中說的「十年始克復先基」。

對鄭成功來說，貿易不是純粹的生意，而是武裝割據必不可少的環節。同樣，軍事不是單純的戰鬥，沒有強大財力的支撐，十幾萬大軍會在瞬間灰飛煙滅。顯然，對臺灣的禁運，並不只是表面上看得出來的經濟制裁，此時東渡臺灣、驅逐荷夷的計畫已是閃爍可見。對國姓爺來說，一旦廈門失守，只能退守臺灣。

自從郭懷一起義後，關於國姓爺可能進攻臺灣島的流言時常傳到荷蘭人耳中。但殖民當局兵力不足，只能選擇幾個據點固守。要在那麼大的海島阻止國姓爺的軍隊登陸，顯然是不可能的。

貿易制裁將造成臺灣的經濟蕭條並大大削弱荷蘭人的防禦力量，只要抗清的形勢發生巨變，威脅到廈門基地的安全或者廈門島失守，國姓爺將率領自己的海軍跨海登陸臺灣，開闢新的根據地。

幸運的是，清軍沒有繼續對廈門島發動大規模的進攻，廈門基地暫保無虞，鄭成功也暫緩對臺灣發動進攻的計畫。

鄭成功對臺灣發布的貿易禁令持續了一年多。其實在發布禁令之前，他對大陸船隻與臺灣貿易便有嚴格的限制，因此實際對臺灣的封鎖持續了約兩年。這對臺灣的荷蘭殖民者乃是沉重的打擊，《先王實錄》記云：「由是禁絕兩年，船隻不通，貨物湧貴，夷多病疫。」臺灣島商業凋零、通貨膨脹並導致瘟疫疾病的蔓延。

從荷蘭文獻中也可以看出禁運的巨大影響。在一份一六五六年底的東印度公司報告中，他們寫道：「整個大員面臨極大的危險……今年那裡的貿易完全停滯。」在另一份報告中是這樣寫的：「中國與大員的貿易完全停滯，這一事件對公司極為不利，若這樣持續下去，最終將導致大員和福爾摩沙成為廢墟，因為那一地區沒有貿易，也就失去存在的意義。」

臺灣大員在荷蘭東印度公司的貿易中佔有重要地位，面對國姓爺的禁運令，傲慢的荷蘭人終於在慌張與不安中屈服。他們接二連三地寫信給國姓爺，爭取恢復大員的貿易，但沒能成功。一六五七年，臺灣殖民當局委派公司的首席翻譯、大員華人長老何斌兩度前往廈門島，與國姓爺商討恢復貿易的事宜。《先王實錄》是這樣記載的：「臺灣紅夷酋長揆一遣通事何廷斌至思明啟藩，年願納貢和港通商，並陳外國寶物。」作為恢復通商的回報，荷方答應「年輸餉五千兩，箭柸十萬枝，硫磺千擔」。

正如荷蘭人所說的，從經濟的角度來看，貿易禁令對雙方都是有害無益。可是鄭成功考慮的並不僅僅限於經濟，他首先是政治家，其次才是商人。對他來說，貿易利潤固然重要，可是遠遠不如奪取臺灣島來得重要。

儘管國姓爺並沒有在禁運期間發動征臺戰爭，可是他在臺灣的權勢與影響力大大增強了。他強調對臺灣華人的統治權。在公布對臺禁運令時，他便派出一名特使前往大員，檢查貿易禁令的執行情況。國姓爺根本無視大員荷蘭人的存在，他的專員往返於福建、臺灣之間。事實上他已經向荷蘭人傳遞了一個消息：臺灣不是你們荷蘭人的地盤，我國姓爺不承認。

有些讀史的朋友有一種誤解，認為國姓爺在一六六一年攻打臺灣只是出於局勢所逼迫，無可奈何下的選擇。其實不然，鄭成功在收復臺灣上一直有著深謀遠慮，而且其勢力不斷地向島上滲透。臺灣島上的華人力量與國姓爺也有著千絲萬縷的關係，譬如郭懷一起義，就算他沒與鄭成功有過聯繫，他也要扛著國姓爺的大旗來鼓動士氣。在郭懷一之後，臺灣華人中最有影響力的當屬何斌，他與鄭成功之間，也有很多外人所不知道的秘密。

荷蘭人費了好大的勁總算恢復了臺灣與福建的貿易，可是兩樁劫船的事件又使他們與國姓爺的關係陡然變得緊張。

在此之前，荷蘭人曾經兩次劫持國姓爺方面的商船，但在國姓爺強烈的抗議與威脅之下，均給予賠償。後來東印度公司總督瓊・瑪茲克（Joan Maatzuyker）寫信給鄭成功時曾說：「關於從前我方船隻截獲你方民船兩艘的事情，我方所付予殿下的賠償已屬過分，當時殿下也認為我方處理辦法令人滿意。」可見此前兩次劫船事件，最後還是得到比較妥善的解決。

可是在一六五七年發生的這兩樁劫船事件，就遠非那麼簡單，關於這兩船的賠償問題，是鄭成功與荷蘭人之間矛盾與衝突的集中體現。倘若是換作晚明的地方官員，在爭取賠償而未果的情況下，會輕而易舉地放棄。可是國姓爺絕不是這樣的人，他堅持捍衛自己的利益，不依不饒。這也成為攻臺戰爭爆發前，鄭成功與荷蘭東印度公司之間所爆發最為嚴重的貿易糾紛事件。

我們來詳細了解一下這兩起劫船事件的情況。

第一艘遭劫的商船是從北大年、柬埔寨方向返航，駛至廣州附近的海域時，遭遇到一艘荷蘭戰船（Domburgh號）的攔截。後來荷蘭人是這樣解釋：他們稱凡在海上遭遇任何船隻時，首先要辨認是敵是友，倘若是敵船則摧毀之。當荷蘭夾板船見到中國帆船時，便向它靠近，但這艘隸屬於國姓爺的中國帆船以為荷船將發起進攻，遂倉皇而逃，在逃跑過程中擱淺，船隻受到嚴重的損壞，無法繼續航行。後來中國帆船的船主向國姓爺彙報，稱有八百兩黃金被荷蘭人搶走。

第二艘遭劫的商船是從柔佛開往廈門的途中，遭到二艘荷蘭船隻的攔截（一艘是貨船「Breukele號」，另一艘是平底船「Urck號」）。在以往發生荷蘭人搶劫國姓爺商船的幾個案例中，頂多就是搶東西，並不敢連人帶船都劫。可是這二艘荷蘭船隻過於狂妄了，或許經過兩年的貿易禁運，他們把國姓爺的船隻當作敵船來對待，不僅搶了貨，還搶了船。這艘裝有胡椒、錫等貨物的中國帆船被荷蘭人當作戰利品拖向大員，可是在半路上遭遇風暴，船被打翻了，貨物也損失殆盡。

這兩起劫船事件傳到廈門島時，鄭成功勃然大怒，下令將已經張貼的准許前往臺灣貿易的布告撕毀，並立即中止福建商船前往大員，繼續維持禁運狀態。

這下子荷蘭東印度公司非常尷尬了。無論是巴達維亞總部或大員當局，都認為這兩件劫船事件完全不合時宜，他們並不鼓勵手下的船長去做這種愚蠢的冒險。可是事情畢竟發生了，怎麼辦呢？恢復大員的貿易事不宜遲，不能因為這兩件事影響大局，故而新任的臺灣總督揆一多管齊下，力圖穩住國姓爺，他做了以下的努力：第一，派何斌以及幾位有影響力的商人到廈門與國姓爺商議調解此事；第二，承諾歸還國姓爺的船貨；第三，臺灣方面已把賠償柔佛商船的事情轉交給巴達維亞總部處理；第四，把攔截中國商船的荷蘭船長及船員，交給大員司法委員會審查。

在得到揆一的承諾後，鄭成功終於放棄對臺灣繼續實施禁運政策。可是傲慢而又自以為是的荷蘭人何曾想過賠償呢？這夥強盜從來沒有「公平」的想法，打家劫舍在他們眼中只是家常便飯罷了，要是人人都要來討公道，討賠償，那他們還怎麼混呢？他們提出的所謂「賠償」，無非是忽悠的把戲罷了。正如他們自己說的：「我們恐怕在這方面還要與國姓爺周旋，若能通過極少的讓步維持雙方關係的和諧，避免更多的裂痕，將令人滿意。」他們所以承受的極限，只是「極少的讓步」罷了。

在裝模作樣地調查後，荷蘭人給出了結論：第一，來自柬埔寨的那艘中國商船被荷船尾追而受損之事，他們認為「只應責怪該船誤友為敵，我方不負任何責任」，也沒有提及中國船主所申訴的被劫八百兩黃金之事。第二，荷方攔截自柔佛駛出的中國商船，是因為荷蘭船長並不清楚國姓爺正與公司商討解禁之事，故而暫時扣留該船。至於該船後來遭遇到暴風雨而沉沒，這完全是因為天災，他們也不會對此負責任。

一句話，荷蘭人是想要賴帳，一分錢也不想賠。明帝國滅亡之前，荷蘭殖民者就慣於使用耍賴的伎倆，並屢屢得逞，所以這次他們懷著僥倖的心理想：「如果我們堅持不做出退讓，此事或許會不了了之。」可是他們要對付的人是國姓爺，而不是明朝的老官僚。

面對荷蘭人的耍賴，鄭成功毫不含糊。他向東印度公司開出一份賠償清單，要求荷蘭人對二艘船賠償十八萬兩白銀，其中柔佛船賠十萬兩，柬埔寨船八萬兩。東印度公司總督瓊・瑪茲克給鄭成功寫信，對他提出的賠償金額大為驚訝，認為中國商船不過運載「甘蔗、胡椒之類的粗貨」，怎麼能值八萬兩或十萬兩的白銀呢？

關於這二艘船隻的賠償，東印度公司一拖再拖，懸而未決。由於鄭成功正在醞釀北上進攻南京的大戰略，當然沒有放很多心思與荷蘭人糾纏此事。直到北伐失敗後，他才又舊話重提，要求東印度公司對二艘船進行賠償。高傲的荷蘭人還以為鄭成功早已把這事給忘了，不想這位國姓爺記性好得很，而且與往常一樣盛氣凌人。

其實與北伐失敗的慘重損失相比，那二艘船的賠償真的不值一提。可是國姓爺大張旗鼓地伸張自己的權利，並非僅僅為了十八萬兩白銀。醉翁之意不在酒，這件事其實暗藏玄機。在國姓爺的戰略中，進則攻取南京，席捲東南半壁山河，繼而光復中原；倘若吃了敗仗，則退居臺灣島，以大海為防禦長城，堅持抗戰，伺機捲土重來。南京之役慘敗後，鄭成功必須要實施第二個方案，即攻取臺灣島作為大後方根據地。在這個時候，他故意重提劫船的賠償問題，很明顯是掩人耳目，隱藏自己的真實意圖。

國姓爺發出威脅，聲稱倘若荷蘭人不肯賠償損失，他不僅要在中國追討，而且要動用其影響力在日本追討。日本是荷蘭東印度公司的最大利潤來源，鄭成功顯然十分明白，這個市場對荷蘭人意味著什麼。他要向日本政府施加其個人影響力，由日本人出面幫忙討回這筆拖欠達三年之久的賠償。對於國姓爺的威脅，荷蘭人認為只是言辭上的恫嚇罷了，置之不理。可是他們錯了，國姓爺絕對是一個說得到做得到的人。

一六六〇年十月二十二日，一艘荷蘭貨船將要離開日本長崎港時，忽然來了一名不速之客。這名不速之客是長崎代官派出的一名翻譯，他告訴荷蘭人，長崎代官已經收到國姓爺關於一六五七年劫船事件向荷方提出的索賠要求。該翻譯說，長崎方面已就此事做了詳細而周密的調查，決定替國姓爺討回這筆賠償款。

日本方面竟然屈服於國姓爺的勢力，這是荷蘭人未曾料到的。他們狡辯說，這件事已經由巴達維亞總部處理，國姓爺的損失將在巴達維亞城得到賠償。但是長崎代官馬上否定荷蘭人的說法，他指出國姓爺已經禁止商船駛往巴達維亞，無法在那裡得到賠償，並強調荷方必須在日本補償國姓爺的損失，除非東印度公司要中止與日本的貿易。

長崎代官的語氣與態度都十分強硬。日本人這麼賣力地幫中國方面討回這筆賠償，並非完全樂於助人，而是考慮到他們的進口物資絕大多數還要仰賴國姓爺的商船，日本所需要的大量的中國貨物是荷蘭人所無法提供的。這下子荷蘭人有點傻眼了，做夢也沒料到國姓爺能力通天，為了討錢，不惜把日本人推到前臺。荷蘭人可以與國姓爺斷交，可是無法與日本斷交，沒有日本，他們將失去最大的財源。看來臺灣與巴達維亞的東印度公司官員得好好考慮一下賠償的問題了。

荷蘭東印度公司駐日本商館領事布赫良將這件事提交給了巴達維亞總部。布赫良認為這次賠償可能很難避免，但他認為可以把賠償金額降低一半。巴達維亞總部表示將認真考慮這個事情，並謹慎周密地做最後的決定。

由於劫船而引發的賠償事件從一六五七年拖延到一六六一年，跨四年之久卻始終懸而未決。在這場爭端中，國姓爺展示了高超的外交手腕與謀略。在晚明時，荷蘭對中國商船的搶劫如同家常便飯，由於大明政府的無所作為，不僅滋長了荷蘭人的強盜行徑，而且使他們長期以來對中國力量抱有輕視之心。到了鄭成功時，華商悶聲吃大虧的歷史才告終結，因為他不僅保護了華商在海外的利益，而且能以強硬的手段對付荷蘭人。國姓爺的船隻曾被荷蘭人攔截四艘，前二艘均獲得賠償，後二艘拖了四年沒有解決，可是鄭成功仍然顯露了他巨大的能量，甚至把日本政府拉下水來打擊荷蘭人。可是這遠非他謀略的全部，賠償對他來說絕對算不上大事，可是他故意小題大做，把荷蘭人的注意力吸引到小事上。一兩艘船算得上什麼呢？雄才大略的國姓爺要的是整個臺灣島，把荷蘭殖民者徹底趕出去。

賠償只是一個魚餌罷了，他擺動這個釣鉤上的魚餌，荷蘭這條大魚被誘得團團轉。在這個時候，他悄悄地撒下一個無法逃脫的羅網。這就是大智慧，大謀略。

一六六一年，日本商館領事布赫良離開長崎時，長崎代官又一次鄭重地向他提出要求，必須就劫持造成中國商船沉沒一事做出賠償。為了讓荷蘭人無法耍詭計，長崎代官明確向布赫良表示，將用東印度公司下一季度運往日本的貨物作為賠償款，否則荷蘭將退出日本市場。現在東印度公司可以確信國姓爺在海上的勢力是何等囂張與強大了，日本人都對他俯首貼耳。巴達維亞總部被迫屈服，指示長崎的商館，如果沒有其他辦法解決，就按照長崎代官的要求處置，以避免同日本方面發生更大的衝突與隔閡。

可是令東印度公司沒有料到的是，就在他們做出上述決定的時候，國姓爺已經出其不意地率領大軍渡過臺灣海峽，開始他一生中最偉大的遠征。

國姓爺為什麼選擇在這個時候征臺，他又為遠征做了怎麼樣的準備呢？

第十五章　征臺的決心

鄭成功攻取臺灣的直接原因是北伐的失敗。

一六五八年，鄭成功以破釜沉舟的勇氣發動北伐之役，試圖憑藉此曠世豪賭的一舉，逆轉南明抗清的殘局。為了這次規模空前的北伐，他幾乎投入了全部家底。根據《小腆紀年》的記載，北伐軍總兵力達到十七萬人，這個數量可能是有點水分的，但也說明國姓爺是孤注一擲。北伐的目標是奪取南都南京，光復長江以南諸省，與北方滿清政權分庭抗禮，這只是第一階段。倘若此階段進展順利，則在穩定南方、養精蓄銳後以海陸兩路兩次北伐，把滿人趕出中原。

這個計畫十分宏偉，然而國姓爺的運氣卻很差。北伐艦隊駛至羊山島，遭遇到罕見的暴風雨，整個艦隊遭到嚴重損失，大量船隻被打翻沉沒。大約有八千～一萬人死於非命，其中包括鄭成功的六位妃嬪與三個兒子。這個意外的災難迫使他不得不在浙江休整以恢復元氣，攻打南京的計畫也只得推遲到了次年。

一六五九年對鄭成功來說是非常特殊的年份，這一年他在衝向人生頂峰的同時，又很快走下坡路了。重整旗鼓後的北伐軍的進攻銳不可當，在定海關海戰中，國姓爺的艦隊打垮了清軍浙江水師，摧毀了一百多艘敵船，完全掌握了制海權。爾後艦隊沿著長江逆流而上，直搗南京。

清軍在瓜洲、鎮江設下兩道防線以阻止北伐軍的進攻，可是事實證明這兩道防線不堪一擊。士氣如虹的鄭軍輕而易舉地贏得瓜洲、鎮江兩場會戰的勝利。特別是在鎮江一役中，清軍精銳騎兵四千餘人僅生還一百四十人，幾乎全軍覆沒，而國姓爺的士兵死亡不到十人。清軍提督管效忠在戰敗後說道：「吾自滿洲入中國十七戰，未有此死戰也。」

然而在南京會戰中，鄭成功在攻堅戰上的弱點盡現無遺。只要研究鄭成功的軍事生涯便可一目了然，在他十幾年的征戰中，奪取城池主要有兩大手段，第一靠策反，第二靠圍困。用強攻手段奪取的城池並不多，特別是大的城市，一個也沒有。攻堅戰一直是鄭軍的短板，國姓爺固然是一名非常優秀的將領，但他的勝利主要來自海上戰鬥以及陸地上的野戰。他擁有強大的海軍與野戰部隊，但遇到高大、堅固的城牆時，他似乎就束手無策了。

在南京之役中，儘管國姓爺的兵力略多於南京城內的清軍，但要圍困這麼一座大城就顯得不足。身經百戰而一統中原的清軍絕非浪得虛名，他們非常聰明地集中兵力，以突破鄭軍的包圍圈。清軍以數萬人之眾從鳳儀門出擊，而封鎖該區的鄭軍僅有數千人。鄭軍的防禦陣地存在巨大的缺陷，儘管布置了三道火炮防線，然而火炮完全沒有掩蓋物的保護。清軍的火炮很快摧毀了鄭軍的火炮陣地，並且乘勝進攻鄭軍週邊的觀音山防線。在觀音山的戰鬥中，兵力分散的鄭軍傷亡慘重，國姓爺麾下最重要的將領甘輝、萬禮等人都戰死沙場。

至此，鄭成功的包圍圈已被打破，同時，他收復舊都的雄心也被打碎了。這位東南梟雄淚灑金陵，被迫沿著長江順流而下，返回福建。故都越去越遠，他的理想也如風箏越飄越遠。

北伐之戰是自一六四四年大明帝國滅亡以來，殘明勢力對滿清最有力的一次出擊，但很不幸，這也成了最後一次有力的出擊。

滿清政府無法容忍國姓爺在東南沿海興風作浪，決心畢其功於一役，一舉完全消滅東南的抗清力量。清軍的反擊速度堪稱驚人，內大臣達素以「安南將軍」的身分，統率一支精銳的滿漢騎兵，晝夜星馳南下。同時浙江、南京、廣東諸省水師奉命集結，滿清朝廷要利用鄭成功兵敗長江之機，一舉端掉這位最頭疼的敵人。

永曆十四年（一六六〇年）三月，安南將軍達素抵達泉州，開始策劃進攻鄭成功的大本營廈門島。為了確保擁有足夠多的船隻，他四處搜掠徵用，在漳州集結四百餘艘船，在同安有百餘艘，在泉州有數百艘，拼湊起來的船隻數量已有近千艘之多。在策劃軍事打擊的同時，福建總督李率泰還親自策劃了一起謀殺計畫，收買了負責給鄭成功製作點心的廚子張德，囑咐他尋找機會毒死主人。所幸的是，張德的下毒計畫最後被學徒張四所揭發，這位大廚沒撈著富貴，反倒被捆綁著以亂箭射死。

李率泰的暗殺陰謀破產後，安南將軍達素要憑藉手中近千艘的船隻，對廈門島發動有史以來最大規模的攻勢。一時間，這個東南小島風雨飄搖，危若累卵，鄭成功無路可退，唯有以海洋為天塹，阻擋住清軍疾風暴雨般的進攻。儘管國姓爺的海上武裝要遠遠強過清軍，可是不要忘了，廈門島與大陸之間僅隔著狹窄的海峽，要在海洋上完全阻止清軍登陸島上，是不太可能的事情，必須要做好兩手準備：第一，盡可能在海上截擊清軍的船隻；第二，將登陸島上的清軍趕下大海，絕不能讓他們在海灘上建起一個穩固的據點。

五月十日是一個生死攸關的日子，鄭氏集團的存亡與否，全看這場規模空前的海上阻擊戰。

廈門保衛戰確實極為慘烈。清軍水師以兩路從南、北兩個方向出擊，南路由李率泰、黃梧指揮，北路由達素、施琅指揮。其中福建總督李率泰與安南將軍達素都是旱鴨子，哪裡懂得什麼水戰，實際指揮水師作戰的是鄭氏集團的叛將黃梧與施琅。

南路清軍水師從海澄出擊，總共有四百餘艘船，順流而下，佔據了地利。作為一名海軍將領，黃梧把進攻時間設定在退潮時，這確實可看出他是海戰的行家裡手。清軍水師在順流與退潮兩大驅動力之下乘風破浪，而鄭成功的阻擊艦隊卻不得不逆流反擊。戰鬥尚未開打，鄭氏艦隊在地利上完全處於下風，要逆轉這個劣勢，鄭成功必須耐心地等待潮水完全退去，為此不得不冒一次巨大的風險。

鄭成功發布命令：「不准起碇，泊定一條鞭，與之打仗，候潮平風順，有令方准駕駛衝殺。」倘若在逆潮之中勉強出擊，艦隊很快會失去秩序，甚至被潮水捲到外洋。鄭氏船隻拋下錨碇，停泊於水中，呈一字長蛇擺開，此時各艘戰船完全不能航行，在敵軍攻擊之下只能各自為戰，能否在潮水逆轉方向之前頂住清軍水師進攻的三板斧，成為這場決戰勝負的關鍵。

唯有將犧牲精神發揚到極致，才可能頑強地抵抗清軍水師潮水般的攻勢。位置靠前的船隻開始受到清軍水師的圍攻，其他戰船只能遠遠地袖手旁觀，這對鄭成功來說是艱難的時刻，他焦急地等待潮水的反轉。代價的付出不可避免，而且相當慘重，在清軍的第一波進攻中，鄭軍便有三名高級將領戰死。鄭氏海軍元老、曾在一六五二年大敗清水師的陳輝也差一點喪命，他的座船被清軍包圍，當兩百多名清兵衝上船時，他點燃了火藥桶，戰船與清兵都被炸得粉碎，他本人在生死關頭躍入海中，僥倖逃過一劫。

正是將士們的犧牲精神為國姓爺贏得了時間，潮水的逆轉悄然帶來一個預兆：戰場的形勢即將逆轉！當「拔碇迎戰」的命令下達後，尊貴的國姓爺並沒有遠遠眺望戰局，他駕著一艘輕便的小舟，往返穿梭於波濤起伏的戰場，在海浪的搖晃中來回於各戰船之間，指揮這場生死攸關的戰鬥。

鄭氏海軍的優勢開始顯露，論海戰清軍根本不是對手。黃梧——這位叛變者——沒有力挽狂瀾的鐵腕，眼看著被摧毀的船隻越來越多，他幾乎喪失了繼續作戰的勇氣。滿清南路水師的潰敗已是不可挽回，多名將領被俘虜，船隻也成為鄭氏軍隊的戰利品。鄭氏的海上長城堅不可摧，李率泰總算明白這一點，硬拼的結果只能是自己全軍覆沒，他很知趣地下令撤退了。這些訓練水準低落的清軍水師在逃跑途中狼狽不堪，多艘船隻在強勁海風的吹颳下莫名其妙地擱淺在鄭氏地盤上，三百餘人成為俘虜。

與此同時，北路阻擊戰也不順利。

對鄭成功來說，叛將施琅絕對是個危險人物。這位海戰專家為了強渡海峽，搶灘廈門島，將清軍水師的數百艘戰船分為三個編隊，分別從同安北港、同安南港、潯尾（集美）三個方向出擊。他的戰術是盡可能避免在海上遭到鄭氏海軍的攔截，以最快的速度登陸廈門島，建立一個穩固的灘頭堡，只要站穩腳跟，便勝券在握。

清軍水師避開了鄭氏海軍，在廈門島的赤山坪搶灘登陸。赤山坪並非一塊理想的登陸地點，原因是這裡水淺泥深，不利於大部隊的展開，但由於同樣的原因，這裡是守軍防禦薄弱的一個地點。其實施琅還有另一個秘密武器。駐守在赤山坪附近右虎衛鎮的是鄭成功最精銳的一支部隊，可是指揮官陳鵬卻與施琅秘密聯絡，打算按兵不動以配合清軍登陸。可是陳鵬的投降主張並沒有得到右虎衛鎮官兵的支持，他們對主將的消極怠工深表不滿，紛紛請戰。陳鵬迫於壓力，只得將軍隊投入戰場，這對於保衛廈門島之役有著舉足輕重的作用。

清軍在灘頭的登陸被壓制了，時間的拖移令施琅心急如焚，戰場形勢開始向有利於鄭軍的方向轉變了。首先是海水開始上漲，使得滯留於灘塗的清軍登陸部隊行進更加困難；其次，鄭軍水師終於到來，在海面上開始攻擊清軍的船隻。清軍的登陸部隊陷入災難，在鄭軍海、陸兩面的夾擊之下，傷亡慘重，約有七成的士兵被擊斃於灘頭。

廈門島保衛戰有驚無險，背水一戰、絕地反擊的鄭成功終於擊退強敵的進攻，保住了廈門島基地。

憑藉著強大的海上力量，廈門島暫保無虞，可是作為一個根據地，廈門島的缺陷是顯而易見的。首先是海峽防線遠遠談不上堅強，因為廈門島與大陸之間的水域太狹窄了，頂多就幾里的距離。在這麼短的距離內，清軍隨時可能發動新一輪的攻勢，廈門島將始終處於一個危險的邊緣地帶。其次是南明與清的戰爭已經沒有懸念可言，清軍在西南發動對永曆帝及李定國大西軍的最後一擊，鄭成功已是勢單力孤，僅僅憑藉幾個小島，完全不可能與滿清政權對峙。

是考慮渡海征臺的時候了。

其實自從一六五二年以來，關於國姓爺要渡海征臺的傳言便一直不絕於耳。荷蘭人剛開始憂心忡忡，可是好多年過去了，傳言仍然僅限於傳言，因為他們根本找不到任何證據來證明國姓爺確實有所行動。當「狼來了」的喊聲聽多了，便漸漸失去了警戒心，而這可能正好中了國姓爺的詭計。表面上看，國姓爺只與荷蘭人磨些貿易上的糾紛問題，可是這不過是掩人耳目的作秀。

一六六一年跨海征臺絕非一時心血來潮的決定，而是有一個深謀遠慮的過程。

事實上大約從一六五五年開始，國姓爺的勢力開始不斷地向臺灣滲透。當時荷蘭人在臺灣的殖民統治根基已深，為什麼國姓爺能乘虛而入呢？這是因為前往臺灣的漢人很多，這些人幾乎都來自福建沿海，又以泉、漳兩府最多，這兩地又恰是國姓爺勢力所及的地帶，他便是通過控制臺灣華人進而滲透自己的勢力。

國姓爺首先要讓臺灣的華人明白，荷蘭人在這裡的統治只是暫時的，他才是臺灣島真正的統治者。他的技巧是非常高超的，令人歎為觀止。在一六五四年，鄭成功下令對馬尼拉禁運，這個「禁運令」不僅在他統治的地盤內頒布，在海外也廣為頒布，此舉意在表明他是海外華人的領袖。他把這個「禁運令」也帶到了臺灣，並要求殖民當局在大員張貼此布告。儘管荷蘭人拒絕了國姓爺的要求，但他已經傳遞出一個消息，臺灣島上的華人必須要服從國姓爺的命令，禁止前往馬尼拉經商，否則將受到嚴懲。

一六五六年，國姓爺又頒布對臺「禁運令」，這是他謀臺的一個重要步驟。這一次他根本就撇開荷蘭殖民當局，直接派一名特使前往臺灣公布這一禁令，並要求所有中國商人在一百天內停止貿易與航行，返回中國。據荷蘭人所述，這個命令「在中國人之間引起極大的不安，他們紛紛回應，打算攜妻兒返回中國」。過了一段時間後，鄭成功再次派出一名特使前往臺灣大員，檢查執行命令的情況。國姓爺完全無視荷蘭殖民當局，一而再、再而三派遣特使到臺灣執行他的命令，明擺著是與荷蘭人叫板：這裡不是你們的地盤，而是我的地盤，我的地盤我作主。

一年後，國姓爺解除對臺貿易禁令，解除禁令有很多原因，其中有一點是不能忽視的，那就是他找到了一名合適的臥底間諜，這個人便是荷蘭東印度公司在臺灣的首席翻譯官何斌。

何斌又稱何廷斌，在大員華人中是德高望重的長老，也是荷蘭東印度公司的首席翻譯官。他絕不是一個簡單的人物，其背景是極為複雜的。

據《臺灣外記》所述，大約三十年前，即一六二八年，當時鄭芝龍還是海盜身分，正考慮向官府投誠。海盜集團的二號人物陳衷紀從臺灣前往福建，要與鄭芝龍會晤，可是行至半途時，卻被李魁奇所襲殺，其餘船隻也悉數被擒。只有一艘船僥倖地逃脫，何斌就是在這艘船上，當時他的身分便是通事（翻譯）。

後來何斌便留在臺灣，沒有返回福建，原因可能有如下幾個：第一，他擔心被鄭芝龍所殺，因為李魁奇襲殺陳衷紀一事，鄭芝龍顯然有份，他差點也死於這次意外，心有餘悸；第二，或許他是鄭芝龍的心腹，因為兩人都曾經幹過翻譯，按理說關係應該比較密切。有一種說法稱何斌留在臺灣是幫鄭芝龍打點島上的事務，但這種說法似乎並沒有強有力的證據。

原先駐留臺灣笨港的海盜集團，隨著鄭芝龍向官府投誠，基本上都返回福建，只有少數人留下來，何斌的身價自然水漲船高。他在臺灣華人圈中有很高的威望，被推為長老，而且又因為是翻譯官的緣故，與荷蘭人自然混得很熟。荷蘭歷任總督對他都很尊重。東印度公司也把一些重要任務交給何斌去處理，比如在一六五三年時，便曾派何斌帶著二條船前往雞籠與淡水，運送必需的生活品及三十名士兵。

然而真正令何斌大放光芒的，是他在一六五七年代表荷蘭東印度公司與國姓爺鄭成功達成解除貿易禁令的協定。當時臺灣遭到禁運後，貿易陷入低谷，荷蘭殖民者「爭取國姓爺恢復他對大員的貿易」，可是「因他心地險惡而沒能成功」，在這個時候，他們只能把希望寄託在何斌身上。後來荷蘭人寫道：「在我們屢次去信並兩次專門派出公司的第一翻譯和大員中國人長老何斌商談，國姓爺竟然准許其屬下重新自由從事中國和大員之間的貿易。」這裡用「竟然」一詞，足可見何斌的談判成果令荷蘭人喜出望外。

可是就在貿易禁令解除之際，卻意外發生二條中國商船被劫的事件，致使國姓爺大怒，打算延續禁運。眼看荷蘭人的努力要化為泡影時，又是何斌出面，說服國姓爺維持原先達成的協定。可以說，在臺灣荷蘭殖民者看來，何斌勞苦功高，而且對殖民政府頗為忠心。可是令荷蘭人沒有想到的是，何斌此時的真實身分已經是一名間諜以及國姓爺在臺商貿的代理人。

一六五七年八月，何斌從廈門返回臺灣，他的口袋裡揣著一紙國姓爺的手諭。何斌之所以投靠鄭成功，是出於他強烈的愛國心。他在臺灣生活了三十餘年，早已不再年輕，垂垂老矣。他在華人圈中德高望眾，可是卻無法阻止荷蘭當局對華人的殘酷壓榨與剝削。他希望在有生之年能看到荷蘭人被趕出臺灣，舉目四望，唯一有實力打敗荷蘭人的，只有國姓爺鄭成功。同樣，在重新開放對臺貿易後，鄭成功也急需有人幫他打點在臺灣的商業事務，並將自己的勢力滲入到臺灣民眾之中，此時何斌出現了，這位被荷蘭人稱為「中國人中最能幹的紳士」就是最合適的人選。

鄭成功集團龐大的軍費開支，很大部分是來自商貿，其中有一個重要來源是對商船抽稅。在一六五六年清政府實施海禁政策後，中國商人凡是想要到外國貿易，只能通過國姓爺。以前開往臺灣的商船，無論是運出還是運進，都是在鄭成功控制的地盤內徵稅，這種情況是不利於對商船的控制。比如說，從臺灣返航的商船，不直接進港，在海上聯繫買家銷貨，這樣就可以躲過徵稅了。因此鄭成功打算改變這種徵稅模式，直接在臺灣向中國商船徵稅，可是臺灣不是他管轄的地盤，不能隨隨便便找個人去徵稅，這事只能秘密做，而且派出徵稅的人一定要有名望，否則大家不認帳。

這時何斌出馬了，我引用一段荷蘭人的說法：「何斌一回到島上，便立即開始對全部出口商貨徵收這項稅款，他給船上人看國姓爺的命令，並且告訴他們：該項稅金於此處繳納後，便不必在廈門重納。他又強迫一切行將出發的船長繳付稅款，隨即發與完稅收據。」

鄭成功並沒有看錯人，何斌確實非常出色，他不僅為鄭成功徵收了大量的稅款，而且這一切都是在暗地裡進行的。在之後一年多的時間裡，荷蘭人完全被蒙在鼓裡。直到一六五九年二月時，遲鈍的荷蘭當局才發現這個秘密，他們大為震驚，沒有想到國姓爺竟然把觸角伸過海峽，牢牢地控制住了在臺灣的中國商人，更沒想到他們眼中忠正誠實的何斌居然跑到國姓爺一邊了。臺灣總督揆一立即下令檢察官進行調查，並撤銷何斌在東印度公司的一切職務。

可是何斌最後居然逃跑了。

據《臺灣外記》記載，何斌逃跑的時間是在順治十八年的正月，也就是一六六一年初。倘若對照荷方資料來看，應該在一六六〇年初比較符合常理。關於何斌逃跑的原因，中文資料與荷文資料是不同的。《臺灣外記》的說法是：「何斌侵用揆一王庫銀至數十萬，懼王清算。」挪用了荷蘭人幾十萬兩白銀，怕揆一總督算帳。《被忽視的福爾摩沙》（**此書被認為是臺灣總督揆一所寫**）卻認為何斌「由於被剝奪了職務和待遇，不久便因債主的追索而破產」，因此逃往福建。儘管說法不同，但有一點是相同的，何斌的逃跑是有經濟背景的，或許這背後是牽扯到國姓爺在臺的商業運作。

荷蘭人把何斌的逃跑當作一個單純的經濟涉案潛逃事件，這種想法大錯特錯。何斌逃回廈門島後，帶給鄭成功一份彌足珍貴的禮物：一幅詳盡的臺灣地圖。這幅地圖顯然是他多年精心勘繪出來的，地圖是死的，人是活的，何斌在臺灣生活了三十多年，對地圖上的任一重要地點，他都可以如數家珍地詳細闡明，「歷歷如指諸掌」。

鄭成功早有東渡海峽奪取臺灣之意圖，但他的作風一貫小心謹慎，在未下定決心之前，絕不會吐露半字，這是他多年形成的一個習慣。但何斌似乎看透了國姓爺的心思，他提議說：「臺灣沃野千里，實霸王之區。若得此地，可以雄其國；使人耕種，可以足其食。上至雞籠、淡水，硝磺有焉。且橫絕大海，肆通外國，置船興販，桅舵、銅鐵不憂乏用。移諸鎮兵士眷口其間，十年生聚、十年教養，而國可富、兵可強，進取退守，真足與中國抗衡也。」

他站在旁觀者的角度，很容易就看出國姓爺在北伐失敗後尷尬的處境。廈門海峽天險的優勢隨著清軍水師力量的壯大而一點一滴地喪失，鄭氏集團生存的空間越來越狹窄，除非另闢一片新天地，否則遲早是強大清軍的嘴邊食物。可是倘若要攻取臺灣島，還有兩個因素必須考慮：第一，臺灣原住民的立場；第二，要渡海作戰，必須要摸清水路。何斌沒有遺漏這兩個問題，他大談「土番受紅毛之苦」以及「水路變易情形」。臺灣島上的原住民，雖然有一些人被荷蘭當局所利用，但絕大多數人對荷蘭殖民者是極其不滿的。對於水路的情形，何斌帶來的情報有無可估量的價值。

何斌的分析句句直指國姓爺內心深處的想法。這時鄭成功的心情「如六月中暑得服涼劑，沁人心脾，滿心豁然」，他站起身，手撫何斌的背說：「此殆天之使公授予也！」在得到這麼多重要情報後，國姓爺怎麼可能放棄攻打臺灣呢？

然而攻臺的決策卻遭到部將們的強烈抵制，這是國姓爺始料未及的。

反對攻臺的將領並不在少數，這也可從一個側面看出經歷南京慘敗後，國姓爺在軍隊中的威信是明顯下降的。這時滿清政權基本上統一了中國，在追隨鄭成功的人中，有一些是矢志抗清的仁人義士，也有相當一部分人是貪圖富貴，因為國姓爺壟斷海外貿易，富甲天下。不幸的是，這兩類人都反對攻臺。抗清志士認為恢復故土才是重中之重，豈可遠遁於海外；而貪圖富貴者更不願意離開繁華的廈門島去一片蠻荒之地開拓。

在這些將領中，吳豪反對攻臺的立場是最堅決的。事實上，鄭氏集團絕大多數人對臺灣並不熟悉，在三十多年前追隨鄭芝龍在臺灣島上奮鬥的那批人，老的老，死的死，所剩無幾了。吳豪是少數對臺灣比較熟悉的將領之一，他曾經數次前往臺灣，見識過荷蘭大炮的厲害。他強烈反對征臺，理由是：「（紅夷）炮臺厲害、水路險惡，縱有奇謀而無所用，雖欲奮勇而不能施，是徒費其力也。」

然而鄭成功已把必取臺灣的理由說得清清楚楚：「自攻江南一敗，清朝欺我孤軍勢窮，遂會南北舟師合攻。幸賴諸君之力，雖然已敗，但恐終不相忘。故每夜徘徊籌劃，知附近無可措足；唯臺灣一地離此不遠，暫取之，並可以連金、廈而撫諸島。然後廣通外國，訓練士卒，進則可戰而恢復中興，退則可守而無內顧之憂。」點明了奪取了臺灣才能在戰略上扭轉南京之役戰敗後的不利局面，為未來中興明室打下堅實的基礎。

另一位反對攻臺的將領是黃廷，他是鄭芝龍的老部下，在軍隊中地位極高。此人頗為狡猾，反對攻臺，卻又扛出吳豪來作擋箭牌：「臺灣地方聞甚廣闊，實未曾到，不知情形。如吳豪所陳紅毛炮火，果有其名。況船隻又無別路可達，若必由炮臺前而進，此所謂以兵與敵也。」事實上，黃廷根本不願意去臺灣，後來鄭成功攻下臺灣後，多次派人到廈門島要求輸送士卒渡海，但命令都被黃廷所扣押，這是後話，此處不談。

然而國姓爺的意志是無法改變的，偉人與平庸者的不同之處，便在於深謀遠慮與果斷行事。征臺的爭議絕不能久拖不決，優柔寡斷將使出征的良機一去不返。鄭成功的一生總是在與倒楣的命運戰鬥，他屢挫屢起，屢敗屢戰，每當事業有起色時，總有意想不到的災難不期而降。可是這次似乎老天爺有心助他，賜給他一個百年一遇的良機：在他鐵了心要征臺時，滿清順治皇帝在一六六一年的正月病逝，年僅八歲的康熙皇帝登基。在封建王朝裡，每當權力交接之時，總是多事之秋，清政府內部權力重新分配。在這麼一種情形下，清軍暫時不會對東南大舉用兵，鄭成功可以在征臺時不用顧及廈門島基地會遭受大規模的進攻，這意味著他不必陷入兩線作戰的尷尬之中。

鄭成功意識到征臺決定所遭遇到的內部阻力十分強大，因而他必須親征，否則無法完成此重任。在多數中國人看來，臺灣不過是一片荊棘未開的蠻荒之地、化外之地，非英雄建功立業之所。這固然是受到中國傳統思維方式的影響，中國文化一直有一種內向性，像顏思齊這樣勇於拓荒海外的英雄很少，而鄭成功則欲步顏思齊之後塵，雖說是局勢所迫，然其眼光不可謂不長遠，其事業不可謂不偉大。

第十六章　荷蘭人的戰前準備

事實上，對於跨海征臺這麼大的軍事行動，要做到密不透風顯然不可能。

荷蘭人並非完全沒有心理準備。

特別到一六六〇年，越來越多的跡象表明國姓爺有可能發動對臺灣的戰爭。這一年，有一名中國人向臺灣的荷蘭當局告密，稱國姓爺很快便會攻打臺灣，他麾下的五大將領將會率領二萬人的軍隊，其中一半將在北部登陸，另一半將在南部登陸。

實際上在臺灣的華人社會中，早已是風聲鶴唳了，幾乎沒有人懷疑國姓爺將出兵攻打臺灣。此時的臺灣與廈門之間的貿易呈現一邊倒的格局，從臺灣運往廈門的貨物很多，而從廈門運往臺灣的貨物很少。臺灣總督揆一不得不懷疑中國人正在大量轉移財產，以避免在即將到來的戰爭中蒙受損失。當時甚至流出傳言，稱國姓爺將在三月十五日發動對臺灣的突襲。

這個說法有一定的根據，儘管沒有成為事實。

因為在一六六〇年的農曆三月，清軍在漳州、泉州一帶集結了大量的兵力，準備對廈門島發起致命一擊。國姓爺一方面必須嚴防死守，另一方面他不能不考慮，倘若不能阻止清軍飛渡廈門海峽，他將往哪裡落腳呢？對國姓爺來說，最後狗急跳牆的方法，一定是孤注一擲攻打臺灣島。

只有如此，他才有一線生機。顯然，廈門海峽戰爭烏雲密布，加劇了人們的懷疑與猜測，國姓爺未來何去何從，將直接影響臺灣的命運。

令臺灣總督揆一惴惴不安的，還有島上華人的蠢蠢欲動。表面上順從的中國人在骨子裡都充滿叛逆的基因，這在郭懷一起義中已經可見一斑。幾乎所有華人都對荷蘭人倒楣日子的即將來臨而歡欣鼓舞，甚至不知收斂地溢於言表。他們摩拳擦掌、躍躍欲試，對與荷蘭友好的人發出威脅，並且極力誇耀國姓爺的軍事力量，特別是名震天下的鐵人軍，全身從頭到腳都穿鐵甲，他們肯定地說：荷蘭人的子彈根本打不進去。

這時的荷蘭人已是草木皆兵，他們加強了對臺灣華人的控制。揆一下達命令，嚴令各處華人在規定的時間內攜帶全部行李，暫時安頓在熱蘭遮城的周圍。這樣做是為了預防華人出現騷動或暴動，一旦有風吹草動，殖民者將馬上從城堡調派軍隊鎮壓。同時，荷蘭船在海上攔截搭小船返回大陸的華人，並將大陸方面接應的船隻擊毀，迫使許多本想離開臺灣的華人又不得不返回島上。

甚至連大陸來的商船也遭到荷蘭人的無理扣留。四月三日有三艘從福建開來的商船悉數遭殃，三位船長被帶到總督面前問話。揆一總督希望能審問出國姓爺是否真的要攻打臺灣，然而三位船長對此異口同聲咬定絕不清楚國姓爺的真實意圖。經過二十幾天的訊問後，揆一無法找到罪證，只得釋放三位船長。但他仍然疑心重重，不久又逮捕一名華人長老與另一名船長，「在重罰的威脅下進行訊問」，希望從這些人口中印證國姓爺攻臺的傳言。

可是揆一的一切懷疑卻像是捕風捉影一樣。過了傳說中國姓爺攻臺的時間，即三月十五日後，臺灣海峽仍一片平靜，絲毫沒有戰爭的跡象，也看不到一名國姓爺的士兵登陸臺灣。揆一總督緊繃的神經總算鬆弛下來，這時他又收到了國姓爺麾下一名官員的來信，這封信的大意是這樣的：謠傳國姓爺要對臺灣發動軍事攻勢，致使島上陷入恐慌與混亂之中，對此廈門當局感到意外且驚奇。特在此發表聲明，國姓爺絕無攻打臺灣的打算，因為這個地方並不重要，不值得為此勞民傷財。

一切就像一場虛驚，如同十年來無數次的謠言一樣，最後都不攻自破了。每一次喊狼來了，可是每一次狼都沒有來，這次也不例外。於是乎一切又漸漸恢復平靜了，中國農民又從熱蘭遮城回到了村莊，通往廈門的航線又重新開放了……

可是揆一的內心並不平靜，他有一種十分強烈的預感：國姓爺絕對不會輕易放棄攻臺。他隱隱看到對手千方百計地掩藏起真實意圖，以便在下一個有利時機出現時，以出其不意的致命一擊終結荷蘭人在臺灣的統治，而這一天的到來絕不會很遠了。可是與揆一總督的憂心忡忡不同，巴達維亞總部卻對謠言事件輕描淡寫。公司發給揆一的信件是這樣寫的：「國姓爺來襲消息，流傳已久，迄無動靜，或許，與國姓爺有不共戴天之仇者，只有滿人一族。而遠處海洋中的我們，實在毫不相干。而今，他急欲和我們通商，不會與我們作對。」

巴達維亞總部對局勢的判斷令揆一總督十分氣餒，但他仍然堅持公司必須派遣一支艦隊前往臺灣島，以防國姓爺的突襲。

在揆一的堅持下，巴達維亞總部勉強同意派遣一支由十二艘船組成的艦隊，由范德蘭指揮，前往支援臺灣島。這支艦隊總計有一千四百五十三人，其中士兵六百人。其實總部並不認同揆一的判斷，在寫給揆一的信件中，還認為「並無必要派遣這樣一支相當龐大的遠征隊伍由海陸二路前往大員」，並且強調，如果臺灣島安定無事，「這支軍隊必須用來突襲澳門」。顯然巴達維亞並不認可揆一的情報，只是為了給這位臺灣總督吃粒定心丸才派兵力支援。

這簡直是荒唐，在揆一看來，臺灣海峽早已是烏雲密布，戰爭隨時將不期而至。而巴達維亞總部居然在這個時候想要突襲澳門，並且把突襲澳門與阻止國姓爺征臺列為「同等重要的事情」，這完全是在戰略上出現了嚴重的誤判。

與此同時，揆一又得到一個重要情報，稱國姓爺將在農曆八月十三，即西曆九月底發動征臺之役。他很擔心臺灣守備力量的不足，所幸的是，范德蘭的艦隊在九月終於抵達大員，揆一心裡的大石頭落地了。

但是這次仍然是捕風捉影。

到了農曆八月十三，臺灣海峽並未出現一艘國姓爺的戰船。這下子揆一總督非常尷尬了，前來支援的艦隊司令范德蘭對他使白眼，什麼狗屁情報，完全是子虛烏有的事。范德蘭確實有理由抱怨，不僅因為在海上顛簸兩個月還徒勞無功，而且他的那些士兵到了臺灣之後水土不服，大批士兵染上疾病，住進醫院。不要說讓他們投入戰鬥，如今個個都病貓似的，還得勞駕別人照顧呢！

揆一總督不得不做出一個十分牽強的解釋：「這支艦隊的到來，對公司還是十分有利，因為國姓爺的進犯由此受到阻止，不得不再度推遲其軍事行動。」然而這樣的解釋顯然不能讓巴達維亞總部滿意。

對於國姓爺的動態，揆一總督一頭霧水，他對所得到的情報也難辨真假。一位中國商人對他洩露的消息是，國姓爺確實想在農曆八月發動攻臺之役，然而掌管財政的鄭泰不同意，認為時機並未成熟，軍火不足，應該暫緩出征。可是從日本傳來的情報卻有另外的說法，稱國姓爺寧願選擇在國土上（指福建基地）抗擊滿清，已下定壯烈犧牲的決心。

然而，揆一的一切努力，在東印度公司看來，不過是神經質發作的表現罷了。特別是很不情願率艦隊前來增援的司令長官范德蘭，對揆一的不滿情緒與日俱增。樊朗德是一位自負且固執的人，在臺灣的荷蘭人背地裡稱他為「喪失理智的約翰」，可見他是一個很容易感情用事的人。他對揆一疑神疑鬼的猜測嗤之以鼻，認為所謂國姓爺即將攻打臺灣的說法不過是無稽之談，甚至揚言說：「由於準備抵禦入侵而做出的一切事情和花費的金錢都是不必要的，將來應力加避免，因為國姓爺絕不會渡海前來。」

荷蘭人內部陷入內訌之中。代表臺灣當局的揆一與代表巴達維亞總部的范德蘭兩人嚴重失和，他們時常就國姓爺是否會攻打臺灣島而爭論不休。范德蘭司令官惱羞成怒，他補充說：「即使發生最壞的情況，國姓爺膽敢登陸，那麼福爾摩沙（即臺灣）的人力和物資也足夠對付，只要用一半的防禦工事和守軍，就足以打敗那些烏合之眾的中國狗（他這樣稱呼中國人），他們不能算是士兵，只不過是一些柔弱的傢伙而已。」

范德蘭認為臺灣一點危險也不存在，一切都平安無事，他在臺灣評議會全體會議上固執己見，並要求評議會做出進攻澳門的決定。臺灣總督揆一與評議會成員對范德蘭的蠻橫無理十分憤怒，強調臺灣處境危急，國姓爺的進犯迫在眉睫，而臺灣的安全比起進攻澳門要重要得多。

雙方各執己見，爭論不休，臺灣評議會決定在十月二十日再度召開會議討論。在這次會議上，揆一與評議會做了一些讓步，提議把攻打澳門的時間推遲到次年（一六六一年）二月，倘若到時臺灣海峽的局勢沒有惡化再做新的決定。同時，為了深入調查國姓爺的真實意圖以及備戰情況、武器裝備等情報，荷蘭當局決定派遣一名幹練的情報人員前往廈門島，以索取國姓爺的回信為藉口，收羅更多的諜報。

揆一把偵察情報的任務交給了前往廈門的使者，對他寄以厚望。然而在老練而精明的國姓爺面前，荷蘭使者幾乎無所收穫。

對東印度公司使者的到來，國姓爺鄭成功大張旗鼓表示歡迎，並以高規格禮節接待。在荷蘭使者面前，鄭成功故意表示出他對東印度公司的親善。荷蘭使者試圖以一些尖銳的問題從國姓爺的口中打探其內心的真實意圖，然而國姓爺的回答總是無懈可擊。譬如在問及為何禁止福建商船前往臺灣時，國姓爺回答是他需要船隻運載士兵以抵抗滿清的進攻。當荷蘭使者試圖刺探國姓爺對滿清的態度如何，以及廈門島的戰備問題時，聰明而狡猾的國姓爺一眼就看出荷蘭人的真實想法，此人分明擺著來打探軍情，他不作正面的回答，拐彎抹角卻又意味深長地說：他不習慣於披露自己的意圖，但有時出於某種需要，他也會故意放出一些風聲。

國姓爺思維敏捷，回答荷蘭人的提問滴水不漏，後來揆一在其撰寫的《被忽視的福爾摩沙》中曾佩服地寫道：「國姓爺不但是勇敢的戰士，同時也是高明的政治家。」

為了消除荷蘭人的懷疑，國姓爺寫了一封信給臺灣當局，這封信的中文原本已失，只能從荷蘭文中重譯過來。該信全文如下：

中國沿海諸軍統帥國姓致書臺灣長官：

彼此遠隔，我願在此向荷蘭國表示善意與友好。適接來函，細讀之下始悉閣下誤聽種種謠言，信以為真。多年以前，荷蘭人前來大員附近居住，我父一官當時統治此地，曾予開放、指導，並維持該地與中國之貿易，頗為順利。在我統治期間，此項貿易並無減少，亦曾盡力促進。雙方商船來往頻繁，可資證明。此項讓步，閣下想當視為我之善意表現，但閣下仍置疑於我對荷蘭國之善意，猜想我正在準備某些不利於貴國之敵對活動，顯然，此乃出諸居心叵測者無稽之談。

我多年來與韃虜交戰，恢復國土，戎馬倥傯，焉有餘暇對此草莽叢生之小島如臺灣者採取行動。再則，我每逢備戰之時，諸事齊備之後，慣常用聲東擊西之計。我不語人，他人何從揣測我之真意？不意閣下輕信蜚言，竟謂我禁絕航路，此足見貴方氣度之狹小。至往來船舶之減少，乃由於貴國對進出口貨物課以重稅，致使商旅大受阻礙，不但無利可圖，甚至虧損不貲。今年虜兵大舉南下欲決勝負，五月初十經我軍痛擊，殲其將領百餘員，士兵無數，俘獲不計，殘部狼奔鼠竄，不敢復出。不久，我即率全體軍民，自廈門遷往金門，堅壁清野，以誘虜兵，期在盡殲敵眾。此時商民需用船隻遷移家眷、貨物，故留下帆船以為自己應變之用。

來書又云，貴國臣民在澎湖經商，被我劫襲，此事若果屬實，我事先毫不知情，亦從未發出此項命令，顯係鷗汀壩海盜（注：此為粵東海盜，與鄭成功長年為敵）或澎湖匪類假我名義所為。來信謂我對巴達維亞來信尚未置複，殊深駭異。四年前，我收到荷印總督一函，當即修書作覆，並略致土儀為謝，亦曾詢及我方商船及貨物被扣之事。事後又在南京收到總督覆函，竟謂兩船財物被扣一事全屬子虛，以相搪塞，其意實不欲負賠償責任。我對此小事容忍未較，以免有礙雙方友誼。茲將四年前覆信抄附，閣下當可明瞭一切。務望一秉致公，消除疑義，和睦往來，俾舊誼得以恢復。一俟韃虜斂跡，我將下令恢復通航。深信閣下為商民利益計，定將盡力照顧，造福彼等，商務日隆，有厚望焉。

永曆十四年十月十九日

國姓爺的這封信送抵臺灣後，猶如送來一顆定心丸，包括范德蘭在內的多數荷蘭人認定局勢明朗了，國姓爺確實無意染指臺灣島。於是乎，「臺島方面的疑慮即已一掃而空，人們宛如身臥搖籃，悠悠入睡。」

可是有一個人仍然輾轉難眠，這個人便是臺督揆一。他仔細閱讀國姓爺的信函，在信中國姓爺對自己處境的險惡一個字也沒有提及，可見他小心翼翼地把真實的內心隱藏起來，文字只是他釋放的煙霧彈罷了。揆一清楚地看到，國姓爺與滿清的戰爭勝負已決，他這樣寫道：「他所處的地位隨時都可停止其最後的呼吸，因為現在他已不再有抵抗滿清的力量了。福爾摩沙這唯一的地方，已是他的安全之最低限度的希望。」

荷蘭艦隊司令官范德蘭自以為臺灣危機已經塵埃落定，打算率領他的艦隊遠征澳門。可是揆一與評議會出手制止，在會議表決時，以多數票通過決議：取消進攻澳門的計畫，艦隊官兵留下以保衛臺灣島。這個決定令范德蘭氣急敗壞，他對此項決議激烈反對，並與揆一總督及評議會大起爭執，甚至揚言要採取恫嚇手段報復。范德蘭攻擊揆一根本沒有能力勝任臺灣總督一職，而揆一則反咬一口，認為范德蘭之所以置臺灣於不顧，熱衷於攻打澳門，完全是抱著劫奪財富的念頭。

鑒於矛盾的激化，臺灣方面決定把范德蘭司令官送回總部。一六六一年二月，范德蘭啟程返回巴達維亞，他所帶來的六百名士兵都留在臺灣島上，但軍官卻全部被他帶走了。他的艦隊原本有十二艘船，最後留守臺灣的僅有三艘，分別是「赫克托號」、「斯・格拉弗蘭號」與「白鷺號」，如此微不足道的海上力量，絕對無法阻擋國姓爺的船隊。

東印度公司的內訌對國姓爺來說是一件好事，他不僅要坐收漁翁之利，還要插進一腳，進一步挑撥離間揆一與范德蘭之間的矛盾，實際上也是挑撥臺灣與巴達維亞的矛盾。

范德蘭離開臺灣返回巴達維亞後，很快收到了寄自廈門的三封信。這三封信中的兩封是由國姓爺麾下最有權勢的戶官鄭泰所寫，另一封是則是前東印度公司翻譯何斌所寫。

鄭泰的信可以說是一封投訴書，是寫給臺灣十位華商領袖並轉交揆一總督及范德蘭司令官。所投訴的事件是這樣的：戶官鄭泰曾以二千三百荷蘭盾的價錢購買大員荷蘭人韋南的一處房產，並持有物業證件，交給廖某代管。該房產是作為鄭氏商船的倉庫，當時廖某提議在此房產周圍添建幾間石房，以增加收入。鄭泰同意了，並委託廖某向東印度公司借貸六百盾以添建房屋，這筆錢後來連本帶息償清了。可是不料廖某又私自向東印度公司借六百盾作為己用，揆一要向鄭泰討回此筆借款。鄭泰認為這筆借款純粹為廖某個人所為，他沒有連帶償還責任。雙方就此事爭執不下，揆一便將該處房產查封，而此處房產中還貯藏有鄭泰送往臺灣銷售的錫、稻米及其他中國貨物。

如今揆一與范德蘭鬧翻了天，鄭泰趁機把上述事件抖了出來，在信中他寫道：「為此特函知諸位，請轉告長官及司令官樊特朗，傾聽余之主張是否正當。如彼等置之不理，余將向巴達維亞司令官上訴也。余並不重視房屋及些少貨物，但深信一國如不遵守法律，保持秩序，誰亦不能安心進行貿易。如不維持秩序，臺灣將恢復舊態（指禁運）。」

對怒火中燒的范德蘭來說，這封信如同復仇的匕首一樣，可以深深插進對手的胸膛，此信就是揆一不具備領導才能的鐵證之一。

顯然，鄭泰的兩封信是一場陰謀，陰謀的策劃者應該就是國姓爺本人。這封信故意在揆一與范德蘭兩人鬧翻之際隆重推出，而且口口聲聲讓范德蘭主持公道。除了離間臺灣與巴達維亞總部的矛盾之外，最重要的是，鄭泰讓范德蘭確信國姓爺根本沒有攻打臺灣的計畫，否則怎麼會就一處不值一提的房產糾紛來大做文章呢？

鄭泰的信在范德蘭心裡燒起一把火，而何斌的信則在火上又添了油。

何斌的信是這樣寫的：

何斌謹呈司令官范德蘭閣下：吾任大員通事十餘年，不辭勞瘁，為公司盡力。數年前，國姓爺禁止大陸帆船渡臺，大員長官及評議會命吾赴廈，向國姓爺探詢禁航原因，國姓爺答欲在臺徵收關稅。吾旋回臺，向長官明確傳達此意。長官命吾再次前往傳述，關稅如不涉及公司，或不至損害公司利益，對國姓爺自向中國人課稅並無異議。對此國姓爺表示滿意，旋即允許帆船赴臺。二三年後，若干在臺中國人控告吾陰謀暗害長官，並致函國姓爺停止帆船開臺云云，引起長官責備交加，吾驚恐之餘，逃往中國。吾在臺灣留下兩座大屋及其他貨物，盼望重返臺灣。吾之不幸遭遇，謹向足下報告。近無中國帆船開臺，皆因長官查封爵爺

（指鄭泰）房屋貨物所致。吾聞范德蘭君抵臺，即向國姓爺及爵爺懇請允許當地帆船開臺，俾兩國重修舊好也。

這封信仍是貶損揆一，拍范德蘭的馬屁。范德蘭更加輕視揆一了，他要動用自己的人脈資源，遊說巴達維亞當局，將揆一從臺灣總督的位置上拉下來。

事實上，巴達維亞當局對揆一早已相當不滿，當初同意增兵臺灣島已屬勉強，可是到頭來證明揆一關於國姓爺進攻的猜測只是捕風捉影。如今范德蘭大力抹黑，東印度公司總部決定將揆一撤職，改由總督府財政法律檢察官、法學博士哈爾門・克倫克（Harmen Klenck）為新的臺灣總督。

一六六一年六月二十二日，克倫克帶著二條船前往臺灣。根據巴達維亞當局的計畫，克倫克到任後，立即解除揆一的總督職位。不僅是揆一，包括職位僅次於揆一的兩位評議會議員，華弗倫與貓難實叮（Jacobus Valentijn）二人，也必須前往巴達維亞接受公司的問責，主要是追究他們在評議會上反對范德蘭進攻澳門、並要求留下全部士兵的責任。

可是就在克倫克從巴達維亞啟程時，國姓爺的軍隊已經開始發動對臺灣的戰爭。從這場戰爭前的準備工作來看，臺灣總督揆一還算是可圈可點。儘管他沒能探測到國姓爺發動戰爭的具體時間與手段，但他對局勢的判斷是清醒而正確的。國姓爺必須要奪取臺灣島，否則別無出路，這是揆一判斷的基本出發點。可是荷蘭人的內訌削弱了臺灣島的防衛力量，這既是臺灣殖民當局與巴達維亞總部矛盾衝突的結果，也是國姓爺實施一系軍事欺騙手段的結果。

第十七章　登陸臺灣島

「求田問舍」是中國古老的謀略，求田問舍者給人的感覺是沒有遠大的志向，只爭些蠅頭小利。在西漢時，漢高祖劉邦對相國蕭何不放心，怕他謀反，蕭何便使用「求田問舍」之計，與百姓爭田產，這下子劉邦反倒放心了，因為爭小利者，算不上胸懷大志的英雄好漢。國姓爺也運用了這個謀略，向荷蘭人表明自己絕無覬覦臺灣的想法。

首先，他一直在兩艘於一六五七年被荷蘭人打劫的船隻上做工夫，要求對方賠償十八萬兩白銀，並且不惜將此貿易糾紛轉移到日本解決，日本政府出面要求荷蘭人做出賠償。國姓爺在賠償問題上毫不含糊，而且堅持不懈，可是他卻是醉翁之意不在酒。他做給荷蘭人看，便是讓他們產生錯覺，認為國姓爺的志向也不過就是想得到十幾萬兩白銀的賠償罷了。正因為如此，巴達維亞總部一直不相信國姓爺將進攻臺灣島——如果要征臺，還糾纏賠償問題做什麼呢？可是國姓爺便是要讓荷蘭人在戰略上出現嚴重的誤判，只有這樣，才能出其不意，攻其無備。

其次，他又指示鄭泰就一處房產被臺灣當局查封一事，大做文章，把這事捅到揆一的死對頭范德蘭那裡，給范德蘭有了攻擊揆一的藉口。這次反間計是相當成功的，在范德蘭的活動下，巴達維亞總部決定撤去揆一臺灣總督的職務。正是在巴達維亞當局與臺灣當局相互間的信任降至冰點時，國姓爺果斷地發動了攻臺之役。

國姓爺的遠征時間為永曆十五年（清順治十八年，一六六一年）的三月。根據荷方的說法，國姓爺在前一年（一六六〇年）的農曆三月及八月均有攻臺的計畫，但最後並未付諸實施，但這種說法也僅僅只是道聽塗說，缺乏中方史料的相互印證。

其實揆一的判斷是相當正確的，國姓爺要突破危局，只有奪取臺灣島這一途徑。自從北伐金陵失利後，廈門的處境危若累卵，隨時有被攻陷的可能。一六六〇年廈門島保衛戰中，國姓爺絕地反擊，置之死地而後生，僥倖贏得勝利，廈門基地暫保無虞。然而危局未解，福建巡撫李率泰聽取叛將黃梧的建議，策劃全面封鎖、不戰而勝的遷海戰術。具體的措施是將與廈門島臨近的同安排頭、海澄方田八十八堡及海澄邊境等地的居民全部遷往內地，以斷絕廈門島與大陸的聯繫，切斷國姓爺賴以生存的貿易通道。李率泰、黃梧的遷海封鎖戰術後來上升到滿清帝國對付鄭氏武裝集團的大戰略，在一六六一年實施全國遷海大運動，這個後文再述。

李率泰、黃梧的封鎖戰術對國姓爺是沉重的打擊，堅壁清野的後果是廈門武裝集團從大陸獲得的物資越來越少，糧食供給成了頭號問題。在一六六〇年的整個下半年，國姓爺不斷地派出軍隊，北至興化、福清，南至潮陽，略地取糧，靠著這種搶劫式的手段，才能勉強生存。與此同時，另一支南明重要的軍事力量，西南李定國的大西軍也窮途末路，從雲南退入緬甸境內負隅頑抗。然而清軍集中更多的兵力入緬作戰，大西軍的覆滅只是時間問題。形勢對國姓爺相當不利，必須要盡早發動對臺灣的進攻，開闢新的抗清根據地。

一六六一年初，兩大有利條件同時出現，攻臺的時機成熟了。第一個有利條件，清朝皇帝順治死了，康熙繼位，在政權交接階段，清政府不會派大批軍隊入閩，國姓爺可放心攻臺，遭到重創後的福建清軍暫時還沒有能力攻下廈門島。第二個有利條件，前來增援臺灣的范德蘭艦隊多數戰船已離開臺灣，只留下三艘，荷蘭人在海上的截擊能力被大大削弱，攻臺的把握大大增強了。

該年二月，國姓爺移師金門島，修葺戰船，整頓軍隊，準備糧草與武器，為攻臺之戰做最後的準備。參加渡海作戰的是國姓爺麾下最精銳的部隊，多是他征戰十幾年的基本部隊，包括親軍鎮、右武衛鎮、左虎衛鎮、右虎衛鎮、提督驍騎鎮、左先鋒鎮、中衝鎮、後衝鎮、宣毅前鎮、宣毅後鎮、禮武鎮、援剿後鎮等，總計有兩萬多人。

在攻臺之前，國姓爺還必須下定一個決心，究竟選擇何處為登陸點呢？其實跨海登陸本身並不存在大問題，登陸點的選擇才是重點所在。臺灣島那麼大，而荷蘭人的據點那麼少，隨便找個毫無戒備的海岸就可以輕鬆登陸了。然而問題是，倘若不直接進攻荷蘭盤踞的大員地區，荷蘭人將有充足的時間來加強守備，並從巴達維亞總部獲得更多的增援，到時要驅逐荷夷的難度就大大增加了。況且對國姓爺來說，最嚴峻的挑戰來自糧食的欠缺，二萬多人的部隊對於當時的臺灣島來說，是一個巨大的數目。荷蘭人在臺島也不過只有二千多人，而漢人則一萬多人。二萬多軍隊每天需要的糧食數量都是很龐大的，事實上這個問題在整個征臺戰爭中自始至終困擾著國姓爺。

那麼糧食能否從廈門轉運呢？自從福建清軍開始採取堅壁清野的戰術後，國姓爺軍隊的糧食一直非常緊張。在以往軍隊出征時，準備的糧食通常在一個月以上甚至在三個月以上，可是國姓爺親征臺灣時，糧食只夠一個星期之用，這一丁點糧食甚至在抵達臺灣島之前，就已經消耗殆盡了。

因此，無論從掌控戰爭主動權方面或是解決糧食問題方面，國姓爺都必須選擇直接進攻荷蘭人盤踞的大員，而不是先在無人區登陸後，再慢吞吞地向大員進發。

這是一場關係到鄭氏集團命運、也是關係到臺灣島主權歸屬的戰爭，戰爭能否取得勝利，關鍵看國姓爺的前三板斧能否一擊重創對手，牢牢控制主動權，這需要統帥的深謀遠慮。

另一個引起國姓爺警惕的，是軍隊內部人心浮動，反對征臺的將士絕非少數。

農曆三月初十，鄭軍艦隊在金門料羅灣集結。軍隊內部謠言滿天飛，別有用心者把臺灣島描繪為一個恐怖地帶，而中國傳統文化中又有一種缺乏向外擴張的基因，遠離陸地令人猶有落葉別樹、無依無靠、孤苦伶仃的感覺，蠻荒而陌生的島嶼在神秘之餘又籠罩著陰森的氣氛。儘管這些部隊都是長期追隨國姓爺征戰的主力，但仍有許多人對跨海東征全無信心，恐懼之心與日俱增，不斷有人逃跑。

大軍尚未出征，便開始軍心動搖，這在國姓爺以往的軍事行動中，是從未出現過的。這一方面是福建人對紅毛抱有一種畏懼心，荷蘭曾兩度對福建發動戰爭，造成巨大的破壞力，特別是他們的堅船利炮令人深感恐怖；另一方面也說明在北伐失敗後，國姓爺的處境日益危險，他的威信也隨之下降，部將對於未來流露出深深的擔憂，反對征臺的力量在悄悄滋長。

對鄭成功來說，征臺之役，是前所未有的艱巨考驗。面對逃兵的增多，他不得不採取嚴厲的手段，將逃兵一一追回。在多數人都沮喪之時，鄭成功仍然充滿自信與鬥志，沒有他的堅持，就沒有收復臺灣的偉大事業。是真英雄，便不會因為挫折而失去進取之心。

農曆三月二十三這天，天氣晴朗，海面平靜。國姓爺的七星旗迎風飄揚。艦隊終於起航了，數百艘戰艦浩浩蕩蕩，向東駛去。無論是沮喪或是興奮，所有將士可能並沒有意識到，他們正在締造一段偉大的傳奇。

第一天航行非常順利，次日，艦隊抵達澎湖列島。臺灣海峽的風向變化莫測，這時風向不利於向東航行，國姓爺的船隻便在澎湖島停泊，等待風向的變化。澎湖島上沒有荷蘭的駐軍，這顯然是因為他們的兵力不足，否則國姓爺的秘密進攻便可能被洩露了。艦隊在澎湖列島停泊了三天，在這三天裡，鄭成功巡視諸島，對諸將道：「臺灣若得，則此為門戶保障。」顯然他認為自己有點運氣，因為荷蘭人居然沒有在這個通往臺灣的門戶上駐紮必要的警備兵力。

農曆三月二十七，風向稍順，艦隊繼續向東航行，但半途遇到逆風。這裡距離大員很近，倘若由於風向不順而導致船隊的秘密行動曝光，那突襲就失去意義了，因此國姓爺果斷下令退回澎湖島，繼續等待。艦隊還未到臺灣島，糧食就開始出現緊缺了。此次出征，國姓爺所攜帶的口糧不超過一周的量，顯然他寄希望登陸臺灣後，就地取糧，可是沒料到在澎湖受阻於強風，被迫停留了六天之久。

到了三月三十日，糧食吃完了。國姓爺緊急在澎湖諸島就地取糧。澎湖諸島有一些住民，這些小島因面積狹小，沒有田園可種水稻，只有一些番薯、大麥等，而且數量很少，總計只收羅到百餘石，只夠二萬多人一餐之用。不能繼續在澎湖島上等待了，必須連夜起航向臺灣島進軍。

可是老天爺並不配合，這一天晚上，風雨交加，海面上瀰漫著一片霧氣，無論將領還是士兵都心驚膽戰，央求國姓爺等待風雨過後再行起航。國姓爺不為所動地說道：「冰堅可蹈，天意有在。天意若付我平定臺灣，今晚開駕後，自然風恬浪靜矣。」或許精神確有一種改變外部環境的力量，艦隊駛出澎湖列島後，風雨開始減弱，但是海上的波浪仍然很大，加上天色很暗，一路上險情環生。國姓爺在驚濤駭浪之中沉著自如，堅持前行。三更之後，雲收雨霽，天氣清朗，艦隊有驚無險地向臺灣的方向開進。

次日拂曉，艦隊抵達臺灣島外沙線，天亮時，駛抵鹿耳門。能否贏得攻臺戰爭的勝利，首先是能否順利完成登陸。荷蘭人的兵力主要駐紮在大員島的熱蘭遮城及對岸的赤嵌城（普羅民遮城），在大員島附近，還分布一系列的小島嶼。這些島嶼都分布在臺灣島西南海域，並構成兩條主要的航道，一條為北航道，又稱為鹿耳門港道，這條港道水文條件十分複雜，曲折迂迴，且海水較淺，大船難以進入，根據《臺灣縣志》的記載：「水底皆沙，縱橫布列，舟不可犯，就其稍深處覓港出入，港路窄狹，僅容兩艘。」另一條為南航道，又稱為大港道，入口處狹窄，水深可進出大船，但是荷蘭人在此修築有熱蘭遮城，所以南航道處於荷蘭城堡炮火打擊範圍。

可是我們不要忘了滄海桑田的教訓。當年的大員島，在三百多年後的今天已經與臺灣島連為一體了。同樣，海底地形也不是一成不變的。其實何斌尚潛伏在臺灣的時候，他就認真考察了這兩條航道的優劣。南航道固然最適合船隻進入，但從荷蘭人眼皮底下穿過，不僅軍事行動會完全暴露，而且還要面對紅夷大炮的轟擊。想要避開大炮並出其不意地發起進攻，最好的選擇是走鹿耳門航道。但這條一直被認為不適合大船通行的航道，可否令國姓爺的船隊順利通過呢？實踐是檢驗真理的唯一標準，何斌認為這一航道多泥沙，但是泥沙長期受到潮水的沖刷後，可能會沖刷出一條較深的港道。他曾指使自己的心腹郭平乘坐一條小船，假裝釣魚，在鹿耳門與赤嵌城之間用竹篙探測水道的深度。結果令何斌激動不已，原來海底果然被沖刷出一條可供船隻行駛的港道。如果在漲潮的時候，航道可有四尺多深，這個深度足夠行駛戰船了。何斌將所勘探的鹿耳門水道繪在地圖上，並且親自為國姓爺的艦隊導航。

對於何斌的秘密勘探，荷蘭人完全不知情，他們還按照老經驗認為艦隊根本不可能從鹿耳門港道進入，只要守住南航道，便可保障熱蘭遮城與赤嵌城的安全。

國姓爺是冒了巨大的風險，把賭注押在何斌身上。儘管何斌事先作過勘探，可是這不是一兩艘船要通過，而是數百艘船，一旦擱淺，前進不得也後退不得，那真就慘了。要順利使整支艦隊通過鹿耳門水道，還必須有潮水的配合。國姓爺暗暗對上天祈禱：「本藩矢志恢復，念切中興。前者出師北討，恨尺土之未得；既而舳艫南還，恐孤島之難居。故冒波濤，欲辟不服之區，暫寄軍旅，養晦待時；非為貪戀海外，苟延安樂。自當竭誠禱告皇天並達列祖，假我潮水，行我舟師。」

其實鄭成功之所以冒著風雨連夜駛向臺灣，除了糧食緊張的原因之外，還有一個很重要的原因是可以趕上四月初一的大潮。潮汐有個規律，每逢初一或十五時，總是比較大，此時港道的水位也最高。這樣即便何斌的勘測有所差錯，也可藉助於大自然的力量，在潮水最大時，艦隊順利通過的機會就大大提高了，這就是國姓爺深謀遠慮之處。

鹿耳門港道被荷蘭人忽視了，他們並沒有察覺國姓爺的艦隊已經悄悄逼近了。四月初一上午，艦隊抵達鹿耳門港道口，國姓爺身先士卒，他跳上一艘小哨船，與何斌一起先行入港。顯然，在航行知識上，國姓爺是行家裡手、專業級的人士，他必須要親自在前探路，這樣才可以為後續船隻的進入下達明確的命令。所有人都捏一把汗，因為登陸成功與否，完全在此一舉了。

據《被忽視的福爾摩沙》一書所記，國姓爺登陸的時間是西曆四月三十日。這天拂曉，「幾百隻戰船在熱蘭遮城可以望見的福爾摩沙海面出現，船上載有約二萬五千名兵士，他們在同韃靼人的作戰中，受過良好的鍛鍊。」

臺灣總督揆一後來回憶道，負責指揮登陸的是國姓爺麾下大將、右提督馬信，「這位將領率領中國帆船為艦隊的前導，突然通過鹿耳門航道，駛過北端諸小島。這條航道距熱蘭遮城約一浬，水面寬闊，大約二十艘船可以並排通過。」按常理說，鹿耳門航道很狹窄，平常只能兩條船並行，可是這一天卻十分意外，潮水特別大。《先王實錄》中，曾參加臺灣戰爭的楊英寫道：「先時此港頗淺，大船俱無出入，是日水漲數尺……亦天意默助也。」《臺灣外記》也寫道：「水比往日加漲……加漲有丈餘。」國姓爺選擇在大潮時通過鹿耳門港道，在時機的把握上恰到好處。不僅如此，這一天竟然是罕見的特大潮，真是有如神助，不僅是一般的小船，甚至連艦隊中的大船都順利無礙地入港道。

在臺灣登陸作戰中，何斌功不可沒。荷蘭人根本沒有料到如此大規模的艦隊竟然可以通過鹿耳門水道，他們並沒有建任何炮臺來封鎖此航道。當他們遠遠望見鋪天蓋地的中國軍隊時，幾乎陷入到絕望之中：「長官和評議會眼睜睜看著敵人如此輕而易舉地侵入和登陸，感到束手無策。他們進退維谷，一籌莫展，無力抵抗如此強大的敵人。」

此時，馬信已經將數百艘船隻分布於大員沙洲與臺灣島之間廣闊的海灣地帶，隨即在赤嵌展開登陸。居住在這一帶的中國人很快得知這個激動人心的消息，大家不約而同地齊向海灘奔去，共計有數千人跑出來迎接，「用貨車和其他工具幫助他們登陸」。顯而易見，荷蘭人的統治多麼不得人心，而臺灣的華人們等待這一天則等得太久了。

這一天，荷蘭人幾乎無所事事，他們被突如其來的事件震懾住了，以至於不知道要怎麼辦。

揆一總督曾想動用為數不多的幾條船攔截國姓爺的艦隊，可是很快發現這個做法並不實際。荷蘭人的海上力量不夠雄厚，只有一艘大的領航船，二艘戰船。這三艘大船由於船體大，吃水深，要進入鹿耳門港道有困難，而其他幾艘小船又不適合作戰。陸上的大炮也完全沒有發揮作用，因為大員沙洲與臺灣島之間的水域寬度超過兩個大炮射程，只要國姓爺的船隻不靠得太近，荷蘭大炮根本是打不著的。

攻臺戰爭拉開序幕，而且開局不錯，大軍順利登陸並站穩了腳跟。一生總被霉運纏身的國姓爺也有時來運轉的時候，這次登陸戰之所以輕而易舉取得成功，有以下幾個原因：

第一，整個軍事行動有縝密的計畫。在攻臺之前，國姓爺廣施煙霧彈，迷惑敵人，離間巴達維亞與臺灣的關係，步步把握戰略主動權，以達到出其不意、攻其不備的效果。在登陸路線的選擇上，他聽取何斌的建議，選擇在大潮時穿過鹿耳門港道。整個行動基本上都按照原計劃有條不紊地展開，與預想的情況如出一轍。

第二，國姓爺的軍事行動相當保密。數百艘船、二萬五千人的龐大軍隊，在海上秘密航行七日，一點風聲都沒有洩露。要知道臺灣總督揆一對廈門的種種動向一直嚴加監視，卻完全不知曉征臺戰爭已經悄悄地展開了。這也可見這支軍隊的紀律性是特別強。

第三，時間選擇上完全出乎荷蘭人的意料。在登陸的前幾天，風向都是不利於國姓爺艦隊航行的。特別是在登陸臺灣的前一夜，海面上還風雨交加，這更使荷蘭人喪失了必要的戒備心，完全沒有料到這支英勇的艦隊戰勝風雨與波濤，奇蹟般地出現在臺灣島西海岸。

這是一個良好的開局，但艱巨的考驗才剛剛開始。

第十八章　旗開得勝

收復臺灣的戰爭，對國姓爺來說優勢在手。

首先是兵力的優勢。國姓爺東征的兵力總共有二萬五千人，船隻數百艘；而荷蘭人總兵力不到二千人，主要分布在熱蘭遮城與赤嵌城（普羅民遮城）內，能使用的船隻不超過十艘。其次是民心向背。荷蘭人作為外來殖民者，在臺灣島上血腥殖民，殘酷壓榨中國人，激起民眾強烈的不滿。臺灣島上的原住民大多數也對荷蘭人的暴行深惡痛絕，早就想揭竿而起了。

國姓爺儘管握有優勢，可是要打敗荷蘭人並非易事。荷蘭殖民軍擁有先進的武器，這個小小的國家在十七世紀居然可以橫行於世界的大洋，沒有一點能耐是不可能做得到的。中國軍隊順利登陸後，打敗了荷蘭人的幾度反撲，建立了牢固的灘頭陣地，為收復臺灣打下了堅實的基礎。

中國軍隊首先在赤嵌街防禦荷蘭人的進攻。

赤嵌街是普羅民遮城（赤嵌城）前的一個市集區，也是漢人的聚集區。這裡有不少民居，大多簡陋，有一些是茅草房。荷蘭人企圖實施堅壁清野的戰術，普羅民遮城長官雅各・貓難實叮（Jacobus Valentijn）下令焚毀東印度公司的馬廄與米倉。這個馬廄就是一六五二年郭懷一起義時，起義軍與荷蘭人激烈交鋒的地方。郭懷一起義失敗後，荷蘭人為了預防中國人再度暴動，便修築了普羅民遮城。

貓難實叮深知糧食供應是國姓爺軍隊最大的問題，他在焚燒馬廄後，用大炮轟擊中國軍隊的營地，並打算毀燒赤嵌街區的米倉。國姓爺一眼洞悉荷蘭人的企圖，他派出一個鎮的兵力（一千五百～二千人）保衛街區，並差遣戶都事楊英攜令箭負責看管各處米倉，參與整個臺灣戰爭的楊英後來留下了一本非常珍貴的回憶錄，便是研究鄭成功的重要史料《先王實錄》，也稱為《從征實錄》。

由於國姓爺調度得當，荷蘭人焚燒赤嵌街區米倉的計畫破產。鄭成功可以大大地喘上一口氣了，因為糧食足夠兩萬多名官兵吃上半個月，大大緩解了燃眉之急。不過在整個收復臺灣的戰爭中，中國軍隊自始至終面臨著嚴重的糧食問題，此後文再說。

面對國姓爺發動的攻臺戰爭，臺灣總督揆一及臺灣評議會幾乎束手無策。然而有一個人卻對中國軍隊投以輕蔑的眼光，這個人便是荷蘭殖民軍上尉湯瑪斯・貝德爾（Thomas Pedel），中方史料譯為「拔鬼仔」。

貝德爾心高氣傲、氣焰囂張，他對中國軍隊的蔑視來自於一六五二年鎮壓郭懷一起義的經驗。在那場戰爭中，荷蘭人僅以兩三百人的軍隊，在原住民武裝的配合下，便打敗了總數七千多人的起義軍，「從此以後，在福爾摩沙的中國人就被荷蘭人看作不堪一擊，以為他們都是文弱怯懦、不能打仗的。」可是那支所謂的起義軍，不過是一群沒有任何訓練、也沒有武器的農民罷了。荷蘭殖民軍以當時最先進的裝備彈壓這麼一支幾乎是手無寸鐵的農民軍，又有什麼可驕傲的呢？

然而一六五二年的戰爭經驗，卻滋長了荷蘭人（包括貝德爾上尉在內）盲目自信的觀念。後來揆一總督在回憶錄《被忽視的福爾摩沙》一書中寫道：「據荷蘭人估計，二十五個中國人合在一起還抵不上一個荷蘭兵。他們對整個中國民族都是這樣的看法：不分農民和士兵，只要是中國人，沒有一個不是膽小和不耐久戰的，這已經成為我方戰士不可推翻的結論。」

可是荷蘭人長期注視海峽對岸的中國內戰，對國姓爺的軍隊就毫無了解嗎？揆一繼續寫道：「雖然他們也時常聽到國姓爺抗擊韃靼人的勇敢事蹟，證明其部下絕非膽小之輩，但並沒有因此而改變他們的看法。他們認為，國姓爺士兵只不過同可憐的韃靼人交過鋒，還沒有同荷蘭人較量過，一旦和荷蘭人交戰，他們就會被打得落花流水，把笑臉變成哭臉。」

顯然，在傲慢的貝德爾等人看來，一個荷蘭人可抵二十五個中國人。換言之，一千名荷蘭人足以抵擋二萬五千人的中國軍隊，那麼有什麼可擔心的呢？

貝德爾自告奮勇，請纓出戰。他率領二百四十名精兵，乘坐領航船以及熱蘭遮城附近其他一些商船，駛往北線尾嶼。

北線尾嶼是一個沙洲，面積大約一平方里，島的一端對著熱蘭遮城，另一端延伸到鹿耳門灣，鹿耳門港道就是從北線尾嶼與另一個島嶼之間穿過。很顯然，荷蘭人想奪取北線尾嶼，以便控制鹿耳門港道。

深諳軍事的國姓爺很清楚北線尾嶼戰略地位的重要性。登陸臺灣的第一天，他便命令陳澤率宣毅前鎮駐紮於此，防備荷蘭人的突擊。果不其然，荷蘭人把奪取北線尾嶼當作反擊的第一目標。

五月一日（中國資料記為四月初三），貝德爾上尉的火槍隊登陸北線尾嶼。他把隊伍分為兩隊，擺好陣勢，然後號召士兵們勇敢作戰，不要害怕中國人，並強調自己將領導大家取得勝利。貝德爾的自信心鼓舞了所有荷蘭士兵，他們相信只要放一陣排槍，讓中國人嗅到火藥的味道，聽到槍炮的聲音，他們必定會嚇得四散逃跑，全部瓦解。

據荷蘭的史料，此時中國軍隊在北線尾嶼的另一端，人數大約有四千人。這個數字恐怕大有水分，根據鄭成功的軍隊編制，一鎮的兵力約在一千五百～二千人之間，陳澤的宣毅前鎮絕不可能有四千人這麼多。由於這個島嶼面積並不大，只在中間有一座小山丘，很快中國駐軍便發現了前來偷襲的荷蘭人。指揮官陳澤馬上排兵布陣，準備與敵人一較高低。國姓爺的步兵是相當厲害的，不僅訓練有素，而且精於各種戰術。在對滿清的戰爭中，伏擊、抄截等戰術對鄭軍來說最為得心應手。陳澤遠遠望去，見荷蘭人只有二百多人，敵寡我眾，正好可以使用抄截戰術，便派數百人悄悄地繞過小山，打算抄其後路。

貝德爾上尉以十二人為一排，將二百四十名荷蘭人組成二十排的方陣，逼近宣毅前鎮，邊前進邊放槍，總計發了三排槍。按荷蘭人的想法，中國軍隊很快就會作鳥獸散了。可是令他們大感意外的是，中國軍隊並沒有逃跑的樣子，而是勇敢地反擊了。

「敵人也不示弱，箭如驟雨，連天空似乎都昏黑起來。」荷蘭人後來這樣描述道。箭雨過後，中國軍隊開始向前推進，前面的士兵一手持著盾牌，一手持刀，後面跟進的士兵則不斷地以弓箭還擊。雙方的距離非常近，前一刻還信心滿滿、自以為英勇無比的荷蘭人突然間驚呆了。這種情況完全出乎他們的意料，他們根本沒有迎戰對手進攻的心理準備。中國軍隊密集的箭雨威力並不遜色於荷軍的槍枝，而且當銳利的箭鏃刺穿身體時，比槍傷更令人感到恐怖。

對於宣毅前鎮指揮官陳澤來說，也確實沒有把這二百多人的荷蘭殖民軍放在眼中。他們經歷了無數次比這更加殘酷的戰爭，早習慣了戰場的廝殺與血腥。中國軍隊在槍林彈雨中不顧一切地向前衝鋒，沒有表現出一絲的猶豫。

「這時荷蘭軍隊發覺另一支中國軍隊抄襲他們的後方，而前面的敵人又頑強地守住陣地，陷於腹背受敵。現在，他們才知道過去過於輕視敵人，以至根本沒有想到會遭到這樣的抵抗。」現在荷蘭人已是後悔莫及了，現在戰場的形勢很明顯，如果不趕緊逃的話，將很快被中國軍隊合圍，下場只能是全軍覆沒。

貝爾德的豪言壯語還在耳邊回蕩著，他只能打腫臉充胖子——死撐了，可是他手下的兵可以有福共用，卻不願有難同當，眼見大勢不妙，第一個念頭便是——「逃命」。後來揆一總督這樣說道：「如果說戰鬥前他們是英勇無畏，想要仿效基甸的行徑，那麼戰鬥中他們的勇氣則完全為恐懼所代替，許多人甚至還沒有向敵人開火便把槍丟掉了。他們抱頭鼠竄，落荒而逃，可恥地遺棄了他們英勇的隊長和同胞。」

這一天對荷蘭人來說，無疑是悲慘的日子。「貝德爾看到寡不敵眾，堅持抵抗已經無益，便企圖集中兵力，有秩序地撤退。但是戰士已經不聽命令，他們驚慌恐懼，各自逃命。中國人乘勢猛攻，見人便砍，毫不留情，直到上尉及其部下一百一十八人全部戰死，受到了輕敵的報應。這個倒楣的連隊還遇到另一個不幸，大部分槍械也都丟失了。這場戰鬥是在一個沙洲上進行的，該地無路可退，假如沒有那隻停在海岸附近的領航船就近接應，必將全軍覆沒，沒有一個人活著回去報告戰鬥的經過。逃命的戰士們徒涉過水深及頸的水面，由領航船載返大員。」

事實在，在跳海逃生的一百二十名荷蘭人中，又有四十餘人溺水而亡，葬身海底，活著回到大員島的僅剩下八十人。至此，荷蘭人在北線尾嶼的反擊完全失敗，投入二百四十人的兵力，死亡一百六十人，損失達三分之二。荷蘭人對這場戰鬥的失利痛心疾首，記載很詳細，而中文資料卻頗為輕描淡寫。曾在國姓爺麾下擔任戶都事的楊英在回憶錄《先王實錄》中只是這樣寫道：「夷長揆一城上見我北線尾官兵未備，遣戰將拔鬼仔率鳥銃兵數百前來衝殺，被宣毅前鎮督率向敵，一鼓而殲。夷將拔鬼仔戰死陣中，餘夷被殺殆盡。」

貝德爾在北線尾嶼發動進攻的同時，另一路荷蘭軍大約二百人，在阿爾多普上尉的率領下渡海前往對岸的普羅民遮，目的是阻擊中國軍隊，並保持熱蘭遮城與普羅民遮城之間的通航。

阿爾多普上尉還算比較識相，沒有像貝德爾那樣狂妄自大，當時他發現有一小股中國軍隊正在登陸，「便率二百名兵士前去阻擊他們，但隨即有大批敵軍出現，眼看用這樣薄弱的兵力不可能擊退他們，因此放棄了戰鬥行動。」

此時中國軍隊不斷地在赤嵌附近登陸並集聚，面對強大且人數眾多的中國軍團，普羅民遮城只有可憐兮兮的四百名士兵，城堡司令貓難實叮憂心忡忡。五月一日下午，貓難實叮給熱蘭遮城送去一封求援信，請求揆一總督再派一百多人的部隊前往阻擋中國軍隊的進攻。可是這個請求卻被臺灣評議會拒絕了，後來揆一寫道：「評議會急忙開會商議，認為這種增援是不必要的。當時之所以做出這個決定，主要是由於錯誤地認為中國兵打不過荷蘭兵，因而拒絕了這個要求。」

由於荷蘭人對中國軍隊戰鬥力的嚴重低估，導致了貝德爾小分隊的覆沒，此時熱蘭遮城內的評議會委員慌了手腳，匆匆忙忙由阿爾多普上尉率一支二百人的部隊增援普羅民遮城。已經返回大員島的阿爾多普只得再次出發前往赤嵌，由於荷蘭人的領航船吃水很深，不能直接靠岸，登陸部隊不得不涉過水深及胸的海面。在第一批六十人的登陸部隊下水後，一艘中國的巡邏船出現了，開始干擾荷蘭士兵的登陸。這艘國姓爺的巡邏船是淺水船，遊弋在淺水區，阿爾多普上尉的領航船上沒有遠端火炮，又進不了淺水區，與中國船隻距離甚遠，火槍打不著。第一批登陸部隊在海水與中國巡邏船的干擾下吃盡苦頭，「經過巨大的困難和普羅民遮城的支援，這六十名士兵才登陸完畢。」但是由於中國軍隊已經發現荷蘭人的企圖，阿爾多普上尉放棄了繼續登陸，率其餘一百四十人返回大員島的熱蘭遮城。

除了貝德爾與阿爾多普這兩路荷蘭殖民軍之外，揆一總督孤注一擲，把寥寥無幾的戰船也投入戰鬥。

荷蘭人的戰船只有三艘，分別是「赫克托號」、「斯・格拉弗蘭號」與「白鷺號」。這三艘船是一六六〇年范德蘭率艦隊增援臺灣島時所留下的。另外還有一艘「瑪利亞號」，這是通訊船，戰鬥力不強，但如今揆一手上就只有這麼丁點船隻，也只能勉為其難投入戰鬥了。

海戰在五月一日，即登陸後第二日的早晨打響。楊英所撰的《先王實錄》對這次海戰發生的時間有不同的記載，所記為四月初六，已是中國軍隊登陸後的第六日。荷方的官方資料及私人日記、回憶錄中，均記為五月一日，因而楊英的回憶可能有錯。

據《先王實錄》所記，中國軍隊投入作戰的包括宣毅前鎮、侍衛鎮、左虎衛鎮，指揮作戰的將領是陳廣、陳沖。荷蘭人的資料顯示，國姓爺投入戰鬥的船隻有六十艘，「各裝有兩門大炮」。顯然，國姓爺戰船上的火炮數量並不多，其中的原因，大概是為了順利渡過鹿耳門港道，不宜攜帶太多的火炮，以免增加船隻的重量。

中國軍隊的艦炮似乎並沒有很強大的威力，翻看明清之際的海戰史，中國的艦炮並沒有擊沉過荷蘭人的船隻。荷蘭船隻雖然少，但船堅炮利，火力還是很強的，也正因為如此，荷蘭人才敢憑恃武器上的優勢，以少打多。

關於荷蘭夾板船的優勢，在前文明荷戰爭中有提過，這裡再引用一段時人的評論。生活於康熙年間的郁永河在《海上紀略》中寫道：「其船最大，用板兩層，斲而不削，製極堅厚；中國人目為夾板船，其實圓木為之，非板也。又多巧思，為帆如蛛網盤旋，八面受風，無往不順；較之中國帆檣，不遇順風，則左右戧折（**戧讀鏘，去聲；因逆風從對面來，故作斜行，左右拗折，以趁風力之謂也**），欹側傾險，迂迴不前之艱，不啻天壤。其在大洋中，恃船大帆巧，常行劫盜；使數人坐檣巔，架千里鏡，四面審視，商舶雖在百里外，望見即轉舵逐之，無得脫者……帆檣之巧，終不示人。故諸國罕能效其製者。」可見當時荷蘭人在造船工藝上，確是獨步江湖了。

關於這次海戰，荷蘭人有著十分詳細的記載。

《巴達維亞城日記》寫道：「在雙方互相交火後不久，風勢完全平息。敵方看到我船因無風而不能靠近，就有幾條船用櫓划到快船「斯．格拉弗蘭號」後舷，攀登而上，發射了密集的火箭及其他弓箭，但由於火槍極少，沒有用槍射擊。「斯．格拉弗蘭號」處境危急，由後方發炮攻擊，其他兩船特別是「赫克托號」也發炮助戰，迫使敵船退走。」

「赫克托號」是荷方最大也是噸位最重的戰船，自恃擁有強大火力，衝在最前方。事實上「赫克托號」確實性能極為優越，《被忽視的福爾摩沙》中寫道：「它一駛過去就用大炮擊穿了許多逼近的敵船，有一二艘敵船很快沉下去，其他船隻則保持相當的距離，不敢逼近。但是勇敢的敵軍並不因此而退卻。在戰鬥中有五六艘最勇敢的帆船從各個方向向「赫克托號」圍攻。「赫克托號」上的戰士為了自救，從上下左右前後各方面開炮，濃煙瀰漫，以至於本來可以俯視戰況的熱蘭遮城上，也無法辨認「赫克托號」和中國帆船。」

熱蘭遮城裡的荷蘭人把希望都寄託在「赫克托號」戰船身上，希望這艘巨艦能力挽狂瀾，挫敗中國艦隊的反撲。此時硝煙瀰漫在海面上，突然傳來一聲巨大的爆炸聲，如雷轟鳴，甚至把城堡內的窗戶都震得「嘎嘎」作響。儘管看不清是哪艘船爆炸了，可是熱蘭遮城內所有人的心都一沉，因為能炸得如此巨響的，必定是船上備有大量的火藥，而只有荷蘭人的船隻才可能引發如此強烈的震動。揆一不吭聲了，其他人的心也向下一沉，在海面上的硝煙被風吹散後，「赫克托號」的身影已經蕩然無存了，這艘巨艦沉沒了。

後來，據一位荷蘭俘虜說，「『赫克托號』不幸因船上火藥爆炸而沉沒，船上的貨物與兵士全歸於盡。」

「赫克托號」的沉沒令中國艦隊歡欣鼓舞，仗著人多勢眾，國姓爺的海軍像螞蟻一樣圍住其餘三艘荷蘭船隻。

荷方船隻中戰鬥力最差的「瑪利亞號」率先脫離戰鬥，開出遠海。「斯·格拉弗蘭號」與「白鷺號」也從海岸駛往深海，這時國姓爺的艦隊「爭先恐後地追了過來」。荷蘭人對接下來的戰鬥這樣記錄道：「他們用兩隻大帆船緊靠我船『斯·格拉弗蘭號』和『白鷺號』的尾部……這兩隻船的後面緊跟著另外兩隻船，其後又緊接著兩隻船。這樣，有五、六對敵船前後連接在一起，搭成了一條橋。敵方的船長們手執利劍把後面的兵士趕到前面去，以代替被打死了的人。他們使用這種前仆後繼、以多勝少的辦法，終於不顧我方的決死抵抗，爬上了『斯・格拉弗蘭號』，並且有幾個人已開始砍斷繩索。但我方戰士英勇反擊，擊退了他們，保住了戰船。」

雙方的戰士都表現出相當英勇無畏的戰鬥作風，中國軍隊儘管人多，但火槍數量少，武器上還是遜色，儘管發動白刃戰企圖奪取荷蘭夾板船，但並未成功。在這種情況下，國姓爺又施展火船戰術，「我方戰船受到中國火船三、四次的進攻，都把他們打退了。只有其中的一隻火船用鐵鍊扣住『斯・格拉弗蘭號』的船頭斜桅，使火延燒過來。幸喜戰士動作敏捷，立即予以撲滅，那隻火船也就漂走了。最後，那些極力企圖奪取我方戰船的中國人，只好乘著帆船退到岸邊去。」

雖然中國軍隊沒能擊毀「斯・格拉弗蘭號」與「白鷺號」兩艘戰船，但荷蘭戰船已是全無鬥志。「白鷺號」與「斯・格拉弗蘭號」向北行駛，逃往日本，另一艘「瑪利亞號」則向南逃竄，駛向荷蘭東印度公司的老巢巴達維亞。至此，臺灣已沒有荷蘭戰船，中國軍隊牢牢地控制住了制海權。

這樣，荷蘭人三路出擊都沒能獲得成功。在北尾線嶼的戰鬥中，荷蘭人損失了三分之二的部隊，貝德爾上尉戰死；在阻擊中國軍隊登陸的戰鬥中，阿爾多普上尉無功而返；在大員灣海戰中，赫克托號沉沒了，其他戰船逃跑了。

這下子殖民當局完全陷入到被動挨打之中，國姓爺的軍隊控制了局勢，切斷了普羅民遮城與熱蘭遮城的聯繫，同時也切斷了海上與陸上的交通，兩座荷蘭人的城堡被孤立地隔開了。對於如此糟糕的開局，臺灣總督與評議會認為原因有二：第一是中國軍隊的勇敢超乎想像；第二是巴達維亞官方的愚昧和措置乖張。

顯然，揆一總督痛心疾首。在前一年，他多次警告巴達維亞總部，國姓爺必定會發動攻臺戰爭，他對這一判斷堅定不移，因為國姓爺在滿清巨大的軍事壓力下，已是別無出路。可是巴達維亞總部完全置他的警告於不顧，雖然派了一支實力頗強的艦隊，可是艦隊司令范德蘭來到臺灣後，只會跟臺灣當局唱對臺戲，搞得大家不歡而散。援臺艦隊的離開，荷蘭人在海上完全失去抵抗能力，要阻止國姓爺的登陸便成了天方夜譚。

在登陸後的第二天，國姓爺的軍隊便取得完勝，奠定了收復臺灣的基礎，不過這只是開始。

第十九章　奪取赤嵌城

大員島上的熱蘭遮城與赤嵌的普羅民遮城分別收到國姓爺發出的嚴厲警告，他派出使者通知兩座城堡，立刻放下武器投降，「如果膽敢拒絕，定將屠殺無遺。」國姓爺恐怖地威脅道。

臺灣總督揆一緊急召開會議，包括評議會成員、主要軍官及其他官員都參加了討論。誰心裡都明白，局勢相當不利，在遭遇到慘敗之後，要如何善後呢？首先他們對普羅民遮城的情況表示出極大的擔憂，因為中國軍隊大量集結於赤嵌地區，而普羅民遮城的荷蘭殖民軍只有四百多人。熱蘭遮城由於缺乏船隻與兵力，也無法對普羅民遮城進行援助。不僅普羅民遮城岌岌可危，熱蘭遮城的情況也好不到哪去，如果巴達維亞總部不能及時給予增援，那麼只能坐以待斃了。該怎麼辦呢？

大家討論磋商後，決定與國姓爺進行談判。「兩害相權取其輕」，為了顧全大局，只能犧牲某些利益了。會議最後做出決定，準備兩套談判方案。第一個方案，臺灣當局支付一筆賠款給國姓爺，換取他離開臺灣，並且允許與臺灣保持商船的通航。然而對於這一方案，揆一認為可行性很差，因為他的判斷是國姓爺對臺灣島是勢在必得的，這是關係到鄭氏集團興亡的大事。國姓爺精心設計並發動如此大規模的戰爭，不可能只為了得到一筆賠款。於是第二個方案便成為荷蘭人的底線：荷蘭人願意讓出臺灣本島，但必須保留大員島這麼一塊小地方以安置荷蘭人，並繼續在這裡從事貿易。

荷蘭殖民政權基本控制了臺灣島的平原地帶，歸附的原住民無數。為了換取國姓爺的停戰，他們要心疼地放棄掉這一切，這對於高傲的殖民者來說，已經自認為是前所未有的羞辱了。揆一毫不懷疑，這個議和條件足以打動國姓爺，他不可能拒絕的。在他看來，國姓爺與東印度公司交惡，有損自己的貿易利益，選擇與擁有強大海上力量的荷蘭人為敵，並非明智之舉。

於是國姓爺與荷蘭殖民當局互派使者，商討談判細節，國姓爺保證在談判期間暫時休戰。

荷蘭人在談判上的手段是很高明的。參加談判的荷方代表是商務員伊伯倫與檢察官李奧納杜斯。出發前，評議會要求兩人「在談判中既要有禮，也要大膽，在任何情況下，都不能在言語和行動中流露出一點畏怯的樣子」。如果國姓爺不能遷就，「那麼，兩個使者應該回來，不再提任何建議。而在離開時，應該滿懷信心地告訴他：我方備有足夠的人力和資源，足以打退進犯者，荷蘭東印度公司將竭盡全力對此突然的入侵進行報復。」

然而荷蘭人遇到的卻是談判場上真正的頂級高手。

國姓爺在談判上的超凡天賦在鄭清談和過程過曾有著淋漓盡致的表演，美國學者司徒琳用這樣的語句來稱讚他非凡的才能：「一旦看清了事實，他就興致勃勃地投入了這場縱橫捭闔，做生平最狡詐的表演……鄭成功在議和過程終了時，比開始時力量更強，而清朝耗費了大量時間和精力，實際上卻成了輸家。」

荷蘭特使前往中國軍隊的營地後，晉見國姓爺，並致上臺灣總督揆一的一封信，這封信的主要內容如下：

……現在殿下（指國姓爺鄭成功）既然樂意率領全部兵力如此突然地在我方海岸出現和登陸，惡意地向本公司進攻，命令本公司離開福爾摩沙，並獻出所有城堡。長官和評議會認為有必要派遣我們兩個評議員到此，對殿下如此行動表示極端的駭異：即事先沒有任何警告或宣戰，也沒有提出任何合理的抗議，竟向此處荷蘭東印度公司進攻，並索取所有城堡和土地。……長官幾經考慮，殊不能發現有何足以引起殿下不滿的理由，……我等懇請殿下告訴我們對本公司不滿的理由和動機，以及要求滿足的事項，以便經過研究後，可以達成協議，使雙方舊日友誼得以迅速恢復。

揆一的這封信，充滿外交詞彙，寫得規規矩矩。國姓爺並不回答揆一的質問，而是直截了當地揭了東印度公司的老底——「公司認為有利可圖時，便可以繼續談友誼；而一旦能夠從其他方面獲得更大利益時，這種友誼便會馬上被拋棄，甚至在認為必要時，不惜加害於任何人。」

對東印度公司的所作所為，鄭成功太了解了。從鄭芝龍開始，父子倆與荷蘭人打過無數次的交道，對他們的強盜本色知根知底。當初鄭芝龍在臺灣當海盜時，與荷蘭人關係不錯，可是當福建當局以利誘之時，他們就轉過船頭攻打鄭芝龍；同樣，荷蘭人表面上跟國姓爺套交情，實際上背地裡遊說滿清政府，欲支持滿清剿滅國姓爺的勢力以換取自由貿易權，只是這一計畫因滿清實施海禁政策而無法得逞。對於荷蘭人說的一套、做的一套，國姓爺心知肚明，他毫不客氣地揭了東印度公司的老底，並且對荷蘭特使說：他完全沒有義務說明自己行動的理由，但也沒必要隱瞞如下的事實，為了順利同滿清作戰，他認為應該佔領臺灣島。

國姓爺義正辭嚴地指出：「該島一向是屬於中國的。在中國人不需要時，可以允許荷蘭人暫時借居；現在中國人需要這塊土地，來自遠方的荷蘭客人，自應把它歸還原主，這是理所當然的事。」

《被忽視的福爾摩沙》一書中，對國姓爺在談判過程中所說的話有詳細的記載，這對我們了解這位中國民族英雄的內心世界有很大的幫助：「他說：儘管他的人民屢次受到荷蘭人的虐待，但此來的目的並非同公司作戰，只是為了收回自己的產業。為了證明他無意奪取公司的財產以自肥，他願意允許荷蘭人用自己的船隻裝載動產和貨物，拆毀城堡，把槍炮及其他物質全部運回巴達維亞……但如果荷蘭方面無視他的寬大為懷，拒絕交還他的財產，企圖繼續霸佔下去，他只好用自己所擁有的一切力量來求其實現，而其全部費用將由公司負擔。」

國姓爺的要求完全突破了荷蘭人的心理底線。臺灣總督揆一能接受的最低條件，便是保住大員島與熱蘭遮城，而國姓爺的要求是荷蘭人必須全部撤走，一個不留。顯然，國姓爺是鐵了一條心，不達目的不肯甘休。荷蘭人擁有堅船利炮，而大員又是臺灣最優良的港灣，只要他們還繼續佔領此地，國姓爺怎麼能睡得安穩呢？

二名前來談判的荷蘭特使寸步不讓，他們搬出事先準備好的說辭，叫囂說：「我方備有足夠的人力和資源，足以打退進犯者。」

國姓爺輕蔑地冷笑道：「你們荷蘭人是自負而愚蠢的，你們將會辜負我所給予的憐憫和寬大。我知道你們城堡裡僅有一小撮人，你們將狂妄地以此來反抗我所率領的大軍，以至遭到最嚴厲的懲罰……你們應該從幾次的失敗中取得教訓，你們的力量還不及我的千分之一，難道你們還是那樣不識時務嗎？」

緊接著，國姓爺又以大員灣海戰的勝利為例來說明自己力量的強大：「你們以為你們所大肆吹噓的鐵甲船（**荷蘭戰船外裹有鐵皮**）能夠創造奇蹟，這次你們已經親眼看到，在同我的帆船作戰時，這些鐵甲船究竟起了什麼作用；你們已經親眼看到，其中一艘如何被我方一艘帆船所焚毀，在煙霧中化為烏有，而其餘各船又如何逃奔外海，才免於遭受同樣的厄運。」

海戰如此，陸戰又如何呢？國姓爺繼續道：「在陸上，你們也看到了，貝德爾上尉的狂妄自大如何遭到挫折，他和他手下的士兵不堪一擊，一看見我的戰士便棄甲丟槍，引頸就戮。難道這些還不足以證明你方無力抵擋我的軍隊嗎？」

最後，國姓爺對兩名荷蘭特使發出威脅：「如果你們一意孤行，自取滅亡，那麼我將立即當你們二人面前，下令攻取你方城堡，我的健兒便會向它進攻，加以佔領，並夷為平地。我大軍一動，可以翻天覆地；我軍所向無敵，攻無不克，戰無不勝。你們要聽從我的警告，對此好好加以考慮。」

這樣，談判完全沒有可迴旋的餘地了。國姓爺限荷蘭殖民當局於次日上午八時做出最後的決定，要麼接受他的條件，立即離開臺灣；要麼繼續抵抗，在戰場上分出勝負。國姓爺強調說，倘若荷蘭人決定要離開，則懸掛王子旗；倘若要頑抗到底，則掛出血旗；到時他將不再接受任何談判。

揆一要為榮譽而戰，他毫不遲疑地掛出血旗，要以勇敢的精神誓死保衛熱蘭遮城。可是在大員灣的另一岸，普羅民遮城顯然無法抵擋國姓爺的軍隊。

普羅民遮城是荷蘭人鎮壓郭懷一起義之後建的，目的是用於對付一群叛亂的臺灣原住民以及手無寸鐵的中國農夫。其防禦工事遠不及熱蘭遮城堅固，因為無論是原住民或中國農民都只有最原始的武器，絕不可能擁有大炮。可是如今，這座並不算堅固的堡壘卻必須面對中國軍隊大炮的威脅。

更糟糕的是，普羅民遮城無論是生活物資或火藥，都十分欠缺。事實上，揆一及臺灣評議會對國姓爺攻打臺灣一事是有心理準備的，早在數個月前，就曾經通知該城堡長官，必須要儲備可以維持六個月的糧食和火藥。可是事實證明荷蘭人內部管理是混亂不堪的，在中國軍隊兵臨城下時，普羅民遮城的糧食供應十分缺乏，生活用水僅夠維持八天。更令人吃驚的是，火藥甚至還不足以抵擋中國軍隊的一次進攻。《東印度事務報告》中寫道：「（普羅民遮）城內除已上膛的大炮外，剩餘不過二百磅火藥，城內所存給養只能維持五晝夜，而且飲水井被污染，無法從中取水；同時缺少各種武器彈藥。」

普羅民遮城司令貓難實叮可沒有揆一總督背水一戰、破釜沉舟的勇氣，在城堡被中國軍隊包圍後，他就有投降的想法了。

《先王實錄》中記道：「貓難實叮以孤城絕援，城中乏水，欲降。」有一件事可以說明貓難實叮確實沒有抗戰到底的決心。在四月初三這一天（中國軍隊登陸臺灣的第三天），他的弟弟與弟媳居然還有興致跑出城堡去遊玩。這時城堡四周都是國姓爺的軍隊，做出這樣的舉動確實讓人匪夷所思，結果兩人被中國軍隊擒獲，這完全不出意外：「其弟同婦外遊，被我兵捉獲解藩（即國姓爺）。藩慰之，令加意待之，送歸赤嵌城，與兄實叮道述德意，至是日議降。」

這裡又可見國姓爺的外交手腕，他慷慨地把貓難實叮的弟弟與弟媳釋放，並通過兩人帶話到普羅民遮城。此舉給貓難實叮吃下定心丸，國姓爺顯然明示，只要荷蘭人放下武器投降，絕不會危及其生命安全。

為了杜絕荷蘭人的僥倖心理，國姓爺採取雙管齊下的方針，一方面派出翻譯吳萬、李仲兩人入普羅民遮城遊說司令官貓難實叮，一方面「令兵士每名草一束，困屯赤嵌城……如不降，周圍放火焚之」（《臺灣外記》）。

貓難實叮已經不能指望熱蘭遮城的援助，除了投降是條生路之外，抵抗絕對是死路一條。第二天，即四月初四，垂頭喪氣的司令官終於放下武器，打開要塞城門，出城前往國姓爺的駐營地投降，同時投降的還有大約四百名荷蘭士兵。

國姓爺兵不血刃奪取了普羅民遮城，並繳下荷蘭大炮二十八門。在不久之後，這二十八門大炮被搬到大員島上轟擊熱蘭遮城。接受荷蘭人的投降後，鄭成功恪守承諾，允許他們居住在普羅民遮城內。這一人道主義的做法無疑是有遠見的，在後來曠日持久的熱蘭遮城圍困戰中，有不少荷蘭人投誠到國姓爺一方，這顯然與國姓爺對待戰俘的態度有關。

普羅民遮城的淪陷使得荷蘭人在戰爭中完全喪失了主動權，此後他們的抵抗僅局限於小小的大員島。後來東印度公司總部把責任通通推在揆一總督身上——「這一切全是長官揆一先生的失誤，因為他一直肯定敵人會東渡福島……期間卻沒安排好大員以外的地區，特別是赤嵌的普羅民遮城……長官揆一先生似乎只考慮到保住熱蘭遮城，而未能意識到，外部地區和城市的丟失會使城堡陷入困境和更多地直接與敵人對陣，後來證明果真如此。」

可是東印度公司總部卻把自己的責任推得一乾二淨，他們甚至還斷言國姓爺絕不可能發動對臺灣的戰爭，在戰爭的判斷上，比揆一還不如呢。其實公司真正心疼的，只是白花花的銀子罷了：「這是一件令人傷心的事情，公司在那片地區價值連城的財產因此一擊近乎一敗塗地。」

普羅民遮城不戰而下，這是中國軍隊繼北線尾嶼戰鬥、大員灣海戰後的又一次重大勝利，此時距離登陸臺灣也不到一周的時間。戰鬥如此順手，確實有點出乎意料，荷蘭在臺灣的軍事力量幾乎損失了一半。

普羅民遮淪陷後，荷蘭在臺灣本島上已經無所作為了。除了熱蘭遮城之外，臺灣島上其他荷蘭據點兵力都十分不足，這些據點平常用來威懾原住民還是可以的，用來抵擋國姓爺的軍隊就很困難了。事實上，國姓爺已經開始著手接過荷蘭人在臺灣的統治權了。

國姓爺攻打臺灣之前，臺灣的漢人約有二萬多人，這些人對中國軍隊的到來歡欣鼓舞，很多人自發組織起來協助中國軍隊登陸及籌備糧草，充當後勤人員。能否順利地接手臺灣統治權，其中一個重要因素就是要妥善解決與原住民的關係。國姓爺把二萬多名士兵分成兩部，其中一萬二千人駐在普羅民遮城一帶，另外一萬多名士兵則被派往全島各地，降服當地的原住民。

由於原住民被荷蘭人壓迫時日已久，早就心懷怨恨，只是敢怒不敢言罷了。國姓爺在對待原住民的問題上是很謹慎的，他不僅是一位大英雄，也是十分優秀的政治家。據《先王實錄》所記：「各近社土番頭目俱來迎附，如新善、開感等里。藩（**指國姓爺**）令厚宴，並賜正副土官袍帽靴帶。由是南北路土社聞風歸附者接踵而至，各照例宴賜之，土社悉平懷服。」由於在原住民政策上的得當，政權交接工作十分順利，對此，荷蘭人也有所記：「大部分福爾摩沙人看到已被公司所遺棄，都服從了敵人的統治。」

同樣，分布在島上各地的荷蘭人也紛紛成了中國軍隊的俘虜。荷蘭人的《東印度事務報告》中寫道：「短短幾天的時間，居住在平原地區村社的所有牧師、民事官、教師和其他荷蘭人，連同他們的家眷均落入敵人手中。據說，他們在那裡並未受到虐待。」

在血的教訓面前，荷蘭人不得不重新評估國姓爺軍隊的戰鬥力。在臺灣戰爭之前，多數荷蘭人認為中國軍隊的戰鬥力是不屑一提的，他們的觀念總是停留在一六五二年鎮壓郭懷一起義時，認為中國人只是不堪一擊的綿羊。然而開戰僅僅五天，他們不僅接連在海上、陸上遭遇戰中遭到失敗，兩大城堡之一的普羅民遮城竟然連像樣的抵抗也沒有便舉手投降，這是何等令人吃驚啊。

其實他們完全不必為自己的失敗而感到不平，因為他們面對的是東亞最精銳的一支步兵。後來揆一總督不得不承認，「國姓爺十分熟悉兵法」，中國軍隊雖然在武器上不及西洋軍隊，但卻巧妙地以各種方式彌補了這方面的劣勢。

在國姓爺的軍隊中，最引人注目的是鐵甲兵。在與滿清的長期戰爭中，為了對抗滿清騎兵的衝擊力，鄭成功在加強步兵防禦能力上下了頗多苦功，其中以藤牌兵與鐵人兵最為厲害。鐵人兵是國姓爺最精銳的部隊，在《被忽視的福爾摩沙》一書中，揆一描述道：「所有的兵，除了兩臂和腳露出以外，上半身都身著鐵甲，甲片一片片地重疊著，有如瓦片。這種鎧甲可以保護身體不為步槍子彈所傷，而且還能活動自如，因為它長僅及膝，在各個關節處可以隨便彎曲。」

藤牌軍是國姓爺克敵制勝的法寶，其剽悍凶猛無人可敵，「這些士兵低頭彎腰，躲在盾牌後面，不顧死活地衝向敵陣，十分凶猛而大膽，彷彿每個人家裡還另外存放著一個身體似的。儘管許多人被打死，他們還是不停地前進，從不猶豫，而只是像瘋狗似的向前猛衝，甚至不回頭看一看自己的戰友有沒有跟上來。」

在國姓爺的軍隊中，對荷蘭人威脅最大、殺傷力最強的是弓箭手。近代戰爭火槍逐漸取代冷兵器，然而其優勢並非絕對。十七世紀的火槍在連發性能及射擊距離上還是存在不少缺陷，在面對優秀的弓箭兵時，其優勢蕩然無存。「弓箭手是國姓爺最精銳的部隊，作戰大部分依靠他們，他們在遠距離內也能巧妙地使用弓箭，其嫻熟的程度使我方步槍手黯然失色。」

這支戰鬥力恐怖的中國軍隊，甚至連最原始的刀兵也能發揮出驚人的戰鬥能力。「用長柄刀的那些兵士，即像我們的槍騎兵一樣，是用以阻擋敵軍衝陣，保持自己隊伍的行列整齊的；當敵人陷於混亂狀態時，他們便拼命追殺過來。」

應該說，荷蘭人在十七世紀能獨步江湖，確有高人一等之處。儘管他們與國姓爺的軍隊只交手區區數次，卻能對其戰鬥力做出如此精準的分析判斷，可見荷蘭人確實在軍事上有很強的能力。在做出以上分析後，臺灣總督揆一的戰術思想已是十分明確，絕對不能再犯貝德爾上尉盲目出擊的錯誤。在野戰上，他們絕非中國軍隊的對手，應該憑藉堅固的堡壘與強大的火炮力量，攖城固守。

只有在火炮交鋒上，他們才擁有優勢。當然，國姓爺也擁有大量的火藥與重炮，不過，「其威力無論如何趕不上荷蘭的產品。」更嚴重的問題是，中國炮兵在戰術上是比較落後與粗放的，「沒有建築戰壕和炮壘。」其實這個問題在國姓爺攻打南京時便暴露無遺，當時他的軍隊包圍南京城並架設炮兵陣地，但這些大炮沒有任何防護手段，後來在清軍的反突擊之下，被摧毀殆盡。國姓爺儘管是一名非常優秀的統帥，但他尚未意識到以火炮為主的近代化戰爭之下，不僅要摧毀敵人，更要注重防護自己，特別是要保護自己的火炮不被對方摧毀。

事實證明揆一總督的見解是極為深刻的，不久之後，國姓爺便要為自己的疏忽而付出巨大的代價。

第二十章　炮擊熱蘭遮

熱蘭遮城矗立在大員沙洲之上，整個建築精巧而宏偉。這是一六二四年荷蘭人撤出澎湖後在臺灣所建的第一個城堡，建於一個很高的沙壩之上。最初建成時，是一座方形城堡，十分精巧，城牆上有幾處厚達六尺，側翼厚四尺，四周的圍牆有三尺高，十八尺厚，各個牆角內以沙礫填充。

可是這個軍事堡壘卻難以稱得上盡善盡美，當初建造時只是為了對付赤身裸體的原住民以及農民，所以在城堡的選址上並非很理想。首先炮臺太高，打擊遠的目標還可以，打擊近的目標就發揮不出威力了；其次防禦體系於過單一，沒有壕溝、外廓、木柵等防禦設施。為了增強其防禦的縱深，後來該城堡又經過幾次擴建，增建若干外堡，外堡修有圍牆並建有柵欄，與主堡連為一體。可是缺陷仍然存在，外堡的火力不夠強大，而且又要分兵把守，也無法得到主堡大炮的掩護，這成了要塞防禦中的薄弱環節。

在熱蘭遮城的東部，有一大片市集區。這裡本來是大員島上最繁華的地方，以前有很多商船從這裡進進出出，可是現在放眼過去，海洋上黑鴉鴉的一片都是國姓爺的中國帆船。在接二連三取得一系列勝利後，國姓爺顯然認為熱蘭遮城指日可攻下，他命令手下的將軍以最快的速度登陸大員島，做好進攻熱蘭遮城的準備。

五月五日，中國軍隊開始渡海向大員島挺進，在市集地帶登陸。揆一總督試圖以大炮阻止登陸的船隻，但收效甚微，因為熱蘭遮城離東部海岸線有一定的距離，大炮射程有限，難以打中船隻。荷蘭人發現炮擊的效果不明顯，而且熱蘭遮城已是孤城，彈藥浪費了就沒得補充，於是便出臺第二套方案，派阿爾多普上尉率一小隊狙擊手出城堡，企圖在市集區阻擊中國軍隊的登陸。

可是中國軍隊的人數太多了，從四面八方湧進市集區，狙擊小分隊根本就無法阻止。阿爾多普上尉只得下令狙擊小分隊退回城堡。不過在撤退之前，他們在市區主要的建築物上放火，試圖以焦土戰術達到堅壁清野的目的，把市區燒光，不留給中國軍隊可以利用的建築。儘管火勢很快蔓延開來，可是勇敢的中國士兵表現出良好的軍事素質，他們在十分艱難的情況下，奮力撲滅了大火，保住了市集區的多數建築。這些建築後來在戰爭中發揮了很大的作用，不僅可用於士兵的住宿，而且也是十分有效的掩體。

首批登陸大員島的中國士兵有三四千人，他們在市區內荷蘭大炮打不著的地方安營紮寨。在市區與城堡之間有一片空地，這裡沒有什麼樹遮擋，也沒有壕溝或石牆，一覽無遺。這對熱蘭遮城的防禦是有好處的，因為中國軍隊如果試圖向城堡方向移動，就會暴露於荷蘭人的視野之下。

可是中國士兵在佔領大員市區後，卻不急於對熱蘭遮城發動進攻，只是原地待命，既不前進也不後退，按兵不動。從五月五日到五月二十四日將近二十天的時間裡，大員島顯得十分沉悶，僅有幾次中國士兵稍稍越過安全線時，荷蘭大炮不客氣地投擲出幾發炮彈或石塊，總算稍稍緩解沉悶的空氣。在這段時間裡，國姓爺向大員島上又輸送了約六千名的士兵，並運進二十八門大炮，這些大炮多數都是從普羅民遮城中繳獲來的、真正荷蘭製造的紅夷大炮。二十四日的黃昏，中國士兵開始在市區邊緣空地上架設大炮。

荷蘭人發現中國軍隊開始架設大炮後，便從城堡上用大炮、步槍攻擊，只是當時天色漸黑，根本看不清楚對方，瞎放一通炮，並沒能打中任何目標。

事實上，到現在為止，國姓爺仍然力圖不戰而屈人之兵。最好的結果是熱蘭遮城也像普羅民遮城那樣，繳械投降，這樣臺灣戰爭就可以畫上圓滿的句號了。如今熱蘭遮城已是孤城，要面對強大的中國軍隊，大勢已去，抵抗只是徒然罷了。況且大炮都架到門口了，揆一好歹堅守了二十多天，面子上也過得去了，是該投降了吧。國姓爺要再送一封勸降書進城，給荷蘭人一個下臺的階梯。

中國軍隊的營地掛起了停戰旗，國姓爺派出五個人前往熱蘭遮城談判，其中有兩名被國姓爺抓獲的荷蘭人，一名是亨布魯克牧師，另一名是前法院書記官奧塞衛爾，另外三人為中國官員。他們攜帶國姓爺的親筆信來到熱蘭遮城，三名中方官員被禁止入城，亨布魯克與奧塞衛爾兩人將勸降信交給了揆一總督。

這封信有原件與譯本，譯本是由前普羅民遮城的司令官貓難實叮抄正。揆一總督召集全體評議會會員，並當眾宣讀此信。這封信的主要內容如下：

大明招討大將軍國姓致書大員長官揆一：你們荷蘭人僅有數百兵力，焉能同我們強大的兵力作戰。你們真是喪心病狂，不明事理。

本藩體上天好生之德，不忍生靈塗炭，故多次致書勸降。你等應好好考慮：妻子兒女得以不死，全部財物得以保全，這是何等重要的事情。

現在我……向你提出如下議和條件，希望你仔細考慮：

第一，在我開炮攻城前，你們如將堡壘獻出，我將以對待普羅民遮城司令貓難實叮之方式對待你等，即保全你等生命，你等若有什麼要求，我也將答應。我說的是實話，絕不欺騙你等。

第二，即使在我開炮攻城之後，如果長官和大小將士掛起白旗前來求和，我也將立即下令停止炮擊，以示我話並非虛假。如果你方將領攜帶眷屬來我這裡，證明你等真心求和，我將立刻下令將大炮搬回船上。從我這命令，長官及其屬下可以看出我要和平，你們完全可以信任我。

再者，和約締結後，你方士兵必須立即撤離城堡，由我方將士入城維持治安。我將通令將士對你等財物秋毫勿犯，並許你等留少數男女僕役在家照料。凡在赤嵌或大員有家願去居住者，准其攜帶各自財物離城。

另有一言相告：「有求必應」是中國人的一貫風度，但我們認為城堡非常重要，絕不能留給你們。你們有什麼要求，均可答應，但是不能要求和赤嵌居民一樣，給你們兩天期限以便攜出財物，因為赤嵌居民在我未開炮攻城前投降，而你們則遲遲不決，你們既已耽擱了這麼久，因此不能在城內再作片刻逗留；我方炮彈轟開你們的城牆以後，你等必須立即離城。

……

我的一言一諾全世界的人都可信賴，他們相信我一定和以前一樣信守諾言，我從不欺騙任何人。城堡裡的每一個荷蘭人都應該注意這封信，因為這封信從頭到尾都是真話。現在的局面是：你們生死存亡，俱操於我。你們應該當機立斷，若再延宕不決，等於自尋死路。

……

永曆十五年四月二十六日

但是這封信並沒有嚇倒殖民者。荷蘭人也是沙場勁旅，見慣了大場面，當然不可能因為一封信而乖乖繳械投降。

熱蘭遮城不同於普羅民遮城，這個堡壘相當堅強，擁有很多大炮，火藥也比較充足，糧食可以維持數個月。但有一個問題令揆一總督憂心忡忡：城堡內所使用的井水品質很差，又鹹又不乾淨，容易造成疾病。其實揆一與評議會做出堅守熱蘭遮城的決定，是需要十足的勇氣，因為城堡已經同外部隔絕，他們無法與東印度公司巴達維亞總部取得任何聯繫，如果沒有總部的援助，等待他們的勢必是毀滅的命運。

我們必須看到，殖民者固然有其野蠻、罪惡的一面，但在十七世紀，他們也是大航海時代的冒險家。倘若沒有這種冒險精神、堅忍不拔的意志以及無所畏懼的勇氣，他們也無法將勢力擴張到世界的各個角落。荷蘭以一個小邦卻能橫行世界，除了武器精良之外，其士卒之精銳也令人驚歎。

生活於十七世紀後期的中國人郁永河在《海上記略》中寫到荷蘭人在戰鬥中視死如歸的精神：「……多被殺傷，臥不能起；將卒前取其首，輒為鳥炮所中，皆不敢近；復視其屍，蓋兩脛間皆縛小炮，以膝對人，其炮自發；猶以傷殘之軀，搏捖人命，可謂至死不僵者矣。又凡所居處下，必藏火藥；事急，輒發其機，屋與人皆為飛灰，志不受戮辱。」他們在戰鬥中受傷被圍時，往往採取自殺性手段，引爆炸藥，與敵同歸於盡。

自命不凡的荷蘭人要為榮譽而戰。

五月二十五日，即揆一收到勸降書後的第二天，他給國姓爺回了一封信，在信中寫道：

……我們完全明白來信內容，然而我們只能給你一個答覆，即本月十日送去的信中所說的：為了全能的上帝的榮譽（我們完全信賴主的幫助），為了我國及荷蘭東印度公司董事會之福利，我們即使危及生命也必須繼續守衛本城……你部下的兵士會告訴你，對於那些對準我方的大炮，我們做了怎樣的回答，今後也要這樣回答。

揆一的回信以堅定的語氣選擇了戰爭。

國姓爺毫不客氣地下令發動總攻。此時大員島上集結了約一萬名中國士兵，而熱蘭遮城內的荷蘭武裝人員大約是一千一百名，兵力上的對比是九比一。鄭成功相信自己英勇的軍隊必定能在短短數天之內解決戰鬥，讓高傲的荷蘭人俯首稱臣。

次日，即五月二十六日清晨，天還未亮，在熱蘭遮城的東邊傳來大炮的怒吼聲。中國軍隊的二十八門大炮發出巨響，炮彈砸向荷蘭人城堡的胸牆上。在這個攻擊方向上，集結有大約四千名的中國士兵，他們聽到大炮的轟鳴聲後都很興奮，大家摩拳擦掌，只要大炮在敵人的城牆上打開了一個缺口，這些不怕死的戰士就將一擁而上。可是這些戰士對近代化的火器戰爭還是缺少必要的常識，這將使他們付出慘重的代價。

揆一總督在軍事上頗為內行，他凝神注視，觀察中國軍隊的陣地，一眼就看出對方存在兩大弱點：第一，中國軍隊的火炮沒有堅固的掩蔽措施，只是以籃子裝滿泥土壘成簡單的掩體，這對威力巨大的荷蘭大炮來說，簡直像是薄薄的一張紙而已；第二，中國士兵都跑出防禦工事之外，興高采烈，來來回回地走動，一點也沒有意識到他們都在槍炮的打擊範圍之內。

很明顯，經過北線尾嶼戰鬥、大員灣海戰及普羅民遮之役後，原本對紅毛有所畏懼的中國軍隊忽然自信心膨脹起來，認為荷蘭人的戰鬥力不過如此而已，顯然已經掉以輕心，而這正是戰場上的大忌。

面對中國軍隊大炮的轟擊，荷蘭士兵也十分焦急。此時老謀深算的揆一總督傳令，要求士兵們保持鎮定，在他命令開火之前不准還擊。荷蘭人把城內的大炮移動到了可以攻擊中國炮兵陣地的位置，炮手裝填上火藥，狙擊手裝上步槍子彈，並沿著胸牆站好，等待有利的反擊時機。

城外的中國士兵見熱蘭遮城毫無動靜，便誤解為敵人在我方炮火轟擊下不知所措，可能都躲到地下室呢。於是他們更加肆無忌憚地走出防禦工事區，就在這時，災難發生了。在中國大炮一輪轟擊剛過，熱蘭遮城的胸牆上露出一排狙擊手，子彈全都上膛了，更可怕的是威力巨大的紅夷大炮發出刺耳的聲響，三十門大炮轟出的巨大炮彈飛向中國軍隊的陣地。其實國姓爺的這些軍隊都是南北征戰的精銳之師，可是他們對火器時代的戰爭仍然了解太少，未能認識到其巨大的殺傷力。當他們發現大事不妙，想撤到安全地帶時，已經來不及了，大批士兵在荷蘭人的槍炮之下喪命。

負責攻城的前線指揮官犯了一個大錯，在這種情況下，他很固執地讓後面的士兵頂上，試圖重新組織火力反擊。然而這樣做的結果無疑是愚蠢的，僅僅是造成了更大的傷亡。防禦能力低下的籃堡被荷夷大炮摧毀，前線指揮官最後沒有辦法了，只好把大炮丟棄在陣地上，命令士兵們撤退到紅夷大炮打不到的市區街巷。

中國軍隊的大炮有一些被荷蘭大炮所擊毀，還有一些丟棄在陣地上。很顯然，等荷蘭人炮擊過後，或是天黑以後，中國士兵就會來把這些大炮拉走。考慮到這些大炮的巨大威脅，揆一做了一個十分大膽的決定：派人前去破壞掉這些大炮。

這個決定確實十分冒險。

這時不僅在城堡東部有四千名中國軍隊，在南部還聚集有一支六千人的精兵，隨時可以增援。荷蘭士兵倘若在這個時候走出城堡去毀掉中方大炮，很可能遭到中國軍隊的夾擊。可是揆一認為這個險值得冒，只要是荷蘭大炮的轟擊範圍，中國軍隊不敢貿然進入，因為他們剛剛領略到紅夷大炮的威力，這在當時是最可怕的利器。

一批荷蘭士兵迅速地衝出城堡，直奔向被中國士兵遺棄的炮兵陣地。他們的任務是用大鐵釘釘死大炮上的火門，這樣大炮便無法點火，在戰場上將形同廢物。荷蘭人的這次出擊大大出乎中國軍隊的意料，可是他們並沒有料到紅夷還有釘死火門這樣的歪招。等到他們意識到時，已經太遲了，荷蘭人的動作太快了，在完成任務後便往城堡方向撤退。儘管國姓爺的弓箭手擊斃擊傷若干名荷蘭人，可是戰場上的大炮已經全部成為打不響的啞炮了。

進攻熱蘭遮城受挫暴露出國姓爺軍隊的一個大弱點：他雖然擁有不少大炮，可是在軍事思想上仍然過多停留在冷兵器時代的水準，未能將火器的優勢發揮得淋漓盡致。

國姓爺的這個弱點有其歷史背景。在清鄭戰爭中，國姓爺的炮兵並沒有發揮出強大的戰鬥力，因為缺乏馬匹或人力的牽引，在很多戰鬥中，炮兵只得缺席。相反，清軍在一六五三年的海澄之戰與一六五七年的閩安之戰中，均動用上萬名役夫把大炮拉到戰場上，形成在火炮上的絕對優勢。在一六五九年的南京之役中，國姓爺通過船隻運載大炮到南京前線，可是在布置炮兵陣地時，犯了與熱蘭遮城下同樣的錯誤：大炮沒有掩體的保護，結果在敵人的第一波進攻中便被摧毀了。可以明顯地看出，國姓爺在運用炮兵的戰略戰術上，不僅遜色於荷蘭人，也遜色於滿清軍隊。

在開戰之前，國姓爺對攻陷熱蘭遮城充滿信心，可是這樣的結果無疑令他有些沮喪。據荷蘭人的說法，中國軍隊在熱蘭遮城下損失了一千人，這個數字的準確性很令人懷疑。根據《被忽視的福爾摩沙》一書，中國軍隊在市區一帶登陸的部隊約「三四千名」，可是在遭遇炮擊後，該書又寫道「我方只能動用七八百名軍隊去和市街內至少四千名強敵作戰」，這樣就有趣了，以荷蘭人的說法，中國軍隊在死了一千人之後，人數不僅沒有減少，反而還增加了。可見荷蘭人也是誇大其詞，吹噓自己的戰果。

但是荷蘭人的英勇表現確實也大出國姓爺的意料。

在釘死大炮火門後，荷蘭人居然又發起兩次突擊。

揆一之所以繼續發動突擊，是因為第一次突擊的成果太顯著了，僅僅損失了二人便把中國大炮破壞殆盡。不過釘死火門只能讓中國軍隊暫時無法使用這些大炮，只要進行維修，這些大炮很快還會在戰場上繼續發揮威力。揆一於是便動了念頭，他向士兵們詢問，是否還有人自願出擊，把中國大炮搬進熱蘭遮城內。

荷蘭士卒果然驍勇，有二百人舉手表示願意去搶奪這些大炮，揆一又派一百名奴隸負責搬運。可是此時中國軍隊已經發現這些大炮不能置留在無人地帶，也冒著被荷蘭大炮襲擊的危險，搶搬這些火門被破壞了的大炮，轉移到市區邊緣的房屋裡面。這時荷蘭敢死隊衝殺過來了。

曾經參加熱蘭遮城戰役的士兵阿布列特・赫波特在回憶錄中寫道：「這時候，敵人已經做好準備……等我們衝鋒時猛烈射擊，使我們傷亡累累，許多敵兵拿著鉞和大刀砍殺我們，雙方奮戰很久。假使不是城堡中不斷開炮，打死了很多敵人的話，彼眾我寡，我們很快就會被打敗的。經過三小時的激戰，我們對於那些大炮沒有什麼辦法。我們損失了二十人，無法再執行長官的命令了，於是放火燒毀了所有的籃堡，搬了一門大炮回來。」據《被忽視的福爾摩沙》所記，荷蘭人搶到的這門炮，只能發射六磅炮彈，只是輕型火炮。

荷蘭人這次奪取中國大炮的計畫在遭遇頑強抵抗後，收效甚微。但這裡也可以看出，在大炮被破壞後，中國軍隊儘管人數多，但在火力上卻遠遠落後於荷蘭人。熱蘭遮城的大炮覆蓋範圍內，中國軍隊是難以進入的，否則勢必要付出重大的傷亡。這就是近代化的戰爭，強大的火力勝過一支使用冷兵器的勁旅。

進攻熱蘭遮城的失利其實並不意外，國姓爺的軍隊雖然堪稱天下勁旅，然而攻堅戰一直以來是其短板。自從起兵以來，凡是遭遇堅固的城池，國姓爺的軍隊幾乎都只能望城興歎，很少強攻得手。但是不強攻並不意味著無所作為，其實對於守城者來說，圍困是一種更為可怕的戰術。當年國姓爺圍困漳州城半年，造成數萬人餓死，只要圍城的一方有足夠的耐心，守城的一方面臨著噩夢般的恐懼。

國姓爺要故伎重施，採取圍城戰術，不戰而屈人之兵。揆一總督後來記述道：「敵人為前次攻擊的失敗所震驚，似乎放棄了轟毀城堡的企圖。他們深知單單圍困也可以使被圍者落入他們手中。」因為臺灣島已基本落入中國軍隊手中，熱蘭遮城已是孤城，顯然鄭成功可以從容不迫地將敵人困在小小的堡壘之中，於是封鎖戰術取代了進攻戰術。

從六月一日開始，中國軍隊開始構築一道封鎖線：「所有通往城堡的街道都築起防柵，並且挖了一條相當寬的壕溝，裡面放有攻城工具，有幾門輕炮，最大的一門是發射六磅炮彈的大炮。」封鎖線建成後，荷蘭人差不多被困在城裡，不敢貿然出城攻擊。此時的戰場倒顯得平靜異常，荷蘭人彷彿變成一群被關在籠子裡的猛獸，而對中國士兵來說，則彷彿是在度假一樣。

揆一這樣寫道：「敵人並不急於進攻，因為城堡內的人已被他們團團圍住，而且實力很弱，完全沒有出擊的可能。而敵人方面，則已佔有美麗、富饒的土地，士兵們在海上漂泊了那麼多年，現在可以悠閒自在地休息一下，事實上，他們倒是挺舒服的。」

《先王實錄》也寫道：「藩以臺灣孤城（指熱蘭遮城）無援，攻打未免殺傷，圍困俟其自降，隨將各鎮分派汛地屯墾。派提督馬信督轄兵紮臺灣街守困之。」這種沉默的戰術對荷蘭人來說，比激烈的進攻戰術還可怕，因為他們面臨的危險將是孤獨、疾病與絕望。此時揆一與評議會對外界一無所知，究竟遠在千里之外的巴達維亞當局是否得悉國姓爺進攻的消息呢？他們又會出動多少兵力來全力解救熱蘭遮城呢？這一切都毫無所知。另一方面，國姓爺的無影刀還在空中劃出一道道殺氣，勸降書接二連三地飄入城堡中。

國姓爺不客氣地向熱蘭遮殖民當局解讀當前形勢，他在信中說，即使巴達維亞派來援兵，最多也只有十艘戰船與二千名士兵，在數量上仍然與中國軍隊相差甚遠。更重要的是，他奪取臺灣所有地盤的信念絕不動搖，即使荷蘭人堅守十年，他也有足夠的耐心陪他們玩到底。對於國姓爺的軟硬兼施，揆一並不買帳，稱國姓爺「披起狐狸皮來，想用甜言蜜語勸誘我們投降」。

看來這場戰爭注定是曠日持久。熱蘭遮城能堅持多久，關鍵要看巴達維亞城的援助力度。那麼此時的巴達維亞是否已經得悉臺灣的戰事呢？又將派出多少兵力為挽回敗局而努力呢？

第二十一章　巴達維亞的援兵

正當熱蘭遮城被中國軍隊死死困住時，對此懵然不知的巴達維亞當局正根據范德蘭的報告，做出了中國軍隊不可能攻擊臺灣的判斷。不僅如此，在范德蘭的遊說之下，巴達維亞當局認為揆一根本沒有能力擔任臺灣長官，故而東印度總督與總評議會做出決議，撤銷揆一的職務，委派檢察官哈爾門・克倫克為臺灣總督。

六月二十二日，躊躇滿志的克倫克登上快船「荷蘭地亞號」，從巴達維亞出發向北航行，同行的還包括一艘帆船「羅南號」。克倫克懷裡除了揣著一份任命書外，還有一封東印度公司總部寫給揆一及臺灣評議會的信。在這封信裡，公司嚴厲批評臺灣當局懷疑國姓爺有進攻企圖，認為這只是揆一神經質的猜想，根本沒有任何依據。可是東印度公司的高層們哪裡想得到，就在他們自以為是的時候，國姓爺已經佔領了臺灣除熱蘭遮城之外的所有土地。

克倫克出發兩天後，即六月二十四日的早晨，有一艘小船出現在巴達維亞附近的海面上，這艘船便是在大員灣海戰後逃出來的「瑪利亞號」快船。這艘船的出現令東印度公司大感驚異，因為時下正是南風季節，這艘待在臺灣的快船怎麼會逆風千里航行，歷經千辛萬苦趕到巴達維亞呢？

東印度總督的心裡掠過一絲不祥的預感：難道臺灣島真的出事了嗎？

當「瑪利亞號」船長克勞森拖著疲憊不堪的身軀登陸巴達維亞的海岸後，一切真相大白：國姓爺出兵攻打臺灣了！

這個消息令東印度公司高層瞠目結舌，無言以對。

在數天前，他們還極其樂觀地做出國姓爺絕不可能攻打臺灣的預言，把揆一聳人聽聞的警告當作無知的笑料，並且決定撤掉這位「不稱職」的臺灣最高長官，甚至新任命的長官克倫克已經在兩天前出發前往接替他的位置了。

包括東印度總督瓊・瑪茲克在內的高級官員對這個突如其來的壞消息深感尷尬，因為事實已經證明揆一的警告是正確無誤的，而東印度公司總部則集體失職。他們想到的第一件事情，便是要隱瞞事實的真相：首先要派人追上兩天前出發的克倫克，把他隨身攜帶的公文截下。在這些公文中，包括撤掉揆一臺灣總督職位的決定，也包括東印度公司強調國姓爺絕無可能攻臺的回覆文書。倘若這些公文被傳出去，不就證明東印度公司其實是由一群無能的人把持的麼？

當然，精明的東印度公司總督說了一個貌似合理的理由：「首先必須考慮的是，先前派出的『荷蘭地亞號』和『羅南號』兩船，可能因毫無所知而落入敵手。目前壓倒一切的要事，是防止此等事態出現。」

後來揆一在回憶錄中寫道：「荷印總督和總評議會自知他們寫信召回揆一是犯了錯誤。為了掩飾錯誤，不使該書面證據落入人手，他們立即從巴達維亞派出一艘快艇，以幫助新任長官克倫克為名，實則去追回上述信件不被發出。」

可是巴達維亞派出的快艇並沒有追上克倫克的兩條船。毫不知情的克倫克在七月三十日抵達臺灣大員海灣時，被眼前出現的情景嚇壞了：只見海上有數百艘中國帆船，而熱蘭遮城上則飄揚著一面大大的血旗。他感到毛骨悚然，本來想到這塊荷蘭人重要的殖民地上施展才華並順便發點小財，沒想到這裡竟然成了步步驚心、危險重重的戰場。

克倫克沒有登陸的勇氣，他只是派人把巴達維亞總部的信件交給了揆一。這封對臺灣總督及評議會橫加批評的信件「引起熱蘭遮城的官員、士兵和平民的極大不滿」，「一種陰暗、沮喪的情緒籠罩著每一個人，每一個人都認為自己完了。」克倫克心裡也猶豫不決，要不要上岸進入熱蘭遮城，頂替揆一的位置呢？一來這個時候進城，無異於自找苦吃，搞不好這裡就成了葬身之地了；二來臨陣撤掉揆一總督之職，無疑只會使荷蘭人的士氣崩潰，因為事實已經證明揆一的判斷是正確的，而東印度公司總部是錯的。

看來三十六計，走為上計。克倫克索性調轉船頭，溜到日本去了。這件事令熱蘭遮城的荷蘭人對巴達維亞總部的所作所為更加失望，憤懣與不滿與日俱增。荷蘭人的內訌，對國姓爺來說卻是好消息，敵人內部的不和，大大削弱了其抵抗力量。

在克倫克駛離臺灣後，熱蘭遮城一度陷入到絕望的境地，他們認為不能寄希望於巴達維亞的援助。此時國姓爺的圍困戰術開始產生恐怖的效果，熱蘭遮城內「戰士疲累不堪，人數大減，城堡裡只剩下四百名健壯士兵，其他不是戰死就是染上各種疾病。」

可是就在荷蘭人陷入絕望之中時，一絲光明意外地出現了。

八月十二日，即克倫克駛抵臺灣後的十三天，來自巴達維亞的援軍終於抵達了。自從六月二十四日「瑪利亞號」逃到巴達維亞並帶來國姓爺進攻臺灣的消息後，東印度公司終於如夢初醒，緊急召開會議商議決策，最終決定派遣十艘戰船與七百二十五人的援軍，由范德蘭率領，前往臺灣支援熱蘭遮城。

十艘戰船與七百人？不是開玩笑吧，這點兵力簡直就是杯水車薪，要知道臺灣戰爭爆發的前五天，荷蘭的損失就不止七百人了。那麼東印度公司為什麼這麼吝嗇呢？兵力不足無疑是最主要的因素。事實上，在去年范德蘭率援軍到臺灣後，隨行的六百名士兵已全部留下，加上原先駐紮的約一千多名士兵，臺灣的兵力約有一千七百～一千八百人左右。而整個東印度公司在南亞、東南亞、東亞等地，總共也只有八千左右的軍隊，要統治著數百萬平方公里的殖民地與遼闊的海洋，在兵力上本來就顯得捉襟見肘。這次為了援助臺灣，東印度總督牙關一咬，又拼湊了一支十艘船與七百人的艦隊，這幾乎是能動員的極限了。

然而范德蘭卻拒絕出任艦隊司令。

顯然，東印度公司想讓他去擦屁股，因為正是范德蘭口口聲聲宣稱國姓爺絕無可能攻打臺灣，而且他與揆一的矛盾不可調和，甚至動用自己的關係要把揆一整下臺。可是沒想到，事實證明揆一是正確的。在這個時候，殖民總部讓他率艦隊再度前往臺灣島，這不明擺著讓自己去向揆一認錯嗎？搞不好還得賠禮道歉。范德蘭橫下一條心，死活不肯接這個活，他向東印度總督遞交辭呈，打算返回荷蘭。

東印度公司也傻了眼，因為要為一支匆匆組建起來的艦隊物色到一名合適的司令官並非容易的事。范德蘭不願意去，而當時在巴達維亞擔任評議員要職的高官們，沒有一個願意去。大家都心知肚明，七百人去與二萬人的中國軍隊拼命，下場如何可以預見，這分明是一次抱著僥倖心理的冒險罷了。

但是，正所謂重賞之下必有勇夫，巴達維亞當局以重賞為誘餌，終於招來一位冒險家。此人名為雅科布・卡烏（Jacob Caeuw），他是巴達維亞城的律師兼法院檢察官。關於卡烏的來歷，有不同的說法。在《東印度事務報告》中是這樣評價他的：「卡烏先生此前曾在荷蘭參加過戰爭，最近一次在孟加拉的征戰中重新證明了他的軍事才能。」然而揆一對這種說法卻深表懷疑，後來他在《被忽視的福爾摩沙》一書中以諷刺的口吻寫道：「根據他自己承認，除了在萊登學院當學生時，常常用劍劈刺街上的石塊或善良人家的玻璃窗外，沒有別的作戰經驗。」

卡烏的艦隊在七月五日出發了。

在海上航行了將近四十天，艦隊於八月十二日駛抵大員海灣。自從克倫克棄熱蘭遮城而去後，被圍困的荷蘭士兵灰心喪氣，認為他們被巴達維亞當局拋棄了。可是這一天，當荷蘭戰船出現在海面上時，城堡內的荷蘭士兵驚呼起來，他們完全沒有料到援兵來得這麼快。「艦隊的到來，引起了莫大的歡欣鼓舞，躺在病床上的病人，城牆後面的居民以及其他一切人們，都把它看作從天而降的救星，大出人們意料。」

熱蘭遮城的東面與南面都被中國軍隊所圍困，但靠海的一面仍可以進出。不過荷蘭人的好心情很快便被海面上的惡劣風浪吞噬掉了，因為他們得知巴達維亞僅僅派出了七百人的援軍。「對於圍城的人來說，」揆一寫道，「他們在這段時期焦慮萬狀，心情異常沉重，感到自己空歡喜了一場。他們知道艦隊只載來七百名援軍，這不會使他們的處境比戰爭開始時更好。」

荷蘭增援艦隊的到來同樣引起國姓爺的注意。東印度公司增援的速度是很快的，這點鄭成功也有幾分驚訝，因為時值南風期，臺灣的船隻很難逆風駛往巴達維亞通報消息。可是偏偏就有一艘船不可思議地做到了，並且搬來了救兵。

國姓爺不敢輕敵，他在當天便增派一百五十名士兵駐守市區（中國稱為大員街），第二天又派四十艘船滿載士兵登陸大員島，嚴陣以待，預防荷蘭人偷襲。

荷蘭的援軍雖然來得很快，但卻來得不是時候。從他們抵達大員海灣開始，海面上風暴驟起，波濤洶湧，船隻無法停泊。在勉強運送五十名戰士以及二千二百磅火藥和一些急需物資後，風暴越來越大，荷蘭艦隊被迫停止輸送，並退往澎湖一帶避風。

然而就在這個時候，一則噩耗的傳來令荷蘭人心驚肉跳。「厄克號」戰船在撤退時，由於風暴太大，在臺灣海岸觸礁，船身粉碎，船上的人員共計四十二人全部成為中國軍隊的俘虜。據荷蘭人的說法，這四十二名戰俘中有十四人被斬首，其餘的人被關押，但後來大多也被處死。

這次意外的收穫令國姓爺獲益匪淺，從荷蘭戰俘的口中，他大體掌握了荷蘭援軍的情況。鄭成功原本推測荷蘭人若是想要解熱蘭遮城之圍，最少也需要二千名援軍。可是結果令他大喜過望，當他得知巴達維亞只派出七百名士兵以及一位對打仗頗為外行的司令官時，不禁露出一絲輕蔑的冷笑。同時，國姓爺敏銳地察覺到，巴達維亞當局與臺灣當局之間矛盾重重，這對自己相當有利。

「厄克號」的災難令熱蘭遮城的荷蘭人陷入深深的不安，援軍到了，可是他們仍然缺乏安全感。大員島上遍布中國軍隊的封鎖線，而海島外的洋面上終日狂風大作，天空日復一日陰沉，巨浪拍打著岸上的沙灘與巨石。風浪持續的時間竟然長達二十八天，這簡直是一種折磨，惡劣的天氣令城堡內病倒的士兵越來越多。

直到九月八日，風勢減弱了，荷蘭艦隊又出現在大員海灣。到九月十日，更多的物資被運上岸，並補充了更多的士兵。熱蘭遮城的人總算可以喘上一口大氣了，因為運來的糧食足夠全部人吃上八個月，而且增援艦隊在澎湖島避風時，又在當地搶了不少雞鴨，可以美美享受幾餐葷食了。

從援軍抵達大員到進入熱蘭遮城，整整耗時一個月。接下來的事情，便是琢磨如何打破中國軍隊的封鎖。臺灣評議會召集所有的船長、艇長、尉官開會，商討下一步的作戰計畫，最後做出決定：首先把中國軍隊趕出市集區，摧毀普羅民遮附近海域的中國帆船。

為此，荷蘭人制訂了一個作戰方案：第一，出動二條戰船，繞到市集街區的後面，轟擊位於側街的一個中國炮兵陣地，目的是摧毀中國軍隊的重型武器；第二，派出三條戰艦在二艘雙桅船與十五隻小艇的配合下，攻擊停泊在附近的一支中國戰船編隊，這支編隊有十二艘帆船；第三，在荷蘭戰艦壓制中國軍隊的火力後，從城堡內出動約四百名士兵，向市集街區的中國軍營發起攻擊。

新來的荷蘭士兵壓根不知道中國軍隊的底細，他們自以為這次攻擊計畫制訂得十分周密，司令官卡烏更是摩拳擦掌、躍躍欲試。

不料卡烏的第一次出手，就損兵折將狼狽不堪地敗回來了。

我們來看看這場戰鬥是如何進行的。

九月十六日，荷蘭人按計劃出擊了。開始時很順利，他們的夾板船又順風又順潮，五艘戰艦兵分兩路，朝各自目的地奔去。但是海上戰鬥，計畫趕不上變化，當船行駛到一半時，風向突然變了，荷蘭船由順風變成逆風，大船開不動了。

原先準備炮擊市集區的那二艘戰艦無法到達預定地點，沒有辦法向中國炮兵陣地發動炮擊。這麼一來，整個作戰計畫已經被打亂了。另一路艦隊，包括三艘戰艦、二艘雙桅船與十五隻小艇，理應根據戰場發生的變化及時停止行動。可是這些剛從巴達維亞來的船長們狂妄自大，不把中國軍隊放在眼裡，在大戰船無法行駛的情況下，他們命令用小艇滿載戰士，用槳划行，衝向中國艦隊。

關於這場海上戰役，楊英的《先王實錄》中有簡單記載：「甲板船來犯，被藩令宣毅前鎮陳澤並戎旗左右協水師陳繼美、朱堯、羅蘊章等擊敗之，奪獲甲板二隻、小艇三隻，宣毅前鎮副將林進紳戰死。自是甲板永不敢犯。」另外《臺灣外記》與《閩海紀要》都有類似的記載，不過中文資料大多過於簡單，實在無法還原當年的戰鬥場面。所幸的是，荷文資料的紀錄要詳細得多，這才使我們得以詳細了解到這場臺灣戰爭中關鍵的一場戰鬥。

《巴達維亞城日記》中記道：「船長貝斯（**注：貝斯也是荷蘭此番進攻的戰場總指揮**）率領由十三艘短艇和安克文號載艇組成的小船隊向敵人的十二艘帆船進攻。」

荷蘭人的小艇上備有一兩門炮，火力還是比較強的，但他們的進攻遭到中國軍隊的頑強抵抗。「敵（**指中國軍隊**）帆船見我小船逼近，便起錨向海岸靠攏，我各船雖猛烈發射，但由於水淺而不能靠近敵船。帆船不時用大炮還擊，射了非常多的箭。我兵試圖登上敵船，但由於敵人把石頭和子彈扔到船內，許多人負傷而中止。我兵扔向敵帆船的火罐和手榴彈也被敵人巧妙地用帆布包上立即擲回短艇。」

雙方你來我往戰鬥了一個多小時，荷蘭人開始筋疲力盡了。「此刻，由於風已停息，船員手不停劃而疲勞，不能續戰，在戰鬥激烈地持續一個小時之後，我兵即丟下敵人，回到本船。我方損失短艇三艘，其中一艘在海岸擱淺，兩艘被敵人截獲拖往赤嵌。數名士兵從捕獲艇中跳入海中，試圖泅水而逃，被舢板船追及，不投降的都被慘殺，也有在船中被殺的。」

參加臺灣戰爭的赫波特在回憶錄《爪哇、福爾摩沙、前印度及錫蘭旅行記》（以下簡稱《旅行記》）中也有類似的記載：「我們的小船和單檣帆船，衝進敵人的木船中間，想用火攻，反而陷入敵船包圍之中，又有兩隻單檣帆船和一隻小船被俘而去，餘人竭力想用手榴彈和火器殺敵，但敵人以非常敏捷的動作，用船帆接彈，又拋回我們船上，使我們損失慘重而退卻。」

荷蘭人的這次反擊損失慘重，偷雞不成反蝕了把米。據《巴達維亞城日記》所記，荷蘭殖民軍戰死一百二十八人，這裡單指士兵，水手沒有算在內。戰死的人員中包括一名船長、一名中尉以及一名少尉。受傷的人員也不少，包括前線總指揮貝斯船長，他被中國軍隊扔出的石頭砸傷了腦袋，還有另一名船長波麥斯提爾被一顆炮彈炸斷了右肩。除了傷亡的人數之外，還有一些人被中國軍隊俘虜。

這僅僅是第一階段的戰鬥，隨著海風的平息，荷蘭戰艦逆風航行的不利因素得以化解，它們分別進入到了預定位置，於是第二階段的戰鬥繼續進行。

在第二階段的戰鬥中，荷蘭人仍然未能擺脫不利局面。

荷蘭戰艦前行到預定位置，開始炮擊街區的中國炮壘。「此時，我各船不斷向敵炮壘炮擊，打斷了市區橫道上的帳篷和旗幟。」（《巴達維亞城日記》）但是這次炮擊幾乎沒有任何作用，赫波特在回憶錄中寫道：「命令五艘船……從後面攻擊架有大炮的市區……但發現所有的街道都有防禦工事，架好大炮，靠我們的武器幹不了什麼，反而遭到敵人的猛烈射擊，狼狽退回。」

這裡可以看出國姓爺在進攻熱蘭遮城失利後，吸取了許多經驗，很快適應近代化的火炮戰爭，中國軍隊的防禦工事構築得相當牢固，以至荷蘭人的大炮失去了作用。與此同時，中國軍隊的猛烈反擊令「科克爾克號」戰艦吃盡了苦頭。

《巴達維亞城日記》是這樣寫的：「在炮戰中，快船『科克爾克號』甲板上的一門青銅炮，不知何故破裂，死九人傷三人，士兵因此而驚慌失措，使船遭到敵炮壘轟擊，幾乎沉沒。」儘管「科克爾克號」在白天的炮戰中未被擊沉，但到了晚上，這艘倒楣的戰艦仍是在劫難逃。「當晚，颳起了西北風……『科克爾克號』被潮水沖到敵炮壘下邊的海岸而擱淺。」此時的「科克爾克號」戰艦上人員傷亡慘重，在中方炮火的猛轟之下，已經有三十九人斃命，四十人負傷。船長弗羅杜羅普只留下十五人看守船隻，其餘人員全部搭乘小艇離開，並向其他戰艦尋求援助。「正在準備增援之際，該船遭敵彈和火箭襲擊，發出猛烈的爆炸聲而沉沒。」

《旅行記》一文中的記述也可以作為參考：「一艘叫『科克爾克號』的，恰好擱淺在敵人炮臺前面，被射擊得很慘，大多數人受傷，帆和大炮已經不能使用了，他們都想跳入水中，泅回城堡。不久，船的後部因為火藥爆發而炸毀了，前部仍露在水面。船上的人狂呼救命，烈火繼續延燒到船首的斜檣上，敵人乘許多舢板前來，把那些受傷的人投到猛火中去。」

「科克爾克號」戰艦的沉沒令荷蘭人士氣大受挫折，然而噩夢還在持續。另一艘戰艦「科登霍夫號」同樣擱淺，船長留下一名中尉與十五名士兵負責看守，其他人員乘小艇離開。大約過了兩個小時，由於海水上漲，這艘戰艦又浮上來了。可是倒楣的是，負責看船的這十幾人全都不會操縱帆槳，只得任其漂流，最後在赤嵌與北線尾嶼之間再次擱淺。此時有一艘中國舢板船靠近「科登霍夫號」，船上的六名中國士兵登上荷蘭戰艦。此時留守的荷蘭中尉不敢還擊，他悄悄帶著十五名士兵，跳到那條中國小舢板船上逃跑了。這六名中國士兵用一條小舢板換了一條大戰艦，真是撿得大便宜了。

據《巴達維亞城日記》所記，第一階段的戰鬥中，荷蘭損失三條小艇、戰死一百二十八名士兵與若干水手；在第二階段的戰鬥中，損失二艘大型戰艦，戰死與被俘的士兵四十八人，水手八十四人。兩者相加，損失的士兵一百七十八人（包括死亡與被俘），水手死亡人數估計在一百人以上。

赫波特在《旅行記》中所記的數字與此相似，他寫道：「在這次戰鬥中，除受傷外，我方有三百人陣亡。」這三百人包括士兵與水手，與《巴達維亞城日記》的紀錄相當。

戰後，荷蘭人清點了兵力，增援的部隊剩餘四百九十八人，而從巴達維亞出發時有七百二十五人，總計損失了二百二十七人。其中這次戰鬥死亡一百七十八人（士兵），加上先前「厄克號」戰艦觸礁時損失的四十二人，一共是二百二十人，另有七人是死於其他事故中。

關於荷蘭人的船隻損失，無論是荷方資料還是中方資料，都非常實事求是地做了準確的紀錄，毫無爭議。中方資料中《先王實錄》所記最為明確：「奪獲甲板二隻，小艇三隻。」甲板就是夾板船、大型荷蘭戰艦。《臺灣外記》記「獲夾板一，小艇三」，被擊沉的一艘夾板船未記，只記錄擄獲的一大三小船。

關於中國軍隊的損失，中方資料只有《先王實錄》中記「宣毅前鎮副將林進紳戰死」，至於士兵死了多少，沒有詳細記錄。在荷蘭人的資料中，《被忽視的福爾摩沙》中稱：「敵人死了一百五十人，傷若干人。」然而根據《巴達維亞日記》所記，揆一在寫給公司的信中，稱中國軍隊損失「不超過一百人」。

很顯然，荷蘭人此役的損失是中國軍隊的兩至三倍，而且這又是在人數遠居劣勢的情況之下發生的，這樣的結果令荷蘭人沮喪不已。

在中、荷戰爭史上，這是繼料羅灣戰役之後，荷蘭人在海戰中的又一次慘敗。與以往的海戰不同，這次戰役中，中國方面並非是以多打少獲得勝利。從中荷交戰史來看，一艘夾板船可以對陣三～五艘中國帆船，這是因為荷蘭戰艦上的火力十分強大，而且性能也特別好。此番進攻，荷蘭出動了五艘夾板船，二艘雙桅船以及十幾條小艇，進攻的目標是中國一支有十二艘帆船的小艦隊以及岸上的炮壘。然而結果出乎意料，不僅未能殲滅這支艦艇編隊，反而自己損失慘重，這是什麼原因呢？

首先，荷蘭人選擇了錯誤的地點發動進攻。戰鬥地點選擇在水淺的內海，這對擁有大型戰艦的荷蘭一方是不利的。大船吃水深，在淺海容易擱淺，荷蘭損失的二條戰艦都是因為擱淺無法移動而被擊沉或擄獲的。後來他們總結說：「因為水淺這一障礙，我們的海船無法駛入，而敵人使用輕便的船隻在內部水域佔有巨大優勢。」

其次，荷蘭人在錯誤的時間發動進攻。在這次出擊中，由於風向發生了改變，荷蘭艦隊在逆風的時機下，不但沒有明智地及時撤退，反而一意孤行採取冒險手段出擊。如在第一階段的作戰中，在大型戰艦無法參戰的情況下，作戰任務落在戰鬥力不強的小艇編隊上。以小艇編隊攻擊中國帆船毫無優勢可言，最後損兵折將是意料中事。

其三，中國軍隊的戰術靈活巧妙。《被忽視的福爾摩沙》中寫道：「中國人隱蔽得很好，而我方士兵則完全暴露。」在近海戰術上，鄭成功的海軍有著非常豐富的作戰經驗，他們曾多次打敗清軍水師的進攻，特別擅長利用潮汐、風向的變化來調整自己進攻或防禦的位置，總能佔據天時、地利上的優勢。當荷蘭戰艦擱淺時，便利用吃水淺的舢板船圍攻，最後竟然以舢板船繳獲了荷蘭夾板船。

其四，中國的陸基大炮發揮了很大的作用。這次海戰是在大員與赤嵌之間的狹窄海面，荷蘭戰艦的任務之一是摧毀中國炮壘，但偷雞不成反蝕把米，遭到中國陸基大炮的猛轟，科克爾克號在擱淺之前，實際上已經喪失了戰鬥力。

這是臺灣戰爭中關鍵性的一場戰役，遭到沉重打擊後的荷蘭殖民軍被迫全面放棄進攻，只進行防禦。此時熱蘭遮城內可以參加戰鬥的士兵大約八百七十人，病號、傷患約三百人，情形並沒有得到好轉。這些從巴達維亞來的援軍發現他們的到來只是多了一批囚禁者罷了，很快他們就像第一批囚禁者那樣，對遠方的巴達維亞抱著一個遙不可及的希望，也開始指望獲得別人的救援了。

第二十二章　走出困境

這是一場持久戰，對參戰的雙方都是巨大的考驗。對被困的荷蘭人來說，如同被判罪的囚徒；而對圍困者而言，也絕非閒庭信步。擺在國姓爺面前最大的問題，始終是糧食。而糧食問題的匱乏，又與滿清政府實施殘酷的沿海遷界政策緊密相關。

在鄭成功發動攻臺之役前一年，即一六六〇年，福建巡撫李率泰率先實施遷界政策以封鎖廈門島。然而這次遷界僅限於廈門周邊的同安、海澄兩地，遠遠無法真正達到封鎖目的。次年（一六六一年）六月，乘鄭成功向東攻略臺灣之際，叛降滿清的黃梧向滿清政府密陳「滅賊五策」，其中有兩點涉及到沿海遷界：

第一，「金廈兩島彈丸之區，得延至今日而抗拒者，實由沿海人民走險，糧餉油鐵桅船之物，靡不接濟。若從山東、江、浙、閩、粵沿海居民，盡徙入內地，設立邊界布置防守，不攻自滅也。」黃梧的密奏將遷界主張由廈門島周邊地區擴展到沿海五省，目的是完全斬斷鄭成功與內地的所有聯繫。

第二，「將所有沿海船隻，悉行燒毀，寸板不許下水。凡溪河監樁柵貨物，不許越界。時刻瞭望，違者死無赦。如此半載，海賊船隻，無可修葺，自然朽爛。賊眾許多，糧草不繼，自然瓦解。此所謂不用戰而坐看其死也。」黃梧的主張招招致命，精確地看中鄭成功的弱點即是糧草問題。為了打擊國姓爺，他不惜提出傷天害理的建議，自此沿海百姓遭到了史無前例的大浩劫。

黃梧的建議得到了戶部尚書蘇納海的讚賞，蘇納海也向朝廷提出與黃梧類似的主張：「蕞爾兩島（指廈門、金門），得遂猖獗者，實恃沿海居民交通接濟。令將山東、浙、江、閩、廣海濱居民，盡遷於內地，設界防守，片板不許下水，粒貨不許越疆，則海上食盡，鳥獸散矣。」

黃梧、蘇納海等人提出的「沿海遷界」政策，令滿清政府大喜過望，把這項殘酷、滅絕人性的政策當作不戰而勝的法寶。於是乎朝廷的指令迅速下達至沿海五省，五省居民頓時陷入恐怖的災難之中。

這項政策得到野蠻的執行。從朝廷旨令下達後，規定在三天內，沿海數十里內的居民，必須遷往內地。這個涉及人數達上千萬的移民計畫，完全沒有絲毫的準備，如何安置移民的措施也沒有，便以野蠻手段強迫執行，結果造成了災難性的嚴重後果。

清人陳遷鶴在給施琅《靖海紀事》一書寫序時，這樣寫到遷界一事：「朝命甫下，奉者過於嚴峻，勒期僅三日，遠者未及知，近者知而未信，踰二日，逐騎即至。一時踉蹌，富人盛葉其貲，貧人夫荷釜、妻襁兒，攜斗米、挾束槁，望門依棲。起江、浙，抵閩、粵，數千里沃壤，捐作蓬蒿，土著盛流移。」陳遷鶴是清廷官員，已經寫得很含蓄了，在其他一些史料中，我們更可以看出沿海百姓苦難的深重。

《榕城紀聞》是這樣寫的：「福建、浙江、廣東、南京四省近海處，各移內地三十里，令下，即日挈負妻子載道，露處其居室，放火焚燒，片石不留，民死過半，枕藉道途，即一二能至內地者，俱無擔石之糧，餓殍已在目前。如福清二十八里，只剩八里；長樂二十四都，只剩四都。火焚兩個月，慘不可言，興、泉、漳三府尤甚。」

《莆變紀事》寫道：「收邊海居民盡移內地，燔其屋舍，夷其壇宇，荒其土地，棄數百里膏腴之地，蕩為甌脫。刻期十月內不遷，差兵蕩剿（**遷界令十月下令，要求當月遷移完畢**）……於是流離轉徙，死亡蕩析……京師巡界者至，勒令盡遷，鄉民負寨拒命，用督兵攻下……燬屋撤牆，民有壓死者。至是一片荒蕪矣，又下砍樹之令，至多年輪囷豫章，數千株成林果樹，無數合抱松柏，蕩然以盡。」

屈大均《廣東新語》記述：「東起大虎門，西迄防城，地方三千餘里，以為大界。民有闌出咫尺者執而誅戮。而民之以誤出牆外死者又不知幾何萬矣。自有粵東以來，生靈之禍莫慘於此。」

阮旻錫《海上見聞錄》評論說：「上自遼東，下至廣東，皆遷徙，築短牆，立界碑，撥兵戍守，出界者死，百姓失業流離死亡者以億萬計。」

這次大規模的沿海遷界運動對鄭成功確實是一個沉重的打擊，這位民族英雄在大員島上對荷蘭殖民軍的封鎖，與滿清政府五省遷界的大封鎖相比，簡直是小巫見大巫。

鄭成功抗清之所以得以堅持十數年，與沿海諸省民眾的支持有很大關係。借用一個形象的說法，沿海居民身處兩個帝國之間，一個是滿清帝國，另一個是國姓爺的海上帝國。滿清帝國帶給他們的是恥辱，而國姓爺帶給他們的是生計。即便在滿清下達禁海令後，海上的走私仍然沒有停止，全國各地的貨物仍然通過沿海省份的船隻運送到廈門。

在聽到沿海居民遭到滿清的暴政後，國姓爺不禁湧出同情甚至是自責之心：「吾欲留此數莖發（指絕不投降，不薙髮剃頭，捍衛民族自尊心），累及桑梓人民。且以數千里膏腴之地，百萬億眾生靈，一旦委而棄之，將以為得計乎？徒殃民而已。」（語見《臺灣外記》）

在大學者黃宗羲所寫的《鄭成功傳》中，有這樣記錄：「成功既聞遷界令下，歎曰：使吾徇諸將意，不自斷東征得一塊土，英雄無用武之地矣。沿海幅員上下數萬里盡委而棄之，使田廬丘墟，墳墓無主，寡婦孤兒望哭天末，惟吾之故。以今雖披猖，亦復何用？但收拾餘燼，銷鋒灌燧，息兵休農，待天下之清未晚也。」

從這裡亦可見鄭成功當初力排眾議，東取臺灣的決策是何等英明，否則在滿清野蠻而殘酷的「沿海遷界」封鎖政策之下，僅僅依靠廈門等幾個小島，不必開戰就被困死了。國姓爺目光如炬，雖然臺灣戰爭由於熱蘭遮城未攻下尚未終結，但他的大政方針已經確定，此後軍政重點是「息兵休農」，全力發展生產自救，打破滿清政府在萬里海岸上的漫長封鎖線。

任重而道遠！

在圍困熱蘭遮城的同時，鄭成功鼓勵將士開墾荒地，自給自足。他在五月十八日發布一道諭令，這道諭令對拓殖臺灣有著深遠的影響。在這道諭令中，他允許將士們自己挑選荒地，「創置莊屋，盡其力量，永為世業」，同時強調「不許紛爭及混圈土民及百姓現耕田地」。對於山林池塘，「須自照管愛惜，不可斧斤不時，竭澤而漁，庶後來永享無疆之利。」可見國姓爺的目光著實長遠，在開荒的同時，強調保護可再生資源，保證臺灣島經濟的可持續發展。

即便如此，糧食的短缺仍然不是短時間可以解決的。

國姓爺軍隊的處境，並沒有比熱蘭遮城內的荷蘭軍隊好多少。自從四月登陸臺灣後，由於軍事進展順利，又不戰而降普羅民遮城，從各地收來的糧食可以維持一段時間。但是這支超過二萬人的軍隊需要的糧食量，遠遠超過臺灣島所能提供。

在攻打臺灣之前，臺灣的糧食主要是由遷移來的漢人種植，當時全島漢人也不過二萬多人，現在人數激增一倍，糧食儲備很快便消耗殆盡了。鄭成功只能依靠從廈門調糧，而此時的廈門島在滿清的封鎖下，略糧的難度也大大增加，無法及時供應給臺灣的部隊。據《先王實錄》記：「七月，戶官運糧船不至，官兵乏糧，每鄉斗價至四五錢不等。令民間輸納雜子番薯，發給兵糧。」

這是國姓爺征臺以來面臨的最大危機。到了八月，情況進一步惡化了。「八月……戶官船猶不至，官兵至食木子充饑，日憂脫巾之變。」官兵只能以野菜、野生樹果充饑，倘若不能解決此危機，兵變隨時可能發生。由於閩臺相距遠，通訊手段不暢，國姓爺對廈門島的情況也心中沒底，他對後方大總管、戶官鄭泰的表現十分不滿，揚言要給他治罪。所幸的是，還是有不少商船前來臺灣島，有的是屬於廈門的，有的則是沿海私船，多多少少給鄭軍提供了點糧食，這樣才使得軍隊飽一頓、饑一頓地勉強度日。

關於國姓爺缺糧的情況，在荷方資料中也多有提及。《東印度事務報告》中稱：「國姓爺剛到那裡（指臺灣）時，農作物收穫不佳，使敵人缺糧嚴重。」

除了糧食問題之外，如何與島上的原住民和平相處，這也是一大問題。

就在國姓爺為籌糧而焦頭爛額之際，又傳來島上大肚社叛亂的消息。這次大肚社叛亂的原因估計與糧食有關，據《先王實錄》所記，這次事變是由於援剿後鎮與後衝鎮這兩支部隊與當地原住民發生衝突，書中用「激變」一詞，可見大肚社是被逼反的。原住民武裝展開報復，衝擊左先鋒鎮營地，鎮將楊祖與原住民交戰時受傷，後來不治身亡。原住民軍隊又進攻援剿後鎮、右虎衛鎮、英兵鎮、智武鎮等，但畢竟實力與鄭氏軍隊相差懸殊，最終被打敗了。

在這種情況下，鄭成功表現出政治家應有的眼光，他及時下達命令，強調「各鎮不准攪擾土社」，並將後衛鎮等肇事部隊調往他處。

在缺糧與原住民激變兩大不利因素下，國姓爺的軍隊仍然在海戰中打敗了荷蘭援軍的進攻，繼續掌握戰爭的主動權。不過此時由於缺糧太嚴重，軍隊士氣降到了征臺以來的最低點。戰爭的見證人楊英在回憶錄中寫道：「（八月）二十二日，（藩）遣戶都事楊英押米船前往二林、南社接給兵糧，並同李胤（時任兵都事）察訪兵心何如回報。時糧草不接，官兵日只二餐，多有病沒，兵心嗷嗷。」由此不難理解，何以國姓爺麾下的部隊會違反軍令，與原住民發生衝突，估計就是進原住民社中打劫，因為整個軍隊已經陷入到恐慌之中，饑荒不斷地蔓延。

臺灣戰爭實際上已經演變為一場糧食戰爭。

誰有糧食吃，誰就可能是最後的勝者。

滿清政府的封鎖戰略顯現出巨大的威力，正如黃梧所言：「賊眾許多，糧草不繼，自然瓦解。此所謂不用戰而坐看其死也。」只要稍有不慎，鄭成功的攻臺大計便可能全盤崩潰。躲在熱蘭遮城內的荷蘭殖民軍自然也意識到了國姓爺的弱點所在，他們在戰場上遭到大敗後，雖然無法發動進攻，但仍然有可能通過襲擊國姓爺的糧草運輸，來達到翻盤的目的。

臺灣總督揆一決定派遣二艘戰艦在海上巡邏，目的是攔截從廈門開來的運糧船。十月十四日這天，有十二艘滿載大米的運糧船從廈門開抵臺灣。幸運的是，荷蘭人的船隻太少，當他們發現時為時過晚，這十二艘船已經進入到鹿耳門航道。由於鹿耳門航道的水深較淺，而荷蘭人的戰艦體積大噸位大，不敢貿然前往追擊。運糧船的順利抵達，讓國姓爺鬆了一口大氣。這是非常凶險的一幕，一旦這些糧船被荷蘭戰艦擊沉，那後果是不堪設想的。

這批糧食來得太及時了，要是再拖上一兩個月，恐怕荷蘭人要不戰而勝了。糧食危機暫時過去了，但是鄭成功明顯感覺到壓力越來越大。以前他認為只要長期圍困，熱蘭遮城必定投降。可是熱蘭遮城在得到兵員與物質的補充後，顯然還可以支撐一段時間，反而是自己的軍隊內部危機重重，誰也不知道下一批糧食什麼時候能運到。在這種情況下，國姓爺又開始嘗試對熱蘭遮城發動進攻。

鑒於荷蘭大炮的威力，對熱蘭遮城主堡發動強攻是很困難的，這在第一次進攻時便得到證明。特別是熱蘭遮城得到巴達維亞援軍的支援後，火藥與糧食都十分充足。那麼要如何攻打呢？國姓爺研究了兩個方案：第一，攻打烏特勒支堡；第二，在熱蘭遮城北部的北線尾嶼增設炮臺以封鎖水道。可是這兩個方案的實施效果並不理想。

首先來看看進攻烏特勒支堡。

烏特勒支堡是一座圓型的石造堡壘，這個堡壘的建造是為了彌補熱蘭遮城防禦體系的弱點。前面說過熱蘭遮城最初營造時，地勢過高又缺乏配套防禦措施，故而在主堡的基礎上又建了外堡，這樣城堡的範圍擴大了，可是又出現新的問題。在距離外堡約有一槍射程的地方，有一座比較高的沙丘。荷蘭人考慮到倘若爆發戰爭，此高地若是落入敵軍之手，將直接威脅到熱蘭遮城的安全。於是便在此高地上又築起烏特勒支堡，目的是保衛此高地不至於淪陷。

鄭成功發現烏特勒支堡在整個防禦體系中比較孤立，可以率先奪取這一堡壘。中國軍隊搬來了一些大炮，分別為十八磅、十二磅與九磅的炮，對烏特勒支堡展開猛攻。據荷蘭人估計，中國軍隊大約發射了一千發的炮彈，持續轟擊了數日，把圓堡的頂棚與胸牆炸毀了。可是荷蘭人很快從熱蘭遮城裡搬來五門重炮，加強了烏特勒支堡的防守。由於中國炮兵並沒有建築牢固的炮臺，國姓爺也擔心發生第一次進攻熱蘭遮城時的悲劇，便放棄了進攻的計畫。

儘管這次試探性的進攻沒有取得成功，但為以後第二次進攻烏特勒支堡積累了經驗，未來這個圓堡的爭奪戰，成為國姓爺全面獲得戰爭勝利的關鍵一役。

其次再來看看中國軍隊在北面對熱蘭遮城的封鎖。

熱蘭遮城的北面臨海，因此無法在陸上對其進行封鎖，荷蘭人的船隻從這裡進進出出。這條航線對荷蘭人十分重要，這是熱蘭遮城與外界聯繫的唯一通道。雖然荷蘭艦隊無力實施反擊，卻可以不斷地出外打劫，在附近島嶼上掠奪食物然後運回城堡內，並且有時還會威脅到中國軍隊的海上補給線。對此，鄭成功決定在大員沙洲北部的北線尾嶼建立一個炮臺，以封鎖這條海上通道。

中國軍隊運載很多籃堡到北線尾嶼，構築一個炮臺，裝上十六門重炮。此時國姓爺的軍隊在裝備上應該是躍上一個新臺階了，因為在戰爭中繳獲的荷蘭大炮數量並不少，不僅是荷蘭在臺灣島上各堡壘裡的大炮，還包括海戰中繳獲的。雖然史書上沒有明確記載鄭成功手上究竟有多少紅夷大炮，但有一點是可以清楚看出來的，那就是中國軍隊火炮的力量不斷增強。

這十六門架起的重炮發射的炮彈可以飛過海峽，直接攻擊熱蘭遮城的北部，對荷蘭人構成很大的威脅。在熱蘭遮城內，有幾名軍官自告奮勇，要求率火槍手出擊，乘北線尾嶼的軍事據點尚未穩固之機，發動反攻，把中國建的炮臺搗毀。

臺灣總督揆一批准了這項計畫。然而這次軍事行動卻糟糕無比，後來揆一在回憶錄中寫道：「他們……帶了兩百個人坐上各種不同的戰船，渡海駛往北線尾去了。但其時敵人本身的部署已經那麼穩固，就以他們的大炮以及別種炮火如此熱烈地來歡迎他們，打得他們光身逃退，甚至沒有希望上得了陸地。」

儘管荷蘭人無力阻止中國軍隊的行動，但「也未受到嚴重損害，……領航船雖然已被損壞，但諸船仍時常出入」。由於大炮封鎖海面有一定困難，鄭成功又在北線尾嶼沿岸集中了十艘平底帆船與十艘帶帆的舢板船，企圖完全截斷荷蘭小艇的航行。

為了打破中國軍隊的海上封鎖，荷蘭人建起一座木造的水營，派了六十名士兵防守，並配備八門炮。看來荷蘭人在防守上確實有可圈可點的本領，鄭成功試圖在北面封鎖海面的計畫並不容易實現。而這條海上通道，是荷蘭人與外界聯繫的唯一生命線了，對此《巴達維亞日記》中是這樣記的：「該城同陸地的聯繫已被切斷，四面受圍，僅保有能從海上得到糧食的唯一小出口。」在《東印度事務報告》中則是這樣寫的：「若沒有這一活動的餘地（**指船隻出入水道**），我們的人不可能持久守衛，城堡位於乾燥的沙灘，不長任何作物。」

為了獲取新鮮食物，荷蘭船隻屢屢出海覓食。譬如在十月份，荷蘭人從小琉球上搜掠了二十頭羊，一千五百斤椰子；十一月時，他們又一次搜掠小琉球，激起島上居民的反抗，荷人譯員亨德茨在衝突中被殺死。為了報復，荷蘭人居然出動數百名武裝人員前往島上，殺光了所有的人，這是小琉球第二次遭遇到滅頂之災。

除了小琉球之外，澎湖島也是荷蘭人劫掠的重要地區。

不過劫掠澎湖島卻不順利。九月份，荷蘭的三艘船載著士兵出海，前往澎湖島，打算去搶一些家畜回來給傷病員吃，卻遭到了中國軍隊的伏擊。赫波特在《旅行記》一書中寫道：「敵人已預先埋伏在那裡，我方全不知情，放心上岸，分散活動。敵人成群結隊地出來襲擊，我方死傷很多，損失慘重，連留在船上的十個人也被俘去，捆送到福爾摩沙國姓爺那裡去，被割去鼻子、耳朵和右手，然後陸續放回。」割鼻子、耳朵與右手是國姓爺對待戰俘的典型做法。

不過對照《巴達維亞城日記》的記載，其實荷蘭人在澎湖島上所遇到的中國士兵，只不過才三四十人，卻殺俘荷蘭兵三十六人。艦隊司令官卡烏被嚇壞了，匆匆率著三艘船離開澎湖島，駛往福建沿海永寧鎮（**今屬石獅市**）的一個海灣寄泊。

當時恰巧在荷蘭的戰船上，有幾名被解救的滿人。這是在一次航行中，荷蘭艦隊遇到一艘被海盜襲擊後的中國帆船，這艘帆船可能是國姓爺的戰船，船上有四名被俘虜的滿人。艦隊司令官卡烏把這四名滿人救下來，希望以後有機會的話，可以用來討好滿清政府。果然，在這個時候，這些滿人派上用場了。他把這四名獲救的滿人交給永寧地方政府，地方官員熱情接待了荷蘭人，允許他們停泊、裝淡水以及購買食品。同時，在地方官員的陪同下，卡烏司令官派二名事務員一同前往福州，拜見當時主政福州的靖南王耿繼茂。

耿繼茂以前在廣州時，便與東印度公司有過往來，對荷蘭人頗有好感。之前他與平南王尚可喜共同主政廣州，後來清廷考慮到一省不宜置兩藩王，便於順治十七年（一六六〇年）七月下令耿繼茂移鎮福州，與福建總督李率泰共同征剿鄭成功。

對荷蘭人十分了解的耿繼茂知道東印度公司一直想打開清帝國的貿易大門，並曾經表示願意協助清廷剿滅國姓爺的勢力。耿繼茂主持福建政事後，成績「斐然」，在全國率先掀起「遷界」運動以封鎖廈門。在鄭成功渡海東征後，他又成功策反據守銅山的鄭氏將領郭義、蔡祿，沉重打擊了國姓爺的大後方。如今，荷蘭人不請自來，耿繼茂抓住這一時機，給臺灣總督揆一寫了一封信。

在信中，耿繼茂提出聯合東印度公司的力量，共同剿殺國姓爺。他希望熱蘭遮城能派遣一支艦隊，與清兵聯手攻陷鄭成功在福建的幾個島嶼。

很顯然，臺灣戰爭並非單純是鄭成功與荷蘭人的戰爭，而是在抗清戰爭大背景之下的一場局部戰爭。在這場戰爭中，國姓爺只能贏，不能輸，只能勝，不能敗。荷蘭人輸了還可以打道回府，倘若鄭成功輸了，他的命運將與其他抗清力量一樣沉淪。

耿繼茂這一招相當狠毒。在荷蘭夾板船的助陣下，他就有可能對廈門、金門發動致命一擊。一旦廈門、金門淪陷，國姓爺將陷入進退兩難的困境而無法自拔，他的一切糧餉將完全斷絕。臺灣總督揆一彷彿抓到了一根救命的稻草，後來他寫道，這個消息令荷蘭人「希望重生，而且熱烈地互相鼓勵」。

揆一總督是在十一月六日收到耿繼茂的來信，到十一月二十六日，臺灣評議會做出決定，同意接受靖南王耿繼茂的建議，並且組建了一支包括三艘大型戰艦與二艘小船的艦隊，準備開赴福建前線，配合清軍對廈門、金門等地發動進攻，一舉消滅國姓爺在海峽西岸的勢力。揆一等人對這場即將發動的進攻十分重視，因為其得失將直接影響臺灣的最後戰局。

清、荷聯手，要以釜底抽薪之勢端掉鄭成功的後方，究竟戰爭的風暴會不會波及海峽對岸呢？荷蘭人當真能憑此一役反敗為勝嗎？

荷蘭人縝密的布局卻因一顆棋子的鬆動而滿盤皆輸。

這顆棋子就是援軍總司令卡烏。

自從卡烏到了臺灣後，發現這裡的局勢比他預想中的還要糟糕許多，事事不順。首先是艦隊遇到風暴，光是把船上的物資與士兵送上岸就用了將近一個月；緊接著是在海戰中損兵折將，一戰下來死了三百人，連在澎湖島上打劫都有三十六人喪生。這位總司令明白了臺灣這個地方可不是好混的，怪不得巴達維亞的那些高官沒有一個願意前來。再說了，臺灣與巴達維亞關係的緊張由來已久。自從臺灣戰爭爆發後，做出「國姓爺絕不可能征臺」的錯誤判斷、甚至要撤掉揆一總督之職的巴達維亞當局自然顏面全無，這加劇了兩地殖民當局的矛盾。

卡烏可不想繼續待在這個鬼地方了。他想找個藉口離開。

正好在這個時候，臺灣評議會召開會議，商量向巴達維亞總部請求增援。揆一總督開出一份龐大的清單，要求總部向臺灣增派一千五百名士兵，並提供二十萬磅的火藥、四千捆導火線、六千捆導火索、五百罐肉、二百四十桶酒以及大量的糧食等。此時，一直默不吭聲的卡烏突然站起身，提出自己要返回巴達維亞，而理由是那麼牽強：他返回總部，將有助於說服公司增派援軍與提供戰爭物資。

卡烏此論一出，令評議會員瞠目結舌——作為一名總司令，他居然想開溜！

面對眾人的指責，卡烏居然理直氣壯地說：他沒有義務服從臺灣評議會的任何決定，他將在北風期過後單獨返回巴達維亞，一切由他自己負責。

可是後來卡烏便發現一個問題了，他這樣魯莽行事，得不到評議會的同意，根本就不能順利離開臺灣。這事不能硬著來，得講究技巧才行。在臺灣評議會做出派兵攻打廈門的決定後，卡烏忽然一反常態，積極要求親自率領艦隊前往。

臺灣評議會對他態度的轉變持歡迎態度，還以為他身上的榮譽感戰勝了恐懼感呢。誰能想到卡烏卻是另有打算呢？

十二月三日，總司令卡烏率著三艘威力最大、同時也是航速最快的戰艦出發了，此外還有二艘小船。由五艘船組成的艦隊配備了充實的糧秣、彈藥以及最精銳的士兵，可見揆一總督把此役看作是扭轉熱蘭遮城命運的關鍵一戰。

可是卡烏卻根本不是去打仗的，他對聯合清兵剿殺國姓爺的武裝一點興趣也沒有，他滿腦袋想的只是如何趕緊逃離熱蘭遮城這個人間地獄。

這支全副武裝的艦隊開抵澎湖列島後，卡烏既不前行，也不尋找安全的避風港，而是命令所有的船隻拋錨停泊於深水處。很顯然，這是個不合常規的舉動，證明卡烏壓根就不想上前線，而是想向南開溜。

臺灣海峽上的風是很強的，這五艘船在海上任由海風吹襲，結果有三艘錨鏈給吹斷了，只得脫錨漂流。無奈之下，這三艘船兜了個圈後，又駛回大員。

不久後，海風漸漸平息了，這裡只剩下卡烏的座船以及一艘名為「須德海號」的小船。此時已是晚上，卡烏司令官下令起錨、點燈，朝巴達維亞的方向前進。這個命令一出，把所有的軍官嚇了一大跳，他們對司令官的命令提出異議。可是卡烏警告這些軍官們莫要多管閒事，聲稱自己另有使命在身。當軍官們要求司令官解釋所謂的「使命」時，卡烏惡狠狠地說，他沒有義務把內容告訴他們，他們只要跟著他走就行了。

這二艘船便一路南行，中途路過暹羅時，還大張旗鼓地鳴炮，以至該地的荷蘭艦隊司令呂克還以為卡烏完成了拯救大員的使命呢。回到巴達維亞後，卡烏又拋出一份憑空揑造的報告，欲推卸自己臨陣逃跑的責任，但他最後還是被提起控訴。然而巴達維亞當局有意庇護卡烏，因為此人正是東印度公司總部一手挑選出來的「精英」，故而對他的處罰僅僅是罰了少數的錢與停職半年，甚至不用坐牢，而且不久後又官復原職了。

有這樣的東家，揆一不必再奢求公司總部會再一次出手相援了。

事實也是如此，面對熱蘭遮城提出增派一千五百人的軍隊及要求提供武器、糧食的清單，公司的看法是這樣：「他們所要求的數量太大，我們無法滿足……至於士兵，現在我們不能從軍隊中抽出，……我們不敢從公司的總部調出太多的軍隊，同時熱蘭遮城也應盡一切可能保住，……上帝神通廣大，他可減輕目前的困難，改變這種境況，我們必須相信上帝的援助，滿懷希望地等待他的恩惠予以保佑。」

東印度公司把解救熱蘭遮城的最後希望，寄託在於神通廣大的上帝身上，可是這個上帝並沒有出現。

第二十三章 勝利

卡烏的逃跑對堅守熱蘭遮城的荷蘭士兵來說，是沉重的打擊。首先是聯合清軍進攻廈門的計畫泡湯了。五艘戰艦跑了二艘，連艦隊司令都逃走了，其餘三艘戰船已經無法完成進攻任務。熱蘭遮城內守軍的士氣一落千丈，卡烏帶著二條船拋棄了他們，這也意味著巴達維亞總部拋棄了前線的官兵。荷蘭人通過打擊國姓爺大後方來實現翻盤的夢想破滅了！

士兵們一片迷惘，連統帥都逃跑了，當小兵的究竟為誰效忠呢？難道大官的腦袋值錢，小兵的生命就不值錢嗎？在城堡危急的關頭，不僅跑了二艘有戰鬥力的戰船，還包括船上的船員與士兵、糧食與武器。在這個時候，大家都知道，他們被司令官欺騙了，被公司出賣了，不會再有援兵了，困在城堡內只是死路一條。

在疲憊、困乏、營養不良、衛生條件欠佳、疾病等環境下困守數個月的荷蘭人非戰鬥性減員開始急劇上升。到一六六一年底的時候，熱蘭遮城內還沒病倒的士兵，只剩下四百人了。開始有人要重新考慮自己的命運了，是為不值得效忠的公司戰鬥到死呢，還是投降國姓爺，尋一條生路呢？

軍心動搖後的荷蘭軍隊開始出現令挨一大為擔心的事情，不斷有士兵或軍官逃出城堡，向國姓爺的軍隊投降。在這些投降的荷蘭人中，有一個人積極為國姓爺效力、出謀劃策，為攻陷烏特勒支堡立下奇功。這個人名叫漢斯，他是荷蘭殖民軍的一名軍曹，在歐洲時曾參加過多次戰爭，作戰經驗十分豐富，頗有戰略眼光。

漢斯從熱蘭遮城逃出來後，向國姓爺提供了極其珍貴的情報，包括荷、清密謀攻打廈門，卡烏逃跑的真相，熱蘭遮城現狀等等。他向國姓爺指出，熱蘭遮城內的兵力不斷減員，不可能堅持很久，應該要這樣做：「充分利用圍城內普遍存在的驚慌情緒和疲弱狀態，不僅要用封鎖，而且要用連續進攻，來徹底疲憊敵人，使其完全絕望。」他同時強調說：「這樣做既不費事，又不需要很長時間，因為城堡建築狀況不佳，經不起大炮猛轟兩個整天。」

這位荷蘭軍曹建議國姓爺以烏特勒支堡為突破口。

實際上隨著戰爭的進行，烏特勒支堡的重要性日益突出了。這是因為這個城堡相對獨立於其他防禦系統，在熱蘭遮城之外，便於攻取。更重要的是，烏特勒支堡位於高地之上，只要佔據該地，便可俯瞰熱蘭遮城的外堡，到時大炮居高臨下猛攻，熱蘭遮城必陷於災難之中。

我們在前文中提到，國姓爺的部隊曾經對烏特勒支堡發起過進攻，但那次進攻並未構築起堅不可摧的炮兵陣地，因而在烏特勒支堡獲得五門重炮的支援後，中國軍隊便放棄了。其實鄭成功選擇的進攻方向本身是沒錯的，但是他對熱蘭遮城的防禦弱點並不十分清楚，因而沒有意識到奪取烏特勒支堡的重要性。

漢斯的到來，使得荷蘭城堡布防的弱點毫無秘密可言。

在熱蘭遮城與烏特勒支堡間有一道周邊工事網，漢斯對國姓爺說，這道工事網造得太低，從烏特勒支堡上可以一覽無遺。只要中國軍隊佔領烏特勒支堡，工事網就形同虛設，「只需要少量的兵力，犧牲極少的人，就可以加以佔領。」一旦佔領之後，「就可以在該地築起防築工事，把自己隱蔽在裡面，並可以逼近上堡的牆邊」，這樣就可以避開熱蘭遮城內大炮的轟擊了。

這些投降的荷蘭士兵對國姓爺幫助極大，不僅出謀劃策，而且也大大提升了中國軍隊的戰術水準。

鄭成功的這支軍隊，從訓練、勇敢、堅韌等幾方面來說，都是非常了不起的，但其弱點在於戰術思維過於落後，仍然停留在冷兵器時代的水準，這使得其在以往的戰爭中，並不能最大限度地發揮熱兵器的威力，特別是在火炮使用上，非常粗放。

火炮是攻擊力強的主戰武器，但其本身防禦能力弱，必須要構建足夠強大的防禦工事。國姓爺的軍隊在建造炮壘上比較簡單，只是用竹籃裝上土或石頭壘成，抗炮擊能力並不強。在南京之役與第一次進攻熱蘭遮城之役中，都因為這個致命弱點而失敗。在那兩次戰役中，國姓爺的大炮都是敵人打擊的首要對象。

然而烏特勒支堡戰役，使國姓爺的武裝成功地實現了從冷兵器軍隊向近代化軍隊的轉變。這種轉變的背後，有投誠的荷蘭人的功勞，同時也是國姓爺虛心好學的結果。儘管這場戰役規模並不是很大，但其意義非凡，因為這乃是一場真正意義上的近代化戰爭。

中國軍隊不再急於求成，而是非常耐心地做好各項準備。首先是建造三座炮臺，其中一座位於烏特勒支堡的南部，另二座在東部，並且挖了許多戰壕以供數千名士兵藏身。不僅如此，揆一在回憶錄中還寫道：「他又採取各項預防措施，防備城上火炮的轟擊與被圍者任何可能的突擊。」

荷蘭人對中國軍隊的行動大為驚慌，試圖破壞國姓爺的防禦工事：「我方戰士親眼看到敵人在城堡前建築炮壘，挖掘工事，都十分清楚其意圖如何，後果如何……就勇敢地以槍炮對付他們。炮彈打了又裝，裝了又打，打死了不少敵人，摧毀了幾個新建的戰壕。但是敵人毫不吝惜其勞力和兵力，拼命工作，逐漸獲得進展，被圍者無法阻擋，只能眼看炮壘建成。」

可以看出，建造炮臺與挖掘壕溝付出了不少代價，但勇敢的中國軍隊排除萬難，在敵人超過五門重炮的轟擊下，仍然艱難地完成進攻部署，接下來是大炮的表演時間了。二十八門巨炮被陸續運入炮臺，荷蘭人心裡都明白，烏特勒支堡已是面臨被攻佔的危險了。而這座城堡一旦淪陷，中國軍隊佔據高地後，毫無疑問，熱蘭遮城將必定失陷。怎麼辦呢？

揆一緊急召開評議會，在會議上，大家討論來討論去，也想不出好辦法。此時這位落魄總督暗示評議會，能否發動一次主動出擊，將中國軍隊從防禦工事上趕走呢？趕走？不是開玩笑吧！整個熱蘭遮城只有六百名士兵，其中還有傷病號呢，把這些士兵都投入到烏特勒支堡方向發動反擊，能不能打贏且不說，整個熱蘭遮城將成為空城，沒有士兵防守，中國軍隊可以不費吹灰之力就攻佔城堡了。

總督的建議被否決了，顯然，烏特勒支堡不可能獲得熱蘭遮城的有力援助，評議會只能把希望寄託在士兵的戰鬥經驗與武器上了。

不過即便在火力上，中國軍隊也遠遠佔據上風。

西元一六六二年一月二十五日清晨，中國軍隊對烏特勒支堡的進攻開始了。

國姓爺親臨前線指揮作戰，二十八門大炮的轟鳴聲拉開了戰鬥的帷幕，從南面與東面的三個炮臺猛轟烏特勒支堡。荷蘭人也開炮還擊，但是中國軍隊的火炮數量要比荷蘭人多，在對攻中佔有絕對的優勢。經過長達兩個小時的炮擊，烏利特支堡南面的城牆被炸開一個缺口，中國軍隊試圖發動強攻，一舉奪下城堡。

然而荷蘭人的表現也頗為頑強，在以少打多的情況下，純熟地以大炮和步槍交替阻擊，造成進攻一方的大量傷亡。中國軍隊的兩次突擊都未能成功。國姓爺不願犧牲士兵，他決定繼續以強大的炮火打垮敵人。炮擊從清晨持續到晚上，烏特勒支堡幾乎被炸為一片廢墟。

荷蘭人被迫放棄這片廢墟，退入熱蘭遮城。

這場大炮戰以中國軍隊的完勝而告終。但是荷蘭人還留了一手，在撤退之時，他們將四大桶火藥埋在地窖內，並裝上雷管。一部分中國軍隊進入圓堡廢墟時，埋在地窖中的火藥爆炸了，發出巨大的爆炸聲，不少士兵當場被炸死。幸運的是，國姓爺在進入圓堡前被荷蘭降兵漢斯所阻止，漢斯警告說，視察一個新佔領的地方是很危險的，因為下面往往埋有地雷。可見荷蘭人在熱兵器戰爭中的戰術水準，還是比中國軍隊要略高一點。

儘管荷蘭人的詭計讓中國軍隊付出一些傷亡，但這仍然是一次偉大的勝利。烏特勒支堡的淪陷撕開了熱蘭遮城中最脆弱的一條防線，中國軍隊佔據高地後，俯瞰熱蘭遮城。誰都明白，熱蘭遮城的命運要畫上一個句號了。

中國軍隊士氣大漲，眼看漫長而艱苦的戰爭就快到結束的一天，大家巴不得一鼓作氣攻下熱蘭遮城。可是這支很快適應近代化戰爭的軍隊沒有魯莽行事，他們有條不紊地做足進攻的準備。

首先在烏特勒支堡所在的高地上修築戰壕，並開始建造一座巨型炮臺。建造炮臺的同時，中國士兵用籃堡裝填土或石頭，沿著高地通往熱蘭遮城的山坡疊建起許多用於隱蔽的戰壕。

國姓爺的戰術是一邊建戰壕，一邊向熱蘭遮城推進。事實證明此戰術非常有效，中國軍隊利用夜幕為掩護，把籃堡戰壕一直疊到荷蘭防禦工事網及外堡突出部之前。儘管荷蘭人徹夜以大炮、臼炮、步槍、手榴彈等還擊，企圖阻止中國軍隊向前推進，但中國軍隊毫不示弱，雙方的火器你來我往，火光照亮了大員島的上空。

中國軍隊的效率十分高，一座巨大的炮臺很快矗立在高地之上，此炮臺有堅固的防牆，防牆的厚度約五公尺，高度約三．五公尺，足以抵抗來自熱蘭遮城的炮擊。我們前面說過，熱蘭遮城有內堡（**或稱主堡**）與外堡兩部分，主堡是一個方形城堡，城堡的四角有四座棱堡，這也是荷蘭人的火力點，而外堡則是一個不規則的形狀，且向西突出，在突出部建有兩個棱堡，分別稱為荷蘭地亞棱堡與海爾德蘭棱堡。

國姓爺拉來了幾尊最重型的大炮，可以發射三十六磅重的炮彈，打算在荷蘭地亞棱堡與海爾德蘭棱堡之間打開一個缺口。中國軍隊的這些大炮不知是在臺灣戰爭中從荷蘭人手中繳獲的，還是自己造的，因為在第一次進攻熱蘭遮城時，似乎並沒有見到這樣的巨炮。

熱蘭遮城岌岌可危，以海爾德蘭棱堡為例，胸牆還不到半個人高，在大炮的猛轟之下，顯然難以抵禦。更糟糕的是，海爾德蘭棱堡與主堡之間的城牆只有三塊半磚的厚度，顯然頂不住大炮的打擊。只要外堡失守，主堡的淪陷是必然的，因為主堡的四個炮臺（**棱堡**）都架得太高，大炮可以打到遠的地方，卻無法打擊近處目標。一旦荷蘭人的大炮失去效用，那根本無力阻止中國軍隊的進攻。

心急如焚的揆一總督緊急召開評議會，包括公司商務員與軍官都參加了。顯然，這個時候荷蘭人只有三種選擇：第一，主動出擊，與中國軍隊決一死戰；第二，被動防禦，坐等中國軍隊的進攻；第三，與國姓爺談判，打開城堡大門投降。

會議對這三種選擇進行表決。在到會的二十九人中，只有四個人投票表示要主動出擊，決一死戰。然而這四個人中有二個人壓根說不出任何理由，另有一人表示大家都死在一起，就可以免予被公司處分；還有一人顯然是個宗教狂，他深信有上帝保佑，就憑幾個人也可以創造奇蹟。

然而，在生死關頭，這些荷蘭新教徒中的多數人顯然對上帝也失去了信心，很明智地選擇現實立場而非信仰立場。他們認為中國軍隊已經取得明顯的優勢，而且又加固了陣地，這時選擇出擊，那只是自掘墳墓罷了。

主動出擊這一項被否決了。那麼堅守防禦呢？揆一總督持這一意見，他提出幾個依據：其一，在過去幾天裡，中國軍隊共發射了二千五百發炮彈，彈藥還能供應多久，這個值得懷疑；其二，即便中國軍隊在外堡打開一個缺口，荷蘭一方仍有足夠的兵力守住主堡；其三，中國軍隊傷亡不小，國姓爺不會貿然發動總攻；其四，南風期即將到來，熱蘭遮城隨時可能得到來自巴達維亞的援助；其五，熱蘭遮城的糧食儲備仍然豐富，足以維持四五個月。

揆一陳述的五點理由，在評議會其他成員看來，沒有一條理由站得住腳，他們逐一批駁：一、沒有任何證據表明中國軍隊的彈藥即將耗盡，把軍事行動建立在這樣的假想之上是危險的。二、自中國軍隊進攻烏特勒支堡以來，荷蘭士兵已經連續三四天沒有休息過，完全筋疲力盡，士氣完全瓦解了，無力再戰。三、中國軍隊居高臨下，佔據有利地形向熱蘭遮城外堡發動進攻，而外堡又得不到主堡的炮火支援（炮架得太高了），進攻一方可以輕而易舉地佔領該處。四、即便巴達維亞總督再派出一支援軍，也不可能指望有很多兵力。在熱蘭遮城周圍的航道完全被中國軍隊控制的情況下，這支援軍能有多大用處也值得懷疑。五、糧食儲備雖然充足，但是腐爛、變質嚴重，不能保存很久。

就這樣，無論是進攻還是防守，通通被否決了。顯然這個時候只剩下一條路可以走了：投降。評議會認為，倘若繼續戰鬥下去，最終勢必全軍覆沒，而這對東印度公司一點好處也沒有。事已至此，揆一心裡已經十分明白，自己將成為荷蘭東印度公司駐臺灣的末代總督，與歷代總督不同的是，他得灰溜溜地以投降這種屈辱的方式來結束其長官生涯，並且將面臨巴達維亞當局的嚴厲懲罰。

國姓爺並不打算對荷蘭人趕盡殺絕，因為他心裡明白，儘管東印度公司在臺灣遭到慘敗，但其海上力量仍不可低估，仍然有能力對中國的海上商貿構成巨大的威脅。事實上，在揆一等人召開會議之前，國姓爺就曾派通事李仲前往城堡會見揆一，並再次要求荷方放下武器投降。

《臺灣外記》中有記錄李仲對揆一發出的警告：「此地非爾所有，乃前太師練兵之所。今藩主前來，是復其故土。此處離爾國遙遠，安能久乎？藩主動柔遠之念，不忍加害，開爾一面：凡倉庫不許擅用；其餘爾等珍寶珠銀私積，悉聽載歸。如若執迷不悟，明日環山海，悉用油薪磺柴積壘齊攻。船毀城破，悔之莫及。」

熱蘭遮城及時對國姓爺的要求做出回應，這個做法無疑是明智的，避免了荷蘭僅存的數百名士兵在最後關頭走向毀滅。揆一總督派人送出一封信，同意與國姓爺談判，在合理的條件下獻出熱蘭遮城。

經過數日的談判，雙方在一六六二年二月一日正式簽訂了一份條約，該條約總共有十八個條款。根據這份條約的內容，從即日起，雙方停止敵對行動；荷蘭人將熱蘭遮城、外堡、大炮、剩餘的軍用物資、商品、現金以及其他屬於東印度公司的財產全部移交給國姓爺一方；國姓爺允許荷蘭人攜帶必要的生活用品及私人財產返回巴達維亞，同時歸還所擄獲的四艘荷蘭船隻，並且同意這群投降者以揚旗、鳴炮、荷槍、擊鼓、列隊的方式體面地上船；荷蘭應立即釋放被俘虜的中方軍民，同時國姓爺也將釋放被抓的荷蘭戰俘。除此之外，雙方還就有關交接期間的細節做了約定，這裡就不詳細列舉了。

這份條約的簽訂，宣告了臺灣戰爭的結束。臺灣被荷蘭殖民統治三十八年，這一年鄭成功也正好三十八歲，在他出生的那年，即一六二四年，荷蘭人開始盤據臺灣大員。同樣是那一年，他父親與顏思齊等人逃亡流落到臺灣笨港，並開始了華人大規模拓殖臺灣的歷程。他與臺灣有著千絲萬縷的關聯，似乎在冥冥之中，上天賦予他的使命就是收復臺灣、驅逐荷夷。

揆一與殖民軍終於灰頭土臉地被趕走了。

從一六六一年四月三十日登陸臺灣，到一六六二年二月一日取得最後勝利，臺灣戰爭總共持續了九個月。其中熱蘭遮城圍困戰耗時超過八個月，荷蘭一方「九個月內餓死戰死達一千六百多人」（**據荷蘭牧師克洛夫的信**），這個人數對中國來說固然算不得多，但對東印度公司而言，卻是難以承受的。其餘的幸運者雖然背負戰敗者之名，但總算可以逃離地獄般的熱蘭遮城，呼吸海上的新鮮空氣了。

臺灣戰爭在波瀾壯闊的明末清初巨變中並不是一場規模浩大的戰爭，然而卻是影響極其深遠的一場戰爭。

鄭成功是在極其困難的情況下打贏這場戰爭的。此時的滿清政權已經十分穩固，南明永曆帝及大西軍已被逼入緬甸境內，事實上在國姓爺收復臺灣後幾個月，南明永曆帝便被清軍俘虜並絞殺。雖然憑藉著海洋天險，以廈門島為基地的東南抗清政權苦苦支撐，但在清廷下達殘酷的「沿海遷界」令後，遭到全面的封鎖，這使得國姓爺發動的臺灣戰爭陷入缺糧無援的困境。不僅如此，征臺戰爭從一開始便遭到內部實權派人物的大力反對，留守廈門的將領對國姓爺的命令陽奉陰違，內部分裂已是不可避免。

對於收復臺灣，即便在南明內部也沒有得到很多認同，有人認為臺灣只是無用的荒島，有人認為這是捨本求末。鄭成功的事業是在孤獨中推進，倒是他的敵人、荷蘭殖民者意識到了臺灣對於鄭氏集團的意義，他們寫道：「國姓爺因此勝利而獲得巨額財富，使其力量重新得到壯大，而在此之前則已趨於衰落。他所得到的城堡中的物資至少價值三百萬荷蘭盾，增強了他對韃靼人的戰爭實力，從而鼓勵他重整旗鼓，繼續作戰。」

經營臺灣島三十八年之久的荷蘭人，顯然比內陸的中國人更加明白這片神奇之島在戰略上的重要性。事實也證明確實如此，在各地南明武裝被滿清政府各個擊破之後，只有鄭氏集團憑藉國姓爺嘔心瀝血收復的臺灣島而一枝獨秀，成為抵抗滿清的最後堡壘。

然而，收復臺灣的意義，絕不僅僅是為鄭成功獲得一塊戰略根據地，更重要的是，倘若沒有國姓爺的堅持，臺灣或許仍然是荷蘭領土。而這一偉大事業，是在內憂外患、風雨飄搖、山窮水盡的困境中實現的。

曾在抗日戰爭緬甸戰場有著卓越表現的孫立人將軍對國姓爺鄭成功有著十分中肯的評價：「漢武唐宗，威行異域，然並當國家強盛之時，傾國力以從事；惟公提孤臣孽子之偏師，復臺灣故土三萬方里，斷裹糧運械之援，攻堅壁待勞之寇，敵前登陸，張幕受降。遺烈震於千秋，偉跡遠逾先例。」

「斷裹糧運械之援，攻堅壁待勞之寇」，這正道出國姓爺奮戰臺灣的艱辛所在。縱觀中國歷史，值山河破碎之際，國力凋零之時，仍然能擊退強虜、收復國土的英雄人物，可謂是鳳毛麟角，而鄭成功則是創造不可思議之歷史的不可思議之人物。不要忘了，他是以走投無路的偏師，打敗了十七世紀最先進的軍事強國、海上巨無霸荷蘭。「遺烈震於千秋，偉跡遠逾先例。」豈虛言哉？

這場戰爭本來應該成為中國軍事改革的一個轉捩點。在此之前，中國的國內戰爭只是以冷兵器為主的戰爭。儘管明清戰爭中，火炮的運用越來越廣，發揮的作用也越來越大，特別是在攻城戰中，有著不可取代的作用，但最終還是要在傳統的兵器上決勝負。清軍戰鬥力最強的仍然是騎兵，而國姓爺最精銳的部隊是鐵甲兵與藤牌兵，在火器使用上一直停留在比較低的水準。

與中國軍隊相比，荷蘭人在熱兵器的使用上得心應手。首先是槍炮的先進，同樣是大炮，性能可能相差十萬八千里，不能光看數量。比如說裝填火藥的速度，發射的速度，這在實戰中是非常重要的，要是速度慢，打一發炮彈後，敵人就已經衝到跟前了。還有射擊精度，有沒有用於瞄準的準星、照門，能否在戰場上迅速調整發射角度等等，這些都可能對戰爭結果有重要影響，要是準確度不高，打十發還不如人家打一發，效率就很低了。

鄭成功軍隊中的大炮有一部分是從荷蘭人手中繳獲的，另有一部分是自製的。在晚明時中國一位火器專家焦勖寫過一本《火攻挈要》，他在序中評價中國的火器：「鑄造無法，其大器不過神威發熕，滅虜虎蹲，小器不過三眼快槍。此皆身短，受藥不多，放彈不遠，且無照準而難中的。銃塘外寬內窄，不圓不淨，兼以彈不合口，發彈不迅不直，且無猛力。頭重無耳，則轉動不活，尾薄體輕，裝藥太緊，即顛倒炸裂。」而西洋大炮則是「精工堅利，命中致遠，猛烈無比，更勝諸器百千萬倍」。在知道武器上的差距後，就能明白何以進攻熱蘭遮城並不是容易的事情。

荷蘭人除了進攻手段厲害之外，防禦上也是有一套的。荷蘭近代史是與西班牙作戰的歷史，作為低地國家，荷蘭在獨立戰爭中沒有高山大川作為防禦屏障，只能憑藉堅固的城堡，這也使得荷蘭人在軍事工程學上遠遠領先於中國軍隊。這點從第一次進攻熱蘭遮城的戰役中可以看得很清楚，中國炮兵沒有掩體，步兵則暴露在野外，結果損失慘重。戰爭是攻與守的藝術，任何一方都不可能只擔當進攻的角色，而忽略防守的角色。

在這裡我要對國姓爺表示由衷的佩服。因為他在短短的幾個月時間裡，完成了軍事思想的歷史性跨越，他的軍隊很快適應了近代化的戰爭，這真是不可思議的一幕。在國姓爺部隊剛登陸臺灣時，荷蘭人對這支軍隊投以蔑視的態度，拿著刀槍、背著弓箭、穿著笨重的鐵甲，令人想到古代的羅馬兵團，雄壯威武，但卻是過時了的。可是到了烏特勒支堡戰役時，這支軍隊已完全改變了，防禦的手段不再是身上沉重的鐵甲與藤牌，而是堅固的炮臺與戰壕；進攻的手段不是弓箭加長刀，而是重型火炮群。

除了火炮之外，國姓爺還擁有「洋槍隊」。據《被忽視的福爾摩沙》一書中所述，洋槍隊成員主要是黑人，這些人以前是荷蘭人的奴隸。由於荷蘭人在臺灣兵力一直不足，故而還訓練了一批能用於戰鬥的黑奴。這些黑奴在國姓爺攻打臺灣時，紛紛逃跑到中國軍隊，為國姓爺效力，他們學過來福槍與滑膛槍的使用方法，戰鬥力頗強，「在福爾摩沙戰爭中給荷蘭人以很大的損害」。

在戰爭過程中，中國軍隊繳獲了大批荷蘭人的先進武器。譬如在攻克普羅民遮城時，共繳獲了二十八門大炮；在接收熱蘭遮城時，接收了一百五十門大炮與四千枝步槍。除此之外，中國軍隊在陸上與海上都打敗過荷蘭人的進攻，俘獲了多艘船隻，這同樣奪得了許多先進的武器。

這次戰爭令國姓爺的軍隊迅速走向近代化，但可惜的，這個進程隨著國姓爺過早的去世而終結，最終使得中國軍事思想的變革被延遲了兩百年。

臺灣戰爭，不獨是中國人的反西方殖民戰爭，如果放在更大的視野來看，這場戰爭是東方國家在西方國家全球擴張背景下的一場反擊戰。國姓爺鄭成功成了那個時代唯一可以阻擋歐洲人在遠東擴張的東方英雄，從某種意義上說，他使得歐洲殖民者全面侵略中國的時間被大大推遲。他是中國的英雄，也是東亞的英雄，也是那個時代國際政治舞臺上的英雄。

臺灣戰爭以國姓爺的勝利告終，這一消息不僅引起巴達維亞當局的震驚，也引起其他西方殖民者的震驚。這也意味著臺灣戰爭所蕩起的餘波不會那麼快就消亡，即便在國姓爺過世後，仍然要迴蕩在西南太平洋遼闊的海面上。

第二十四章　餘波蕩漾

臺灣戰爭的失敗令荷蘭東印度公司蒙羞，事實上，這也是西方殖民者橫掃世界一百多年裡所遭到的最大失敗。高傲而囂張的荷蘭人對這樣的結果顯然是難以接受的，特別是躲在幕後未親身經歷地獄般噩夢的巴達維亞當局。

「這確實是公司在東印度空前的一次大失敗，」荷蘭人不得不承認這樣的結果，「這對公司是一次難以估量的災難。」

對於這樣的結果，東印度公司需要找一個替罪羊，這個人無疑是揆一。在臺灣戰爭爆發之前，揆一與東印度公司總部就國姓爺是否會發動戰爭有過激烈爭吵，戰爭爆發後總部對臺灣的支援力度有限，更引起揆一的不滿，雙方勢同水火。如今算揆一倒楣，丟了臺灣後，巴達維亞當局要找他秋後算帳。這裡還有一個不為人所知的理由，揆一的祖籍並非荷蘭，他是出生於瑞典的斯德哥爾摩，這個特殊的背景，就成了東印度公司手上的把柄。

巴達維亞當局的說法是：「我們對揆一先生本沒有好的看法，在讀過他的幾封信之後，發現他實際心在瑞典王國。對公司來說，讓這樣一位外族人參與公司事務擔任如此要職，是一件極為值得考慮的事情。他被任命為東印度評議會特別委員後，傲氣沖天，把我們的命令作為耳邊風，完全按他的意思和想像治理大員和福島。而今那一地區在可疑的揆一治理之下完全前功盡棄，一敗塗地。」

倒楣的揆一被巴達維亞當局追究丟失臺灣的責任，送交法庭審判後被囚禁於班達群島。直到一六七四年，得荷蘭威廉親王特赦後才被釋放並回到荷蘭，居住於阿姆斯特丹。為了回擊東印度公司扣在他頭上的罪名，揆一晚年寫了一部回憶錄《被忽視的福爾摩沙》，為自己進行辯護，並且抨擊東印度公司的高層官僚怠忽職守，在丟失臺灣一事上負有不可推卸的責任。

揆一與巴達維亞的矛盾，確實給鄭成功提供不少機會。譬如一六六一年二月，范德蘭艦隊的多數戰艦撤離臺灣，臺灣僅剩下三艘戰艦，兩個多月後，國姓爺渡海東征，海上力量嚴重不足的荷蘭人無力阻止中國軍隊的登陸。再如一六六一年十二月，巴達維亞派來的艦隊司令官卡烏竟然臨陣逃跑，令荷蘭人與滿清聯手進攻廈門的計畫破產，這也使鄭成功少了一個心腹之患。

但是我們也應該看到，荷蘭人的內訌並不是中國軍隊取得勝利的主要因素。東印度公司可用於臺灣的兵力嚴重不足，在整個臺灣戰爭期間，荷蘭殖民軍的兵力只有二千多人。就算巴達維亞當局滿足揆一的要求，再提供一千五百人的援軍，也不可能扭轉戰局，這是顯而易見的。

在揆一看來，比起東印度公司高層那些人，他的敵人國姓爺反倒更為仁慈與人道。在熱蘭遮城投降後，國姓爺嚴格恪守承諾，讓戰敗者得以生還，沒有給予任何阻撓。有意思的是，在揆一離開臺灣三百四十四年後，他的第十四代後人麥可・揆一在二〇〇六年時前往臺灣，在臺南（即當年大員、赤嵌）延平郡王祠祭拜國姓爺鄭成功，並且真誠地表示，正是當年國姓爺的仁慈，他才有機會站在這裡。

丟失臺灣之後，巴達維亞當局對國姓爺勢力的重新崛起深表擔憂，東印度公司不僅失去了一塊財富寶地，而且其海上貿易也要受到國姓爺更為強有力的挑戰。

在巴達維亞當局看來，國姓爺已經成為最危險的敵人，他們這樣判斷道：「國姓爺對福爾摩沙的佔領使他更加囂張，並將盡一切可能擴大他的勢力，增加他在這個世界上的威望。他有遠見卓識，又雄心勃勃。我們必須意識到，他將盡一切辦法阻礙特別是公司在中國沿海的貿易，使我們的一切努力化為泡影。」

為了避免東印度公司的貿易利益受損，阻止國姓爺雄心勃勃的海上擴張，以及報復丟失臺灣的一箭之仇，東印度公司做出以下決定：「從海陸兩方面對國姓爺予以盡可能的沉重打擊，並打算與韃靼人結成聯盟，希望能夠削弱敵人和恢復我們在北部地方喪失的名譽。」

為此，這些殖民們氣急敗壞地叫囂著：「我們認為，藉助於上帝的幫忙，可從海上打擊國姓爺，攻打他的海岸，奪取他的貿易，報復他對公司的暴行。為此，我們的人若在海上遇到他的帆船，則須毫不留情地予以打擊。」

然而荷蘭人的叫囂只是雷聲大、雨點小。因為從十七世紀中葉開始，荷蘭人海上霸主的地位已岌岌可危，英國人後來居上，並威脅到了荷蘭人在東印度的殖民統治。在臺灣戰爭爆發之前，荷蘭與英國便為爭奪海上霸權而大打出手。

一六五二年，第一次英荷戰爭爆發。這場戰爭持續了兩年，英國針對荷蘭經濟嚴重倚賴海上貿易的特點，頻頻打擊荷蘭商船隊，荷蘭則以強大艦隊護航。雙方你來我往交鋒十餘次，在戰場上互有勝負，然而荷蘭經濟遭到巨大損失，被迫於一六五四年同英國簽訂《西敏寺條約》。根據該條約，荷蘭不僅支付了二十七萬英鎊的戰爭賠款，而且承認英國在東印度群島擁有與自己同等的貿易權。這場戰爭是荷蘭走向衰落的開始，而一六六二年丟失臺灣，也是荷蘭全盛時代漸去漸遠的一個寫照。

荷蘭人想對國姓爺展開報復，但投鼠忌器，在亞洲，他們還得防備英國人與葡萄牙人。「該季我們將派出多大兵力對付國姓爺，至今尚未決定。……我們與英國人的關係如何，以及在印度海岸對付葡人的情況，沒有這兩方面的消息，我們不敢擅自從這裡調出艦隊與士兵，因此派出兵力的多少取決於以上消息之凶吉。」

信神的荷蘭人不得不再次把希望寄託在上帝身上了：「目前情況下，我們無其他方式對付國姓爺，剪短他的翅膀……我們向萬能的上帝禱告，使公司擺脫遭受的巨大損失，並保佑公司設法打敗國姓爺。」只是上帝雖然全能，卻不打算為凡人而大打出手。

其實，荷蘭人叫囂的背後，更多的可能是恐懼。以前中國人只是在東亞、東南亞做生意，並沒有加入到海上霸權的爭奪中。可是自國姓爺東渡後，給所有的歐洲人釋放了一個信號：中國很快就會成為這場爭霸戰中的一個重要角色了。

「我們恐怕那一個民族（指漢人）將在那一個地方（指東南亞）獨霸一方，對荷蘭人的軍力也不會像從前那樣估計。」荷蘭人如此分析說，「鑒於此，有必要增強公司在各佔領區和工事的兵力，以防備此類危險。特別是安汶、德那第和班達，不能冒任何風險。」荷蘭人擔心國姓爺的勢力迅速向東南亞一帶擴張，因為他有這個實力。

比荷蘭人更加害怕的是西班牙人。

對海外華人而言，最殘酷的敵人並非荷蘭人，而是西班牙人。西班牙人在一六〇三年與一六三九年先後兩次對呂宋（菲律賓馬尼拉）華人發動大屠殺，這兩次大屠殺中華人死亡的人數均超過二萬人。從晚明到清初，無論是明政府還是清政府，對海外華人之生死甚為淡漠，特別是清政府，「不能保之，且以為叛民，任其殺虐，破家蕩產，莫可籲訴」。海外華人的處境十分危惡，生存的權利受到極大的威脅。在這種情況下，國姓爺成為海外華人反抗西方殖民者的唯一希望。

據《臺灣外記》載：「惟呂宋待我中國最無禮，先王（鄭成功）在日每欲征之，以雪我中國人之恨。」可見國姓爺海外擴張之說，並非空穴來風。

早在一六五四年，鄭成功便因為西班牙人虐待華人而下令斷絕與馬尼拉的通商，致使馬尼拉的經濟一落千丈。事後西班牙多次派使者前往與國姓爺交涉通商事宜，均沒有得到鄭成功的同意。一六六二年二月，國姓爺攻佔熱蘭遮城，臺灣戰爭以荷蘭人的失敗而告終。這件事令西班牙人大為震驚，他們開始擔心國姓爺下一個進攻目標便是馬尼拉。

根據荷蘭人接到的情報，「馬尼拉的西班牙人似乎極為擔憂國姓爺將有一天前往攻取菲律賓島嶼，趕走西班牙人，正如他把我們趕出福島一樣。因此，他們天天在集中其他各地區的兵力，並撤除和拆毀不同的據點。」東印度公司之所以對西班牙控制的馬尼拉如此關心，是因為害怕國姓爺將其勢力擴張到這裡，「若他（國姓爺）佔領以上地區（菲律賓群島），也將對我們構成威脅，屆時將繼續滲透到公司貴重的香料地區。」

荷蘭人對這位多年的對手十分熟悉，國姓爺絕不是一盞省油的燈，東印度公司評價他是「遠見卓識，並雄心勃勃」，這個評價十分合理與貼切。事實也是如此，在收復臺灣之後，國姓爺的眼光馬上瞄準了馬尼拉。

一封國姓爺的親筆信從臺灣漂洋過海，送抵馬尼拉西班牙總督手中。送信的人是一名義大利多明我會教士，名叫維托利奧・李柯羅（Vittorio Riccio），他受國姓爺之託，帶來了一封充滿威脅口吻的信件。在這封信中，國姓爺寫道：

> 你小國與荷夷無別，凌迫我商船，開爭亂之基。予今平定臺灣，擁精兵數十萬，戰艦數千艘，原擬率師親伐。況自臺至你國，水路近捷，朝發夕至；唯念你等邇來稍有悔意，遣使前來乞商貿易條款，是則較之荷夷已不可等視，決意姑赦爾等之罪，暫留師臺灣，先遣神甫奉致宣諭。倘爾及早醒悟，每年俯首來朝納貢，則交由神甫覆命，予當示恩於爾，赦你舊罰，保你王位威嚴。並命我商民至爾邦貿易。倘或你仍一味狡詐，則我艦立至，凡你城池庫藏與金寶立焚無遺，彼時悔莫及矣！荷夷可為前車之鑒，而此時神甫亦無庸返臺。福禍利害惟擇其一，幸望慎思速決，毋遲延而後悔，此諭。

在這封信中，國姓爺發出了戰爭的威脅。

這僅僅是口頭上的恐嚇呢，還是他已經做好了出兵馬尼拉的準備？從當時國姓爺的處境來看，他很難馬上發動對西班牙的進攻，即便他有窺視呂宋的野心，也不會在沒有充分備戰的情況下貿然出擊。這是因為臺灣戰爭帶來了一個意想不到的結果：鄭氏集團內部分裂了！留守廈門的將軍們不願意把家眷轉移到臺灣，他們拒絕服從國姓爺的命令，對臺灣來的使者強行扣留，封鎖消息，使得鄭成功的指令無法在福建得到執行。在這種情況下，國姓爺要發動馬尼拉戰爭，顯然條件並不太成熟。

然而海外華人卻紛傳國姓爺的軍隊將很快南下了。華人在海外的辛酸很難為外人所了解，在國姓爺崛起之前，他們幾乎沒有任何來自國內勢力的支援，在海外只能受西歐殖民者的欺辱。

國姓爺是海外華人的保護神，他與那個時代中國的統治者或高層官員不同，他不僅極其重視海外貿易，而且也極力保護海外華人的利益。在國姓爺壟斷東方貿易的那段時日，一向盤剝中國人的西班牙遭到最嚴厲的海上禁運，橫行東南亞的荷蘭人也不敢像往常那樣，隨意在海上攔截或襲擊中國商船。國姓爺完全無懼歐洲殖民者的恐嚇，他善於使用各種手段來打擊對手並捍衛自己的權利，包括貿易制裁、外交手段甚至不惜動用武力。

收復臺灣的消息對海外華人絕對是一劑強心針。因為在東南亞，荷蘭人是最強大的，而西班牙早已走向沒落。荷蘭都被打敗了，西班牙怎麼可能守得住馬尼拉呢？如果單從軍事角度來看，確實如此，倘若國姓爺出動大軍討伐馬尼拉，西班牙人絕對守不住。在經歷臺灣戰爭後，國姓爺的軍隊更加強大，武器更加先進。從荷蘭人手中奪得的上百門大炮與數千支步槍，足以武裝起一支近代化的軍隊，再加上兵力上的優勢，西班牙人在劫難逃。

這就是西班牙人恐慌不安的原因。他們已經預感到戰爭即將來臨，因而把分散在各地的兵力不斷集中到馬尼拉，拆毀其他地方的城堡，把大炮也移到馬尼拉城。西南太平洋上戰爭的烏雲密布。

對西班牙人來說，最可怕的事情是馬尼拉有數萬名華人，這些人都可能在國姓爺軍隊到來時作為內應。臺灣戰爭已經證明了這點，當時國姓爺的軍隊登陸時，馬上有數千名中國人自發組織起來提供必要的援助。如今中國軍隊尚未到來，可是馬尼拉的街頭早已是暗流湧動，越來越多跡象表明，華人在密謀一次大的行動。在獲悉國姓爺對西班牙殖民當局發出恐嚇信後，馬尼拉華人都揚眉吐氣，活動非常活躍。

由於呂宋有數萬名華人，西班牙人擔心一旦鄭成功發動呂宋戰爭，這些華人將成為西班牙軍隊的心腹之患，於是這群西班牙強盜策劃了大屠殺的陰謀。西班牙人故意在無任何理由的情況下逮捕二名華人船長，這激起華人的憤怒，馬尼拉出現騷亂。憤怒的華人在市場上殺死一名西班牙人，呂宋總督秘密集結一百名騎兵與八千名步兵，以平亂為藉口，對華人殘酷鎮壓。一部分華人冒險乘小舟出海，逃奔臺灣，但多數死於途中，只有極少數人安全抵達臺灣。約有八九千名華人拿起武器，反擊西班牙人。西班牙人被迫派出一位名為約瑟夫的特使與華人接觸，同意釋放被捕的二名船長。但不知為什麼，在交涉過程中，約瑟夫被殺，導致戰事再起。西班牙人在火力上的優勢很快顯現，儘管華人起義軍英勇作戰，但因實力懸殊，最後仍然遭到大敗，超過半數以上的人被殺。

當馬尼拉大屠殺的消息傳到臺灣島時，所有的人被驚呆了。鄭成功更是被激怒了，他決心組織艦隊南下，遠征馬尼拉，一舉蕩清西班牙人的勢力。可惜造化弄人，天妒英才，正當壯年的鄭成功在馬尼拉大屠殺後一個月就病逝了，這場本來可以記入史冊的光榮遠征最終作罷，他的繼任者鄭經沒有他的勇氣與魄力，最終選擇與西班牙人和解。

以今天的眼光來看，國姓爺鄭成功收復臺灣的英雄壯舉，可以稱得上是中國歷史上最偉大的事件之一，他也可以躋身於最偉大的英雄之列。然而英雄總是寂寞，特別是三百五十年前的鄭成功，偉大事業帶給他的不是鮮花與掌聲，而是無盡的孤獨。事實上，在荷蘭殖民者踏帆遠去的那刻起，國姓爺生命的油燈也已燃到末截了。儘管他還不滿三十九歲，仍是年富力強的歲月，可是一連串的打擊使他筋疲力竭，最終竟然心力交瘁，壯年凋零，星隕中天，徒留下無盡的遺憾。

是什麼原因，使得國姓爺鄭成功英年早逝呢？

首先是來自滿清政府的打擊。

自從一六六〇年開始，清政府便加大了對國姓爺的打擊力度，既屯重兵於漳州實施軍事封鎖，後又對沿海五省實行「沿海遷界」的殘酷政策，令鄭成功這支東南抗清武裝陷入困局。我們可以用一個資料來說明：在一六五九年時，中國航往日本的商船數有六十艘，由於此時清政府實施海禁政策，可以認為這些商船多數是鄭成功所控制的。一六六〇年，清軍重兵圍困廈門島，是年駛往日本的中國商船下降到四十五艘，比上年減少了百分之二十五；一六六一年，隨著清政府「遷界令」的實施，該年駛往日本的商船數又下降到三十九艘，比上年又下降百分之十五。與此形成對照的，是鄭氏集團的糧食出現了嚴重的危機，這一危機甚至一度使得軍隊面臨瓦解的局面。

在實施軍事與經濟封鎖的同時，清政府又給鄭成功予心理重擊。康熙元年（一六六一年）十月，清廷以「怙惡不悛，包藏異志，與其子成功潛通，教唆圖謀不軌，奸細往來，洩漏軍機等項事情」為名，定鄭芝龍以謀反罪。鄭芝龍及其兒子鄭世恩、鄭世蔭、鄭世默等老幼十一人，被斬於北京柴市，下場殊為可憐。

清廷以此卑劣手段，確實達到了出奇制勝的效果。即便堅強如國姓爺者，也仍是人而非神，這致命一擊精確打中了他內心深處最脆弱之處。對父親之死，儘管鄭成功早已預知到如此的下場，卻仍然難以寬恕自己。他選擇了忠臣的立場，可對父親而言，他是孽子。如果不是他高舉抗清旗幟十六年，堅定不移地與新帝國血戰到底，他的父親很可能與其他變節者一樣，可以撈個一官半職了卻殘生，是他的反抗最終害死了父親。這條路，他不後悔，可是這樣的結局，他充滿自責與內疚。

其次是鄭氏集團內部的分裂。

自從鄭成功跨海東征後，留守廈門島的部將鄭泰、黃廷、洪旭等人對他的命令陽奉陰違。為了開拓臺灣，鄭成功多次派人返回廈門，要求鄭泰、黃廷等人將士兵們的家眷遷往臺灣。然而該命令卻遭到廈門將領的一致抵制，黃廷等人將國姓爺派來的人強行扣押，不發一船前往臺灣，公然違抗國姓爺的命令。鄭氏集團內部的分裂已初現端倪。

鄭經事件又加劇了這種分裂態勢，國姓爺生平第一次有了力不從心的感覺。

鄭經是鄭成功的長子，在父親東征臺灣時，他在廈門與乳母私通，並生下一個私生子。當鄭成功得知這個消息後，如五雷轟頂，他做夢也沒有想到家中竟然出此醜事。嚴厲的國姓爺鐵血無情，他馬上派都事黃毓持令箭前往廈門島，下令處死自己的兒子鄭經、乳母陳氏及私生子。另外，鄭經的母親、鄭成功的原配夫人董氏由於治家不嚴，罪不容赦，也列在處死名單中。

黃廷、洪旭等人對這個嚴厲的命令無不駭然。他們在反覆商議後，採取了一個權宜之計，處死乳母陳氏及私生子，至於董夫人與鄭經，則由諸將出面向鄭成功求情赦免其過。然而國姓爺對諸位領將拒不執行命令大為震怒，他授黃毓一柄寶劍，讓他再次前往廈門，凡違抗命令者，先斬後奏。

鄭成功東征臺灣，已經引起廈門將領的嚴重不滿，鄭經事件使得他與部將的矛盾激化了。廈門諸將決心以武力抗拒命令，他們推舉鄭泰出面，拒絕執行鄭成功的手令，同時在大擔島陣兵，嚴陣以待。一向以鐵腕治軍的國姓爺，絕不能容忍部下的抗命，他決心以武力清洗廈門島的這批留守將領。

這是鄭成功起兵以來，鄭氏集團內部最嚴重的危機，內戰已到了一觸即發的地步。國姓爺發一道密令給南澳島的將領周全斌，可是他派去的人遲了一步，抵達南澳島時，周全斌的艦隊正返航廈門。未收到密令的周全斌尚不知道廈門與臺灣兩地已處於戰爭邊緣，當他的艦隊在廈門靠岸時，立即遭到逮捕。

鄭氏集團已經處於分裂的邊緣，戰爭一觸即發。不過鄭成功已經沒有機會以自己的鐵腕掃除異已勢力，因為這時候的他已經病入膏肓了。

從國事到家事，一連串的挫折，使得國姓爺堅強的心靈飽受一次又一次的打擊。放眼大陸，中興明室的夢想如風箏般越飄越遠；放眼海外，呂宋華人慘遭西班牙人的屠戮；集團內部，眾叛親離；家庭內部，父親、弟弟們慘死於清廷刀下，不爭氣的兒子私通乳母，製造醜聞。內憂外患，風雨飄搖，這一切都摧殘著國姓爺的身心健康，最終他一病不起。在彌留之際，他最後的遺言充滿了悲涼色彩：「自國家飄零以來，枕戈泣血，十有七年，進退無據，罪案日增，今又屏跡避荒，遽捐人世，忠孝兩虧，死不瞑目，天乎天乎！何使孤臣至於此極也！」一六六二年六月二十三日（**農曆五月初八**），民族英雄鄭成功與世長辭。

國姓爺死後，鄭氏集團的內訌終於爆發了。臺灣的將領黃昭、蕭拱宸擁立鄭成功的兒子、鄭經的弟弟鄭襲為國主，而廈門諸將則擁立鄭經繼承「延平王」之位，雙方劍拔弩張。就在這個時候，一支荷蘭艦隊又從巴達維亞起航，駛向臺灣海峽。

荷蘭東印度公司並沒有放棄捲土重來的企圖。在丟失臺灣半年後，巴達維亞殖民當局決定「派出一支強大的兵力和艦隊前往中國沿海」，《東印度事務報告》中這樣寫道：「他們的使命是，藉助上帝的幫助恢復我們在北部地方所失去的一切，用武力對付國姓爺，盡力削弱國姓爺暴露出來的實力，並與韃靼政府建立對公司甚為關鍵的豐富貿易。」

這支艦隊包括十二艘海船，七百五十六名水手與五百二十八名士兵，艦隊司令官由巴城高級商務員博特（Balthasar Bort）擔任。僅憑藉這麼一支艦隊想要重新奪取臺灣，無異於天方夜譚，因而荷蘭人寄希望於與滿清政府合作。博特派艦隊副司令官芬科（Jan Jose Vinck）先期抵達福州，向靖南王耿繼茂、福建總督李率泰提出，願意協助滿清剿滅國姓爺的勢力，但有一個條件：滿清政府要批准荷蘭人擁有與中國自由貿易的權利。這時博特尚不知道國姓爺在幾個月前已經去世。

對於荷蘭人的請求，耿繼茂不敢擅自作主，因為他在一六五三年時就曾經批准荷蘭在廣州設建商館，結果受到清廷欽差大臣的批評。這一次，耿繼茂持謹慎的態度，他寫了一封信給博特，信的大意如下：他沒有權力准許荷蘭人的請求，特別是自由貿易事項，因為以往荷蘭商船從未到過福州，沒有先例；他也不能擅自接受荷蘭人的援助，必須要等待來自北京朝廷的聖旨。

沒有清軍的合作，博特除了在海上攔截鄭氏商船外，什麼事也做不了。只憑區區十二艘船與千把人，想要與擁有強大武裝的鄭氏集團較量，不啻是以雞蛋碰石頭。他只能等待清朝皇帝聖旨的下達。可是清廷卻主張以撫代剿，故而遲遲未答覆荷蘭人聯合作戰的提議。在等待數個月後，博特終於心灰意冷，於一六六三年三月起航返回巴達維亞。

顯然，清政府更希望能夠不戰而奪取廈門、金門兩島。此時南明最後一個皇帝永曆帝已經敗亡，而最令清廷恐懼的國姓爺也突然去世，鄭氏集團又陷入分裂，這豈非是招撫的良機麼？可是耿繼茂卻低估了鄭經，這個與乳母通姦的花花公子雖然不具備父親那樣的雄才偉略，卻也不是平庸之輩。他一方面假裝與耿繼茂談判，另一方面則厲兵秣馬，積極準備渡海。該年（一六六二年）十月，鄭經率部東征，登陸臺灣島，並迅速平定黃昭與蕭拱宸的叛亂，結束了鄭氏集團的分裂。

鄭清和談仍然無果而終，荷蘭人與清軍聯手的可能性仍然很大。一六六三年十月，博特再度率艦隊抵臺灣海峽，又一次向耿繼茂、李率泰表示願意協助清軍攻略廈門、金門。博特當然是別有目的，他希望在奪取廈、金兩島後，與清軍聯手繼續東進，攻佔臺灣，並把臺灣重新移交給荷蘭人統治。

荷蘭人的兵力雖然很少，但他們威力巨大的戰艦卻能彌補清軍水上力量的不足。清、荷聯手，對鄭經來說，確實是巨大的威脅。這時他考慮策反博特，轉而與荷蘭人共同對付清軍。《巴達維亞城日記》是這樣寫道：「敵人……要求我方不要同韃靼人結盟，而跟他們結盟，並提出釋放我方俘虜，與公司開展貿易，以及將為此而交出淡水、雞籠或其他方便的場所。這封信收到時為時已晚，我方已與韃靼人結為同盟，因加以拒絕。」這裡可以看出，在反殖民立場上，鄭經遠不如鄭成功來得堅定。

在經歷分裂與內戰後，鄭氏集團的實力大為衰弱，特別是鄭經率大軍東渡臺灣後，廈門、金門兩島的守備力量已是嚴重不足，兩島的守軍只有五千人左右。一六六三年十一月，主鎮福建的靖南王耿繼茂、福建總督李率泰，海軍將領施琅、黃梧等人，兵分三路進攻廈、金兩島，在荷蘭人大型戰艦的協助下，廈門與金門淪陷，殘餘的守軍渡海逃往臺灣。鄭成功在世時，清軍多次渡海進攻廈門，每次都以慘敗而告終，可是國姓爺去世不到兩年，廈門島就被攻陷了。然而鄭氏政權仍然能夠艱難生存，這完全要歸功於鄭成功當年東征臺灣的遠見。正是國姓爺力排眾議，堅持己見，收復臺灣，鄭氏武裝集團才能在丟失廈門島後，仍然可以對抗滿清帝國。

一個狹窄的廈門海峽，就令清軍花費十幾年且在荷蘭人的助陣下才佔領對岸的廈門島。那麼隔著寬闊海峽的臺灣島呢？橫渡臺灣海峽發動進攻，這顯然毫無勝算。於是清政府對鄭經政權的態度，又從剿轉撫，寄希望於實施嚴密的封鎖策略以迫降臺灣。

由於清政府暫時放棄攻打臺灣，荷蘭人無法僅憑自己微薄的兵力去攻下大員。那怎麼辦呢？巴達維亞殖民總部召開評議會，做出一項決議，決定出兵佔領臺灣島北部的雞籠。雞籠原本是西班牙人在臺灣的據點，後來被荷蘭人所奪。在一六六一年國姓爺發動臺灣戰爭後，荷蘭人擔心受到中國軍隊的圍剿，遂主動放棄雞籠。鄭經東渡臺灣後，開發的重點是以大員、赤嵌為核心的西南海岸區，對北方的雞籠興趣不大。正因為如此，荷蘭人考慮到難以用武力奪回大員，退而求其次，只好把目光鎖定在雞籠了。

博特仍然擔任艦隊司令官，巴達維亞發給他的指令是：「全艦隊不在中國海岸停泊，而從澎湖島直航雞籠，竭盡全力佔領該地。」一六六四年八月，荷蘭艦隊抵達雞籠，其實他們不費吹灰之力就佔領了該地，因為這裡並沒有中國軍隊駐守。雞籠的城堡仍在，與三年前荷蘭人放棄時大體一樣，只是「住宅已經倒塌，全島雜草叢生，荒如原野。」荷蘭人重新入駐，並留下二百四十人，其中士兵一百九十四人，並在城堡配置了二十四門大炮。

荷蘭人佔領雞籠的目的，是想將其作為與中國內地的貿易基地，同時，倘若時機成熟的話，也可能作為荷蘭人重新奪取臺灣的前沿堡壘。可事實證明，荷蘭與中國貿易的黃金時代已經一去不復返了。滿清入主中原後，重新實施海禁政策，荷蘭人要與中國內地自由貿易的可能性為零。在一六六四年，清廷又下令一道詔令，嚴禁外國饋贈邊藩總督、巡撫。在晚明時，荷蘭人便是採用賄賂手段，誘使福建巡撫、海道官員默許其貿易，可是如今這一招不靈驗了。

不僅如此，清政府對荷蘭人還持很強的戒心，這點荷蘭人自己也發現了。在《巴達維亞城日記》中，他們寫道：「韃靼人似乎不喜歡我船來到福州後再派往雞籠。我方佔領雞籠並與臺灣毗鄰，已引起他們的猜疑，大概是擔心由他們海岸到那裡的帆程不過一日，我方如與敵方聯合將會給他們帶來很大的麻煩。」看來清政府也意識到荷夷毫無信用可言，今天可以幫清軍打擊鄭經，明天或許又與鄭經聯合進犯大陸。

不僅清政府懷疑荷蘭人，鄭經也容不得荷蘭人在他的臥榻之旁酣睡。隨著時間的推移，鄭經在臺灣的統治區也日漸擴大，漸漸延伸向北方。為了預防遭到中國軍隊的進攻，巴達維亞總部把雞籠的守備力量增加到三百八十七人，但兵力上仍舊單薄。《巴達維亞城日記》一六六七年的紀錄如下：「敵人國姓爺（**這裡指鄭經**）集團雖擁有比以前更強大的兵力，而且說要威嚇攻打雞籠，但沒有實行。」

儘管荷蘭人在敗退大員後，又在雞籠建立新的殖民點，但這只是迴光返照，難現昔日的輝煌。

在佔領雞籠的這段時間裡，荷蘭與英國為了爭奪海上霸權，又打了一場為期三年的戰爭（即第二次英荷戰爭，一六六五年—一六六七年）。一六六五年英國艦隊在洛斯托夫特海戰中重創荷蘭艦隊；一六六六年荷蘭艦隊進入泰晤士河攻打倫敦，遭到英國岸炮和海軍的重創；儘管荷蘭海軍在一六六七年反敗為勝，並迫使英國簽訂了《布雷達和約》，但荷蘭雄霸海上的時代已進入尾聲了。

荷蘭東印度公司的擴張也隨著國勢的衰微而中止。他們不再像當年科恩總督、雷約茲那麼狂妄自大，目空一切，也無力藉助武力打開中國的貿易大門。雞籠對東印度公司而言，形同雞肋，既沒法獲得與滿清的貿易，又不得不耗費人力物力以防鄭經的進攻。到了一六六八年（清康熙七年），清廷出臺「外國非貢期不准貿易」的政策，永久性地關上了自由貿易的大門。清朝的貿易又恢復到明代初期實行的「朝貢貿易」，這種貿易模式，隔幾年才有一次朝貢的機會，在朝貢年才可能獲得貿易機會。這項政策的出臺，令雞籠成為荷蘭與中國貿易中轉基地的夢想破滅了。

對東印度公司來說，佔領雞籠已經沒有任何意義了。一六六八年七月，東印度公司做出最後決議，從雞籠撤軍，把所有物品用船運回巴達維亞，同時炸毀城堡。到該年年底，荷蘭人已經完全退出雞籠。至此，荷蘭人放棄了在臺灣最後的一塊殖民地，其在中國境內的殖民史被劃上休止符。第二年，即一六六九年，鄭經的軍隊接管雞籠，此時距鄭成功攻取熱蘭遮城已過了八年。

從一六〇四年韋麻郎首犯澎湖島，到一六六八年荷蘭人從雞籠撤退，前後共計有六十五年，來時氣勢洶洶，走時灰頭土臉。這是中國與西方強國的首度碰撞。荷蘭挾堅船利炮，頭上籠罩著「世界第一海上強國」的光環，橫衝直撞於天下，對中國有覬覦之心，統治臺灣三十八年之久。從國土面積看，荷蘭遠不能與中國相比，從人口看亦然，然而近代科技興盛以來，一個國家的軍事水準，遠不是用土地面積與人口能衡量的。荷蘭對中國用兵，兵力最多時，也不超過三千人，卻能成為中國東南海疆之大患。以國姓爺之英明睿智，擁十倍之眾，尚且耗費將近一年時間才徹底打敗荷夷，可見東西方的軍事技術相距已經甚遠了。

雖然荷蘭人最後從臺灣雞籠退卻的時間是一六六八年，但實際上他們的殖民統治在一六六二年就宣告結束。佔領雞籠不過是餘波蕩漾，對歷史進程並沒有多大的影響。中荷六十餘年的軍事衝突中，曾爆發過幾次戰爭，包括一六二二至一六二四年的明荷戰爭、一六三三年的第二次明荷戰爭（**料羅灣之戰**）、荷蘭對臺灣的征服、郭懷一起義、鄭成功收復臺灣之戰等。其中鄭成功收復臺灣之戰，是最重要、也是規模最大的戰爭。

到了一六七二年，荷蘭與英國又爆發第三次英荷戰爭，這場戰爭持續了三年，到一六七四年兩國均筋疲力盡，無力再戰。英荷戰爭的結果，使得荷蘭在海上力量及貿易上均遭到重創，其海上霸主的地位也讓位給崛起中的英國。在中國方面，一六八三年，施琅渡海東征，攻克澎湖，鄭經的兒子鄭克塽降清，至此，臺灣鄭氏政權終結。在此後的一百多年裡，清政府閉關鎖國，直到一八四〇年，英國發動鴉片戰爭，再次打開中國緊閉的國門。倘若中國滿清政權能夠在十七世紀吸取荷蘭人殖民臺灣的經驗教訓，勵精圖治，發展外貿，與歐人爭雄於海上，十九世紀的悲劇或許可以避免吧。

附錄一：歷任荷印臺灣總督名錄

第一任總督	宋克（Martinus Sonk）	一六二四—一六二五年
第二任總督	德・韋特（Gerard F. de With）	一六二五—一六二七年
第三任總督	納茨（Pieter Nuyts）	一六二七—一六二九年
第四任總督	普特曼斯（Hans Putmans）	一六二九—一六三六年
第五任總督	范德堡（Johan van der Burg）	一六三六—一六四〇年
第六任總督	特羅登紐斯（Paulus Traudenius）	一六四〇—一六四三年
第七任總督	勒・麥爾（Maximiliaan le Maire）	一六四三—一六四四年
第八任總督	卡隆（François Caron）	一六四四—一六四六年
第九任總督	歐沃特瓦特（Pieter A. Overtwater）	一六四六—一六四九年
第十任總督	費爾勃格（Nicolaas Verburg）	一六四九—一六五三年
第十一任總督	西撤爾（Cornelis Caesar）	一六五三—一六五六年
第十二任總督	揆一（Frederick Coyett）	一六五六—一六六二年

附錄二：一六〇四——一六六八年臺海大事記

一六〇四年（明萬曆三十二年）荷夷首犯澎湖，沈有容諭退韋麻郎。鄭芝龍出生於福建泉州南安石井。

一六二二年（明天啟二年）雷約茲率荷蘭艦隊遠征澳門未果，旋佔領澎湖列島。明荷戰爭爆發。

一六二三年（明天啟三年）明荷戰爭第二年。福建巡撫商周祚抗荷不力被撤職，由南居益接替。

一六二四年（明天啟四年）明荷戰爭第三年。南居益發兵攻澎湖，荷蘭人退居臺灣大員。鄭成功出生於日本平戶。顏思齊、鄭芝龍等在日本舉事未果，逃奔臺灣笨港。

一六二五年（明天啟五年）顏思齊病逝，鄭芝龍成為海盜集團的首領，並確定向福建發展的方針。

一六二六年（明天啟六年）鄭芝龍海盜集團發展到七萬人，一千條船，聲勢顯赫。西班牙佔領臺灣淡水、雞籠。

一六二七年（明天啟七年）鄭芝龍接連打敗明軍與荷蘭軍，稱霸閩海。

一六二八年（明崇禎元年）臺灣「濱田彌兵衛事件」。鄭芝龍接受福建巡撫熊文燦的招撫。李魁奇叛變。

一六二九年（明崇禎二年）海盜李魁奇攻佔廈門。臺灣「麻豆溪事件」，荷蘭士兵五十二人被原住民所殺。

一六三〇年（明崇禎三年）在荷蘭人的協助下，鄭芝龍剿滅海盜李魁奇。

一六三一年（明崇禎四年）鄭芝龍剿滅海盜鍾斌。

一六三二年（明崇禎五年）海盜劉香攻打福州。鄭芝龍擊敗海盜軍，劉香退往廣東。

一六三三年（明崇禎六年）荷蘭東印度公司派遣艦隊進攻中國沿海，第二次明荷戰爭爆發。鄭芝龍大敗荷蘭、劉香聯軍於料羅灣，焚毀三艘夾板巨艦，俘一艘。

一六三四年（明崇禎七年）海盜劉香與荷蘭人反目，劉香攻打熱蘭遮城。鄭芝龍剿滅劉香。

一六三五年（明崇禎八年）臺灣荷蘭殖民當局開始以武力征服原住民。

一六三六年（明崇禎九年）臺灣「小琉球屠殺事件」。

一六四〇年（明崇禎十三年）臺灣荷蘭殖民當局向漢人徵收人頭稅。

一六四二年（明崇禎十五年）荷蘭人攻佔雞籠，西班牙勢力被清除出臺灣島。

一六四四年（明崇禎十七年，清順治元年）李自成攻陷北京，崇禎皇帝自盡，明亡。滿清入主北京。南明立弘光皇帝。

一六四五年（南明隆武元年，清順治二年）清軍破南京，南明弘光皇帝被俘，後被斬首於北京。鄭芝龍擁立隆武皇帝。

一六四六年（南明隆武二年，清順治三年）清軍攻略福建，隆武皇帝死難。鄭芝龍降清，被押往北京。鄭成功起兵抗清。

一六五〇年（南明永曆四年，清順治七年）鄭成功殺鄭聯，奪廈門島。

一六五二年（南明永曆六年，清順治九年）鄭成功於江東橋之役大敗清軍，殲數萬人，繼而圍困漳州達半年之久。臺灣郭懷一起義。

一六五三年（南明永曆七年，清順治十年）鄭成功海澄保衛戰，挫敗清軍進攻。鄭清議和開始。

一六五四年（南明永曆八年，清順治十一年）鄭清議和失敗。鄭成功對西班牙統治下的馬尼拉實施貿易禁令。

一六五五年（南明永曆九年，清順治十二年）鄭成功攻略浙東、粵東。

一六五六年（南明永曆十年，清順治十三年）清軍三路水師進攻廈門島失利。鄭成功部將黃梧獻海澄降清。清廷出臺「禁海令」。荷蘭東印度公司謀求與滿清自由貿易未果。鄭成功對臺灣實施貿易禁令。

一六五七年（南明永曆十一年，清順治十四年）鄭成功對臺灣恢復貿易。荷蘭人劫持二艘鄭氏商船，由此引發的賠償問題持續數年之久。

一六五八年（南明永曆十二年，清順治十五年）鄭成功以十餘萬兵力發動北伐之役。

一六五九年（南明永曆十三年，清順治十六年）南京之役戰敗，鄭成功北伐宣告失敗。

一六六〇年（南明永曆十四年，清順治十七年）廈門島保衛戰，鄭成功絕地反擊，再次挫敗清軍從海上發起的進攻。何斌從臺灣投奔鄭成功，攜來臺灣地圖。為預防鄭成功攻臺，荷印巴達維亞總部遣范德蘭率艦隊援助臺灣。

一六六一年（南明永曆十五年，清順治十八年）范德蘭返回巴達維亞。鄭成功率二萬五千人進軍臺灣，經鹿耳門航道登陸，在水陸均擊敗荷蘭人的反撲，遂兵圍普羅民遮城，普羅民遮城降。開始九個月之久的熱蘭遮城圍困戰。巴達維亞遣卡烏艦隊增援熱蘭遮城。荷、鄭兩軍決戰於海上，荷蘭人損失二艘夾板巨艦，死三百餘人，遂龜縮於熱蘭遮城，負隅頑抗。為困死鄭成功武裝集團，清廷實施滅絕人性的五省沿海遷境政策。

一六六二年（清康熙元年）鄭軍攻陷烏特勒支堡，熱蘭遮城無力再守，臺灣總督揆一向鄭成功投降。熱蘭遮城荷蘭殘軍撤回巴達維亞，臺灣全境收復。馬尼拉西班牙殖民者屠殺華人。鄭成功去世。

一六六三年（清康熙二年）清、荷聯軍攻陷廈門、金門。鄭經退守臺灣。

一六六四年（清康熙三年）荷蘭重新佔領雞籠。

一六六八年（清康熙七年）荷蘭從雞籠撤走，徹底退出臺灣。

附錄三：《海上家國》主要參考資料

《明史》　是一部記傳體斷代史，記載了自朱元璋洪武元年至朱由檢崇禎十七年間二百多年的歷史。

《明實錄》　是一部編年體史書，記錄明太祖朱元璋到明熹宗朱由校間共十五代皇帝的史實。

《臺灣外記》　又稱《臺灣外誌》，清人江日昇撰。江日昇的父親江美鼇曾是鄭彩、鄭成功的部下，對鄭氏歷史十分熟悉。該書總計二十餘萬字，始於明天啟元年，終於清康熙二十二年，細述鄭芝龍、鄭成功、鄭經之史蹟，乃至鄭克塽降清，是研究鄭氏集團歷史的重要資料。

《臺灣鄭氏紀事》　日本人川口長孺撰，編年體紀事始於明萬曆四十年，終於清康熙三十九年，記述八十九年間鄭氏四世事蹟。此書乃是對鄭氏史料的彙編整理及考據，有一定的史料價值。川口長孺另撰有《臺灣割據志》，與該書大同小異。

《鄭成功傳》　清人鄭亦鄒撰於康熙年間，距臺灣鄭氏之亡僅二十餘年，該書非獨鄭成功的傳記，而是鄭氏四世紀事。作者為閩南漳州人氏，閩人談閩事，有很高的史料價值。

《先王實錄》　又名《從征實錄》，南明楊英撰。楊英為鄭成功麾下戶官，長年追隨其南征北戰，故而此書乃是研究鄭成功的第一手資料，史料價值較他書為高。《先王實錄》對鄭成功收復臺灣之戰，亦多有筆墨，與荷方資料相互參照，則知記述多為準確。

《閩海贈言》 明沈有容輯。沈有容為明代海軍名將，曾經以外交交涉手段逼退荷蘭人韋麻郎對澎湖的侵犯，也曾跨海追擊倭寇於臺灣。此書中的《諭西夷記》《卻西番記》價值頗高。

《閩海紀要》 清人夏琳所撰。夏琳為泉州南安人，與鄭成功係同鄉，該書紀事始於隆武元年（一六四五年），終於永曆三十七年（一六八三年），所述臺灣鄭氏史事以及若干文書，多為他書所無。

《海上見聞錄》 清人阮旻錫撰。阮旻錫曾是鄭成功故吏，此書以編年紀事，述一六四四—一六八三年鄭氏史事，多為目見耳聞，為研究鄭成功的重要史料。

《賜姓始末》《鄭成功傳》 明黃宗羲撰。黃宗羲為一代大儒，亦鄭成功同時代人，其中《鄭成功傳》與鄭亦鄒所著頗多雷同，疑非黃宗羲之作。

《靖海紀略》 明曹履泰撰。曹履泰嘗為同安令，此書是研究鄭芝龍歸附明廷前後的極重要的史料，特別是鄭芝龍剿滅海盜李魁奇、鍾斌等之事，曹履泰是這些戰爭的見證人。

《難忘的東印度旅行記》 荷蘭人威廉·龐德古撰。龐德古參加過一六二二年第一次明荷戰爭，一六二五年回國後整理此海上日記，寫成此書，屬戰爭親歷記。中文選譯收集於《鄭成功收復臺灣史料選編》一書。

《被忽視的福爾摩沙》 作者署名 C. E. S.，乃是荷印臺灣末任總督揆一的回憶錄，書中保存了許多重要的原始資料，公文、書信、決議、條約等等，其中也包括不少鄭成功的書信，而這些都是中文資料所沒有。臺灣版譯為《鄭成功復臺外記》，由李辛陽、李振華合譯。

《熱蘭遮城日記》 該書與《巴達維亞日記》《東印度事務報告》均屬荷印殖民官方資料，也是研究荷印當局殖民臺灣、與鄭氏政權纏鬥的第一手資料。大陸僅翻譯極少一部分，該書最全的中文版由臺灣史學家江樹生整理翻譯，已出版三冊。

《巴達維亞城日記》 巴達維亞是荷蘭東印度殖民政權所在地，資料極其龐大，原稿整理工作進展緩慢。日本學者村上直次郎以日文摘譯一部分，臺灣出版的《巴達維亞城日記》三冊，即以該日文版為底本，選譯與臺灣有關的內容，由郭輝、程大學等人譯出。

《東印度事務報告》 這是荷蘭東印度總督及評議會定期發回國內的報告，收錄了東印度公司在亞洲的活動情況，包括有關商務、財務、政治等方面的內容，其中關於臺灣部分，乃是最有系統、最詳細的荷方史料。中文版由程紹剛譯注，選譯報告書中有關臺灣部分，在臺灣出版時書名為《荷蘭人在福爾摩沙》。

《瓜哇、福爾摩沙、前印度及錫蘭旅行記》 阿布列特・赫波特撰，作者為瑞士人，一六六〇年到臺灣，全程參加與國姓爺鄭成功的戰爭。在這本回憶錄中，對戰爭過程有詳細的紀錄，是珍貴的史料，中文選譯收集於《鄭成功收復臺灣史料選編》一書。

海上家國：十七世紀中荷戰爭全紀錄／醉罷君山
著. -- 一版.-- 臺北市：大地, 2019.07
面：　公分. --（History：110）

ISBN 978-986-402-306-6（平裝）

1.荷據時期　2.明鄭時期　3.臺灣史

733.25　108009702

海上家國：十七世紀中荷戰爭全紀錄

HISTORY 110

作　　者：醉罷君山
發 行 人：吳錫清
主　　編：陳玟玟
出 版 者：大地出版社
社　　址：114台北市內湖區瑞光路358巷38弄36號4樓之2
劃撥帳號：50031946（戶名：大地出版社有限公司）
電　　話：02-26277749
傳　　眞：02-26270895
E - mail：support@vastplain.com.tw
網　　址：www.vastplain.com.tw
美術設計：成權廣告印刷有限公司
印 刷 者：博客斯彩藝有限公司
一版一刷：2019年07月

大地

定　　價：300元